Couvertures supérieure et inférieure
manquantes

LES EUSKARIENS

OU

BASQUES

LES
EUSKARIENS
OU BASQUES

LE SOBRARBE ET LA NAVARRE

Leur Origine, leur Langue et leur Histoire

PAR

BLANC SAINT-HILAIRE

Alphonse PICARD, libraire | VITTE & PERRUSSEL, libraires
Rue Bonaparte, 82, PARIS | Place Bellecour, 3-5, LYON

1888

IMPRIMERIE FIGÈRE & GUIGLION, A CANNES
3, rue de la Gare, 3.

PRÉFACE

Ce livre est le résumé de notes volumineuses recueillies depuis que le grand âge m'a donné des loisirs après une vie occupée et agitée. Les circonstances m'ont appelé dès lors, à plusieurs reprises dans la péninsule Ibérique. J'aimais à m'arrêter au pied des Pyrénées. Pau, Bayonne surtout m'intéressaient, je me plaisais au milieu de ce peuple Basque si remarquable, qui, depuis tant de siècles, conserve dans toute sa pureté sa belle langue, ses coutumes, ses privilèges, sa vaillance et la religion catholique. J'étudiais la langue basque, cette étude m'attachait. J'y trouvais de grandes difficultés aggravées, sans doute, par mon âge avancé, mais ainsi que je l'ai toujours remarqué, les difficultés encouragent, on veut les vaincre. Je l'admirais cette langue, malheureusement sans réussir à la parler, car je ne pouvais, à chaque voyage, passer que peu de jours à Bayonne et le travail entrepris eut exigé de longs séjours, de préférence dans un village, en s'entourant de Basques, près du bon curé, n'entendant que leur langage.

Pour faciliter mon étude, je vis la nécessité d'un dictionnaire français-basque, il n'y en avait pas, j'en fis un, non sans d'extrêmes fatigues; ce volumineux manuscrit basque-français et français-basque, reste dans quelque recoin de ma bibliothèque. On m'avait dit de me défier du dictionnaire basque-espagnol du R. Père Larramendi, parce qu'il a essayé d'introduire beaucoup de mots basques de sa création, mais sans parvenir à les faire adopter, si ce n'est celui de *Sulumpa* (canon).

J'avais bien quelques livres basques, mais il y en a si peu. Je causais avec des gens du pays, et toujours je prenais des notes; j'en recueillais çà et là, j'en copiais partout.

Je cherchais aussi l'histoire émouvante de ce peuple, le récit de ses nombreuses migrations, les traces qu'il a laissées dans les régions lointaines où il plantait successivement sa tente, où l'on retrouve encore de ses descendants et son langage. Mais ces faits sont disséminés sans précision, et il n'existe pas d'histoire du peuple basque écrite séparément. Quoiqu'il en soit je trouvais, encore dans ces lectures et ces recherches de précieux documents. L'histoire basque est pleine d'intérêt, toujours dramatique elle présente beaucoup d'attrait depuis que ce peuple s'est réfugié dans les Pyrénées.

C'est donc dans des notes, par des recherches multipliées, souvent aussi dans les souvenirs d'entretiens intéressants que j'ai résumé ce travail, et si je me décide à le faire imprimer, ce n'est du moins qu'à un très petit nombre d'exemplaires. C'est un simple souvenir d'octogénaire que je laisse à mes chers enfants. Il n'aurait toutefois jamais vu le jour, si n'était la circonstance dont voici l'exposé.

Invité par plusieurs amis à entrer dans la Société des Sciences fondée à Cannes par l'un deux, M. Macé dont nous déplorons la mort prématurée, je refusais cet honneur en déclarant mon insuffisance et en avouant que depuis quelques années je ne m'occupais que des Basques et de leur langue. « Comment donc, me fut-il
« répondu, la langue basque dont personne ne nous
« parle, le peuple basque si remarquable dont on ne
« nous parle jamais, que l'on connaît si peu, nous som-
« mes trop heureux vraiment de trouver, grâce à vous,
« un moyen d'en apprendre quelque chose, et nous
« proposons et demandons, sans retard, votre admis-
« sion dans la Société; votre refus serait désobligeant,
« nous ne l'admettons pas. »

Je dus me rendre et j'apportai mon faible tribut. On mit tant d'obligeance, tant d'indulgence, surtout, à écouter mes récits sur les Basques et sur leur langue qu'on applaudit à mes lectures, renouvelées jusqu'au jour où de faux rapports, des accusations mensongères de s'occuper de politique, dans les séances, en outre, des haines de famille firent dissoudre la Société et mirent fin à mes récits.

Depuis lors de précieux, de flatteurs encouragements m'ont été donnés. Je ne puis regretter d'avoir achevé cet ouvrage, s'il peut être utile.

On croira peut-être voir des lacunes dans cette histoire cela provient de ce que lorsque ces preux rentraient dans leurs montagnes pour reprendre haleine, mais jamais pour longtemps, des luttes et des combats auxquels les avaient forcés leur propre sûreté, la défense de leur indépendance et de leurs droits, plus souvent encore l'appel des princes chrétiens des petits Etats voisins pour seconder leurs efforts contre les Arabes, envahisseurs de l'Espagne. L'histoire n'avait plus, pendant ces courts repos, aucun fait à enregistrer, dans la vie de ces guerriers redevenus pâtres dans leurs âpres solitudes et leur complet isolement de toute société. Je le répète, ces repos duraient peu pour ces hommes vaillants, ils étaient bientôt appelés, attirés à de nouveaux combats. On ne pouvait les oublier dans leurs rochers inaccessibles, leur valeur, leur ardeur contre l'ennemi restaient dans le souvenir de ceux qui les avaient si souvent mis à l'épreuve et de nouveau comptaient sur eux.

Peut-être aussi, pourrait-on croire que je m'écarte quelquefois de mon cadre, en parlant d'événements dans lesquels les Basques ne sont pas nommés comme y ayant participé, auxquels ils paraissent même étrangers, mais on découvre bientôt qu'ils ont été appelés à y prendre part, que leur propre intérêt exigeait leur intervention. Les frontières à ces époques de troubles, de désordres, d'attaques continuelles, de bouleversements de tout genre dans les États, n'étaient pas respectées, souvent de simples violements de limites dégénéraient en investissements, en spoliations de territoires, de provinces entières. Cette barbarie se renouvelle de nos jours.

J'ai cherché à rompre la monotonie de ce récit de combats continuellement renouvelés, par des épisodes souvent dramatiques, par des incidents remarquables, souvent encore pour répondre à des mensonges ou satisfaire mes convictions catholiques attaquées par d'impies sectaires. L'histoire doit avoir cette liberté.

Les Arabes avaient conquis l'Espagne avec une rapidité dont on connaît les causes, elles provenaient surtout de la liberté et du maintien de la jouissance d'un luxe d'une mollesse sans frein accordés aux villes qui se rendaient sans se défendre, presque partout ils n'avaient qu'à se présenter et les villes tombaient en leur pouvoir. Ils n'avaient été arrêtés que par les Pélage, les Pedro, les Alphonse, les Garcia Ximenez. Mais ces rois de tout petits États étaient trop faibles pour soutenir de grandes luttes; il a fallu huit siècles pour que les chrétiens régénérés et plus unis pussent chasser enfin les sectateurs de Mahomet. Les Basques ont figuré avec honneur dans ces glorieux et incessants combats, gloire à eux aussi, car ils ont grandement contribué à la délivrance de leur belle patrie.

LES EUSKARIENS OU BASQUES

Le Sobrarbe et la Navarre

INTRODUCTION

On ne peut nier que l'étude des langues ne soit une révélation de l'histoire antique du genre humain ; celle des migrations guerrières que les peuples du Nord exécutèrent à des époques très reculées, achève d'expliquer l'origine et la filiation des langues que leurs descendants parlent encore aujourd'hui. Les langues, les patois de l'Hindoustan ont éprouvé les mêmes modifications, les mêmes changements que les langues et les patois de l'Italie, de la Gaule et de l'Espagne. On trouve une ressemblance remarquable entre le vocabulaire Sanscrit et le Latin, et par conséquent avec toutes les langues de l'Europe méridionale. Les Euskariens, ce peuple antique ayant occupé non seulement le Sud-Ouest de l'Europe, mais aussi toute la partie septentrionale de l'Afrique et le midi de l'Asie on comprend que la grammaire analytique des Barbares s'enrichit alors d'une espèce de déclinaison imitée de l'Euskarien; on comprend aussi que le sanscrit des Brahmines et le latin, aient adopté beaucoup de mots Euskariens.

Ce point de vue lexicographique, est important pour l'histoire générale. La linguistique a sa philosophie, pour expliquer, mieux que toute autre, les migrations des races humaines. Mouvements terribles d'invasion, dont les peuples du Nord menacent encore le Midi d'une manière d'autant plus épouvantable que ces Slaves civilisés, dit-on, font servir maintenant la science qu'ils ont acquise, à leurs moyens de destruction. Dieu seul peut arrêter le Fléau.

Nous l'avons dit, les Euskariens ou Basques sont un peuple antique et primitif dans le Sud-Ouest de l'Europe. Bailly dans son histoire de l'astronomie ancienne, rattache ces Aborigènes à la nation des Atlantes. Les Celtes, dont les prêtres avaient la déplorable habitude de corrompre les sources de l'histoire par des fables, et de faire descendre les races humaines, d'un arbre, d'un rocher, etc., nommèrent les Euskariens, Enfants du Soleil. Mais en euskarien les mots *eguzkia*, *ekhia* qui désignent le soleil, expriment aussi le jour physique, et au figuré la lumière des Esprits, la vérité, il est donc permis de ne voir dans ces enfants du soleil, que les enfants de la civilisation et de la vérité du premier âge. Il est hors de doute que l'origine de la langue euskarienne ou basque se perd dans la nuit des temps. Le P. Larramendi n'hésite pas à lui en donner une toute divine, en affirmant que l'euskarien fut inspiré de Dieu, lorsque la confusion des langues arrêta la construction de la tour de Babel. Quoiqu'il en soit de cette opinion que personne ne contredit sérieusement, il est certain que l'on ne connait pas d'idiome plus ancien et que les Ibères de la Bétique lui assignaient une antiquité presque fabuleuse.

L'hébreu, le chaldéen, l'arabe, le grec, le latin sont actuellement des langues mortes. Les Grecs et les Arabes conservent à peine, dans le langage usuel, plus de vestiges de la langue primitive que l'Italien n'en a gardé du latin.

Les Euskariens sous le nom d'Ibères occupèrent primitivement l'Espagne dans toute son étendue, leur langue était celle de tout ce beau pays. Des tribus de cette nation peuplèrent une grande partie des Gaules, l'Italie primitive, fait historique aujourd'hui incontestable. Ils occupèrent aussi le Nord de l'Afrique et le Midi de l'Asie comme je l'ai dit déjà.

Au Japon, Dieu ou Divinité s'appelle : *Kami*; dans l'île d'Yeso : *Kamoi*; chez les Ostiaks, Samoyèdes, etc. *Kamo*.

Ce Dieu n'est pour tous qu'un Génie résidant dans le soleil, ou le soleil lui-même.

Il est bien probable que ce Kami, Kamoi ou Kamo n'est autre que le dieu Cham, le Grand Chamos adoré par les Moabites, les Syriens, les Cappadociens, et qui chez ces différents peuples était également personnifié dans le soleil.

Ne peut-on pas supposer que les peuplades Cappadociennes qui avaient reçu des Syriens ce culte de Kamo l'auraient passé à leurs voisins, habitants des deux versants du Caucase Ostiaks, Samoyèdes et autres? Les

Ibères, grande famille d'où sont sortis les Basques, habitaient aussi primitivement les provinces voisines du Caucase.

Tous ces peuples n'avaient pas encore émigré et ont dû avoir entre eux de nombreux rapports et un échange mutuel d'idées religieuses, de coutumes, de langage, etc.

Cette supposition ne semble-t-elle pas se changer en réalité quand on considère les coïncidences frappantes qui existent actuellement encore entre la langue Basque et la langue Japonaise.

Voici quelques exemples difficiles à expliquer sans une cause remontant à l'origine commune de ces deux peuples :

FRANÇAIS	JAPONAIS	BASQUE
Seulement..	*Bahari* ou *Bakkari*...	*Bakkari.*
Chambre...	*Heiya*....	*Heiya.*
Maitre.....	*Danno*............	*Yanno.*
Propriétaire.	*Noushi*............	*Noushi*
C'est......	*Da*...............	*Da.*
Cela.......	*Kore* ou *Hore*.......	*Hore.*

L'irruption des Celtes à la blonde chevelure, surprit les Ibères dans la Péninsule, elle fit périr presque tout ce qui existait encore de la race aborigène dont les restes se dispersèrent en colonies voyageuses. Quelques tribus d'Euskariens cherchèrent un refuge et se retranchèrent vaillamment, les armes à la main, dans les Pyrénées occidentales. Dans cette Ibérie des montagnes, sur ces âpres rochers, boulevard immortel de l'indépendance espagnole, vit encore ce glorieux débris d'un grand peuple, vainqueur tour-à-tour des Romains, des Visigoths et des Arabes maures, ayant su conserver pendant cette longue suite de siècles et d'horribles combats, sa langue, ses lois, ses mœurs et sa vieille nationalité. Dans chaque petite province des montagnes, qui leur représente une grande et fertile province de l'antique Ibérie, les Euskariens ont maintenu, avec l'idiome national, la variété de ses dialectes, qui depuis tant de siècles se touchent journellement, sans jamais se confondre ni s'altérer.

Les derniers flots des invasions des Gètes, Celtes ou Celto-Scythes fut celui des Toscans razènes ou thyrénéens, partis de la Rhétie, contrée alpine que les Grisons occupent maintenant en partie. Cette conquête eut lieu douze siècles avant l'ère chrétienne, elle acheva de détruire la famille Ombrique, et couvrit l'Italie méridionale de peuples hyperboréens : Etrusques, Sabins, Eques, Marses, Herniques, Latins, Samnites, Campaniens, Lucaniens et Brutiens.

Les conquérants imposèrent aux peuples vaincus et leur domination politique et leur idiome, de là vint que la langue euskarienne disparut de tous les pays conquis et ne fut conservée en Europe que dans les Pyrénées occidentales par le peuple primitif qui devait aussi plus tard, résister à l'invasion des Maures et n'a jamais cessé d'occuper ces contrées.

Les prêtres de la race conquérante puisèrent toutes leurs connaissances aux sources de la civilisation méridionale, et les dialectes barbares qui venaient du Nord avec les envahisseurs, les corrompirent toutes. Il était difficile à ces prêtres panthéistes d'agir autrement en présence de ces hordes innombrables d'assassins, d'incendiaires et de pillards déchaînés du Nord au Midi par l'invasion Celto-Scythe.

Chaque branche de la doctrine primitive représentée par les Dialectes d'un idiome philosophique et d'une littérature qui ne procédait que par la définition simple et claire des idées les plus rationnelles, fournit aux prêtres du panthéisme les éléments de cette idolâtrie dont les inventeurs seuls, connaissaient le mystère, sous la forme de divinités bizarres que le nouveau peuple venait adorer dans les temples. La tolérance du polythéisme était illimitée. Rome et la Grèce admettaient sans scrupules les dieux nouveaux ou étrangers. Il n'y eut d'exclusion que pour le culte du Dieu innommé, le *Jaongoikoa* des Euskariens et des Patriarches, et cette prohibition immortalisée par les martyrs du christianisme était logique, car le monothéisme primitif ne pouvait aboutir qu'à l'abolition radicale du Panthéisme, au renversement des temples dont il avait couvert le vieux monde. Ces temples du second âge de l'histoire du globe, en Afrique, en Asie, en Europe, étaient pleins des statues de ces faux dieux à plusieurs bras, à plusieurs mains, à tête cornue, à trois têtes, à tête d'oiseau, de sphinx, de bœuf, d'éléphant, etc. On les retrouve encore aujourd'hui dans le pays des Brahmines.

C'était à l'aide d'une puissante quoique stupide sujétion religieuse que pouvait se fonder cette société nouvelle. Ce fut ce qui l'empêcha de tomber en dissolution, mais en atteignant le dernier terme de la dégradation sociale, règne infernal du mal et de l'erreur dans l'humanité. La civilisation patriarcale et primitive était vengée dès l'apparition du paganisme.

N'y a-t-il pas quelqu'analogie dans les efforts des nouveaux envahisseurs du Nord et des démolisseurs impies de notre temps?

Mais je reviens à mon sujet :

Les Vascons et les Cantabres se montrèrent pour la première fois en Italie, ce beau pays de leurs ancêtres, comme auxiliaires des Carthaginois avec Annibal. Ils prirent une part brillante à la victoire de Cannes, 216 ans avant N.-S. Jésus-Christ. Ils se mirent du côté de Pompée contre César dans la guerre civile de Rome. Les Vasco-Cantabres se battirent en héros à Pharsale et se firent tuer jusqu'au dernier plutôt que de se rendre au vainqueur.

L'issue de la guerre Cantabrique et le triomphe des Euskariens sur les légions d'Auguste amenèrent leur indépendance et leur nationalité, martyrisés par les Romains, les montagnards bravaient encore leurs cruels ennemis et chantaient leur hymne de guerre au milieu des tortures.

Les dangers qui menaçaient l'empire et l'approche de l'invasion des Goths forcèrent les Romains à respecter ce peuple indomptable; n'ayant pu le subjuguer, ils furent heureux de l'avoir pour allié. L'histoire en proclamant leur gloire nous dit que les Euskariens se montrèrent plus Romains que les Romains eux-mêmes, à l'arrivée des Barbares.

L'Euskarien d'Italie après l'invasion des Celtes a fourni au latin beaucoup plus de mots que les dialectes Vasco-Cantabres n'en ont reçu de celui-ci depuis deux mille ans.

Le latin et le grec étaient les deux plus beaux dialectes européens de l'idiome celtique, comme le français, le castillan, l'italien et le portugais sont des dialectes du latin. Cette langue celtique, scythique ou celto-scythe, comme l'appelait Leibnitz et l'euskarien des Ibères aujourd'hui Basques, furent sans contredit les idiomes historiquement primitifs de l'Europe. Peut-être l'Euskarien par son système grammatical se rapproche-t-il beaucoup plus des langues primitives de l'Amérique que des plus anciennes langues de l'Europe, de l'Asie et de l'Afrique. Il n'a dans son vocabulaire, d'autres ressemblance avec le celtique, que celle qui est commune à tous les autres dialectes du langage humain en général, en vertu du principe d'imitation appliqué à l'exercice de la parole, avec le même instrument vocal, les mêmes sons, les mêmes articulations, que la conformation particulière des races, le génie national et l'influence du climat modifièrent puissamment dans chaque pays. La loi du langage est toujours la même loi de Dieu dans toutes ses créatures terrestres. L'unité indestructible dans une variété ravissante de manifestations harmoniques. Un peuple emprunte souvent à des peuples voisins ou éloignés, d'une race différente, des mots qui manquent à sa propre langue ou qui lui plaisent.

Une guerre d'invasion, une conquête amènent un mélange de races et le contact des langues qui leur sont propres. Le système grammatical de l'idiome qui prédomine, dans cette fusion, est modifié à divers degrés. Ce fut ce qui advint aux dialectes celto-italiques du même idiome primitif, mais il est évident que le latin et l'euskarien sont deux dialectes d'origine différente.

J'ai dit que l'euskarien se rapproche des langues primitives de l'Amérique, ceci s'explique par les migrations des colonnes voyageuses qui, descendues jadis des plateaux asiatiques, rayonnèrent dans tous les sens sur le globe, traversèrent en partie le détroit de Béhring et se répandirent dans les deux Amériques. Un fait avéré est celui de l'analogie remarquable de la race américaine avec la race mongole. Cette analogie se trouve aussi naturellement expliquée par les migrations asiatiques. On retrouve même au cœur de l'Amérique le type, les institutions et les monuments des anciens peuples de l'Asie.

Une fable euskarienne, un conte bleu dans le genre de *Peau d'âne*, dit plaisamment que les Gaulois Gaels ou Celtes, apprirent des Ibères, l'art de marquer les heures, et que ces mêmes Celtes tatoués comme des sauvages et se drapant de leurs peaux de bœuf reçurent des Euskariens la première culotte qu'ils aient jamais portée. Les Romains n'avaient pas adopté ce vêtement fort incommode vraiment, et le mot grec-latin *Braca*, Braies, chausses longues et larges vient de l'euskarien *Braga*, ainsi que tous les mots de cette famille. J'ajouterai que le *Sagum* ou *Sagulum* latins, saie ou sayon, sorte de manteau gaulois, rappelle la robe ibérienne en euskarien *Zaia*, mais je ne puis et ne veux pas m'étendre sur les étymologies et voici pourquoi : en portant seulement à mille, chiffre bien modéré certainement, le nombre des langues anciennes et modernes connues des philologues. En comptant par vingt, trente et quarante mille le nombre des mots qui composent le vocabulaire particulier de chaque dialecte, on peut calculer à combien de millions s'élèvera le nombre total des mots qui composent le vocabulaire universel du langage humain. Variété vraiment merveilleuse, dans le grand art d'exprimer les idées, puisque chaque mot représente une idée. Si l'on considère après cela que la voix humaine ne produit que les mêmes cinq voyelles et cinq ou six sortes d'articulations ou consonnes, on voit tout d'abord que le dictionnaire polyglotte renferme des milliards de syllabes exprimant l'idée de choses très différentes entr'elles.

Se lancer dans cet océan de paroles, y saisir au hasard des similitudes illusoires pour baser des systèmes sur l'origine et la filiation des races humaines serait une œuvre de pédantisme formel. Ne doit-on pas procéder autrement et remonter aux mots radicaux de chaque idiome, pour les comparer entre eux? Toute langue mère n'en possède pas beaucoup plus de mille à deux mille. Mais ce serait encore un travail devant lequel reculerait mon insuffisance, et qui d'ailleurs dépasse beaucoup trop les bornes d'un simple exposé.

Je dirai seulement que le latin et le sanscrit, dialectes Celto-Scythes firent de larges emprunts à l'euskarien, dans les pays où ils s'étaient perfectionnés, et que s'il y a similitude dans beaucoup de mots basques et sanscrits, il est à remarquer que le sanscrit a plus de vingt mille fois la terminaison labiale en *m* la plus antipathique au génie et aux règles de la prononciation euskarienne. Pour citer un exemple de l'*m* final suivant la phrase grammaticale sanscrite on la trouve neuf fois en dix mots dans un texte, et entr'autres dans le passage suivant du *Baghavadgita* ou chant divin, poëme sanscrit, traduit par J. D. Lanjuinais :

Rajavidya râjagouhyam pavitram idam outtamam
Pratyakchà vogamam dharmyam sousoukham cartoum avyayam.

« C'est la grande science, c'est le secret supérieur,
« la plus excellente purification, c'est une science évi-
« dente, sainte, commode à pratiquer et infinie. »

Il est permis de croire que les Brahmines trouvèrent sous leur main une littérature plus riche et plus savante que les prêtres de l'Italie, de la Gaule et de l'Espagne celtibérienne ; la preuve en est dans leurs poèmes religieux et dans la supériorité de la mythologie dont ils furent les inventeurs. Il est évident qu'ils en savaient autant que les prêtres égyptiens qui n'ont laissé aucun écrit, beaucoup plus que les Grecs et les Etrusques, et surtout que les druides, ministres cruels d'une religion encore plus barbare que la leur. La civilisation patriarcale, détruite dans le midi du monde par les formidables invasions des Celto-scythes, et misérablement tranformée en panthéisme grossier par leurs prêtres, avait dû être plus brillante en Asie qu'en Europe. Le sol parfumé de l'Hindoustan, son air moelleux et diaphane, son ciel magnifique, avaient doué les premiers habitants de ce pays, d'une inspiration plus belle et plus lucide encore que celle des Ibères Espagnols, peuple agricole et pasteur qui malgré sa civilisation très avancée, conserva toujours dans sa physionomie des teintes plus agrestes que les tribus de l'Orient.

Court de Gébelin dans son Monde primitif a fait erreur en classant l'euskarien parmi les dialectes du Nord, il l'a fait sans autre autorité que cinq ou six mots pris dans son imagination et qui n'existent nullement dans le vocabulaire basque.

L'idiome celtique se parle de la gorge, il est criard, et ne sait guère articuler les syllabes que par doubles et triples consonnes. L'euskarien est doux. Le Français est la langue du peuple qui se croit, peut-être, le plus poli et le plus aimable du monde, j'omets la qualification de spirituel, puisque de l'autorité de savants académiciens de France nous provenons de la bête, et au fait il semble que nous tendons à dégénérer pour revenir à ce prétendu point de départ. La loi du Sauveur N.-S. Jésus-Christ est donc aussi bien vengée par les abrutissantes aberrations des nouveaux panthéistes. Mais je m'écarte encore du sujet, j'y reviens en constatant que l'euskarien ou basque est beaucoup plus poli et plus convenable que le français dans les nuances du langage en général, il adoucit même encore plus les inflexions à l'égard de la femme ; pour l'homme elles se terminent en *ac, ec, ic, oc, uc,* et pour la femme en *an, en, in, on, un*. L'intention est bien formelle puisque si le verbe n'a aucune inflexion rude, la même formule sert pour les deux sexes comme dans *oa* vas-t-en, *ator*, viens.

Je me laisse entrainer à une autre citation :

>Charmagarria eradazu
>Maite naizunez bai edo ez
>Baietz ere ezin erran
>Etchecoen beldurrez
>Ezetz ere ezin erran
>Zure beguien ederrez
>
>>BARDE.

Que je traduis en ces pauvres vers :

>M'aimeriez-vous fille charmante?
>Dites-moi oui. — Diriez-vous non ?
>Respect filial vous violente?
>Pensez à père et sur ce nom,
>Le oui si doux n'osez le dire ;
>Mais vos beaux yeux le laissent lire.

Je viens de tracer un aperçu sur l'histoire des Euskariens et de leur langue. Je présenterai maintenant quelques observations grammaticales sur ce beau langage que l'on avait regardé jusqu'à ce jour, comme impossible à soumettre à une méthode et à des règles. On tenait pour certain que grammaire et euskarien sont deux termes inconciliables. Les bons ouvrages publiés depuis quelques années, sur cette matière, sont venus prouver l'erreur de cette opinion. Toutefois les Espagnols disent encore « c'est du Basque » pour indiquer une difficulté insurmontable, à peu près comme nous disons vulgairement « c'est de l'Hébreu. » Cette prévention tombe peu à peu. La difficulté de l'étude de cette langue est très grande, j'en conviens, mais elle n'est pas insurmontable, *Labor improbus omnia vincit.*

La langue basque n'a pas de genres grammaticaux *Ghizona* l'homme ; *Ghizonac*, les hommes. *Emaztea*, la femme, *Emazteac*, les femmes. *A* et *ac* qui terminent ces mots sont : *a* l'article singulier employé pour les deux genres ; *ac* l'article pluriel employé de même. L'article se place toujours à la fin du nom indéfini *Ur garbia*, l'eau claire.

Je me borne à présenter quelques indications principales ne pouvant dans ce cadre nécessairement restreint, donner les explications suffisantes, qu'une bonne grammaire seule peut fournir.

L'alphabet euskarien est ou devrait être composé de 27 lettres, en omettant celles qui pourraient y figurer s'il avait à son usage les caractères d'une écriture particulière et nationale que les Vasco-cantabres ont laissé perdre, trop occupés qu'ils étaient à défendre leur indépendance et leur nationalité sur leurs âpres montagnes.

Les noms de ces lettres sont grammaticaux, en euskarien, ils se déclinent.

L'eukarien comme toutes les langues du globe a cinq voyelles, *a, e, i, o, u* (ou).

L'euskarien est peut-être la langue la plus riche en onomatopées ; pour le latin on cite souvent *rugitus, tinnitus* et ce vers onomatopéique :

At tuba terribili sonitu taratantarra dixit.

Mais je n'en finirais pas si j'entreprenais de choisir

dans les onomatopées du basque. Je prendrai cependant *sutumpa*, mot créé par le P. Larramendi pour traduire le substantif Canon parce qu'il est à remarquer que ce nom est le seul de tous ceux imaginés par le bon Père, qui ait été accepté, adopté.

Malgré cet échec, le P. Larramendi connaissait parfaitement sa langue basque et il affirme avec raison qu'elle n'a dans son origine aucune affinité ni ressemblance, aucun rapport avec les autres langues mères. Les preuves qu'il en donne sont convaincantes.

On reproche à l'euskarien une confusion résultant de ses divers dialectes, mais il est facile de répondre victorieusement à ce reproche, que l'on peut adresser à d'autres langues. Cette variété dans l'euskarien n'altère en rien les règles grammaticales et résulte simplement des habitudes de chaque province.

Les livres basques sont peu nombreux, bien que depuis plusieurs années, on en ait publié quelques-uns. Toutefois, en se portant au temps où cette langue était celle de toute l'Espagne, Strabon assure qu'entre les Ibériens, les Andalous l'emportaient sur tous les autres, qu'ils avaient produit des ouvrages d'une antiquité mémorable et enfin que toute l'Ibérie, sans exception, cultivait heureusement les lettres. Bochart raille Strabon qui fait remonter à six mille ans, la date des premières productions littéraires de l'Ibérie sans remarquer que les années étaient dans ce temps-là, en Espagne, de trois à quatre mois seulement, ce qui réduit le compte de Strabon à deux mille ou mille cinq cents ans de douze mois, antiquité certainement admissible à l'époque et fort respectable encore il me semble.

Larramendi vante l'éloquence basque et dit qu'il y a plaisir à entendre parler cette langue. Dans son enthousiasme il s'écrie : Quelle prononciation agréable! quelle vivacité ! quelle propriété dans les termes! quelle pureté de langage! quelle finesse dans l'emploi des terminaisons si diverses et je n'exagère point ajoute-t-il en affirmant que le basque est aussi une langue méthodique.

Je suis déjà trop long et cependant je ne puis résister au désir de parler de la déclinaison et de la conjugaison basques, j'abrégerai, mais je voudrais faire partager mon admiration pour cette belle langue.

Le basque n'a qu'une seule déclinaison, elle varie peu d'un dialecte à l'autre et se partage en deux modes, le mode indéfini et le mode défini, sans indication de genre.

Le substantif est indéfini de sa nature. En cet état il reçoit les signes déclinatifs, au moyen desquels il marque les relations indéterminées, comme dans cette locution : dans le siècle des siècles; le Basque ne dira donc pas *Mendeen mendetan* mais bien *menderen mendetan*.

Ce premier mode n'a pas de nombre, l'Euskarien dit *Ghizon bat*, un homme, *ehun ghizon*, cent hommes.

Le mode défini a deux nombres, le singulier et le pluriel : *Ghizona*, l'homme, *Ghizonac*, les hommes.

Le mode indéfini compte neuf cas : le passif, l'actif, le génitif, le datif, le partitif, le médiatif, le positif, l'ablatif et le directif.

Le mode défini n'a pas de partitif, mais il possède les huit autres cas. Je dois renvoyer pour l'application détaillée à l'excellente étude sur la déclinaison basque de M. le capitaine Duvoisin.

Les prépositions n'existent pas en basque, sa déclinaison étant complète, elles n'auraient aucune utilité.

Ce que l'on appelle adverbe dans les autres langues, n'est en basque que véritable nom ou cas de nom.

Le basque n'a également qu'une seule conjugaison. Un verbe unique sert à lier les idées, à en indiquer les rapports. Il donne la vie, l'action, le mouvement au langage, il agit sur la substance, il l'anime et la vivifie, mais ne s'identifie pas avec elle. Tous les mots peuvent se conjuguer avec lui, mais il reste toujours seul verbe.

Dans la connaissance de la déclinaison et de la conjugaison sont renfermées toutes les difficultés de la syntaxe.

L'accord consiste à unir dans leur forme radicale tous les mots qui se rapportent les uns aux autres, de manière à établir un tout solidaire. Le dernier terme reçoit pour tous la terminaison casuelle.

Admirable simplicité, mais avec le mécanisme le plus simple, quelle prodigieuse puissance de composition, quelle souplesse, quelle richesse de flexions!

C'est dans le verbe que le basque déploie sa magnificence et ses étonnantes richesses. Il est unique, mais dans son unité il est si grand, si fécond, si riche et si magnifique qu'il surpasse autant les verbes des autres langues que le chêne de nos forêts surpasse les humbles bruyères, dit M. l'abbé Inchaupse.

Il possède des modes inconnus aux autres langues dont aucune n'indique les temps avec autant de précision. Il exprime dans ses flexions non-seulement la personne et le nombre du sujet, mais encore les régimes directs et les régimes indirects avec toutes leurs variations nominales ou pronominales, singulières ou plurielles. Il y a plus, suivant le nombre des personnes à qui l'on s'adresse, selon leur qualité ou leur rang par rapport à celui qui parle, il varie chacune de ses terminaisons, en sorte qu'il sait exprimer la personne du sujet, les divers régimes et encore la personne à qui l'on parle et sa condition.

Enfin, il a une forme capitale pour l'idée dominante de la phrase et des formes secondaires pour les idées régies et pour les propositions incidentes. Chacune de ses terminaisons peut prendre la forme nominale et se décliner à l'indéfini et au défini, au singulier et au pluriel, comme tous les autres noms. Toutes ces métamorphoses se font avec tant de facilité, d'après une loi si naturelle, si simple et si régulière, qu'elles se gravent sans étude dans la tête du Basque, qui les emploie dans l'occasion avec la plus grande aisance, sans se douter des trésors féeriques de formes et de terminaisons qu'il possède dans sa mémoire. L'homme de la campagne le plus illettré parle sa langue basque avec autant de pureté que le savant ; et le prêtre le plus éloquent, qui du haut de la chaire de vérité, fait entendre la parole de Dieu dans la plus humble paroisse écartée, est parfaitement compris de ses plus infimes auditeurs.

Des études sur le verbe sont exposées dans l'ouvrage

de M. l'abbé Inchauspe, intitulé le *Verbe Basque*; ouvrage publié en 1858 par le prince Louis Lucien Bonaparte en un volume in-quarto de plus de cinq cents pages. C'est le seul traité complet publié sur cette matière, guide excellent, sans contredit, mais qui effraye la plus généreuse mémoire par ses volumineux détails.

Le basque se prête à tous les genres de poésie que peuvent admettre les langues du Midi de l'Europe. Je n'en donnerai ici qu'un seul exemple dans le sonnet et les dixains suivants ;

> Nor goi lenen izan da, garr ori
> Piztu devanā? ausartzi, edo onesgun?
> Ausartzi, ordea siñ: onets, indardun,
> Amodió ausartzan, tan onesle-usartzi
>
> Etzevan aberec uste egotzi
> Zeure ausartziän cerbaitá icigun
> Cegocan gustu bati (etzan mindún),
> Zure onesgún chingartzen zanari
>
> Auxé, escutagai zeure esposaren,
> Garturic irten zan ain biciro;
> Non arraio bati da berdindu
>
> Ta chimistá ain berô oni, ceñarén
> Polvorac, mirets dánean luzaró
> Balaren indarrá cion cidatú.

Dont voici la traduction :

Qui alluma cette flamme éclatante? fut-ce le courage auguste Prince? le courage le plus beau ; fut-ce l'amour? Ce fut le plus vaillant. Oh! oui, amour vaillant et valeur d'un amant.

Ce ne fut pas l'audace qui poussa cette brute à tenter de

trouver ta valeur en défaut, une seule chose l'inspira, ce
fut de voir briller ton amoureuse flamme.

Elle devint bouclier pour ta royale épouse, et s'enflamma avec
tant de vitesse qu'elle égala la foudre.

Ce fut une étincelle si rapide et si prompte, que la poudre
étonnée y reconnut sa force quand elle chasse la balle.

Je termine cette introduction par l'alphabet et la
prononciation des lettres.

ALPHABET

A	B	C	D	E	F	G	H	I	J	K	L	LL	M
	bé	cé	dé	é	efa	gé	ach		gi	ca	el	glie	ema

N	Ñ	O	P	Q	R	S	T	U	V	X	Y	Z
enn	egne		pé	cu-cou	er	es	té	u-ou	vé-bé	ics, ci	igre	içi

Les noms de ces lettres sont grammaticaux en euskarien, ils se déclinent et l'on dit efa, ach, el, ema, enn,
parce le Basque dit usuellement *efa bat, ach bat, el bat,
ema bat enn bat*, un *f*, un *h*, un *l*, un *m*, un *n*. On dit
au singulier défini *bea* le b, *cea* le c, *dea* le d et au
pluriel *beac, deac*, etc., les b, les d, etc.

Darrigol, dit que les Basques n'ayant aucune articu-
lation qui corresponde au V cette lettre ne devrait pas
faire partie de leur alphabet. Ce serait admissible
comme règle générale, mais l'orthographe étymologique
permet l'exception, de plus, les Biscayens et les Gui-
puzcoans respectent ce V en écrivant *Maria Virgina*,
Vierge Marie et *Virginea* la Vierge, mais ce V est un
B en prononciation latine et euskarienne et tel dialecte
navarrais écrit aussi bien *Bergina* et *Bersina* avec un

es doux qui n'appartient qu'a ce dialecte et n'a pas de caractères dans l'alphabet.

VOYELLES

Ai se prononce toujours a-i en deux sons dans la même syllabe. Au se prononce toujours *aou*. A final pour tous les mots de la langue basque se traduit par les articles le, la au nominatif singulier du mode défini de la déclinaison, *eri* malade, *eria* le malade, mais dans le petit nombre de mots dont le radical se termine en a comme *aita* père, *ama* mère, l'a devient long au nominatif défini comme s'il y avait aita le père, *amaa* la mère. A part cette exception grammaticale la pénultième syllabe est toujours longue en euskarien.

E basque se propose toujours comme l'E espagnol é, mais un peu moins fermé peut-être ainsi en, end, ent se prononcent ène, èned, ènete.

La prononciation de l'I est sensiblement longue comme pénultième, au nominatif des mots dont le radical est en i *arghi* lumière, *arghia* la lumière, en prononçant arghiia, le premier i doit être bien accentué, le second perdu dans la diphtongue.

L'O est toujours grave.

L'U se prononce *ou* contrairement à la prononciation des Basques Souletins, des Français et des Turcs. Toutefois l'*u* fermé des Français n'est pas quelquefois sans utilité grammaticale, mais la difficulté de tout concilier a fait adopter l'*u* ouvert *ou*.

L'Y se prononce comme i et ne devrait être conservé

que dans les mots du dialecte labourdin. En 1630 l'abbé Etchaberry adopta l'i initial, que l'on a vainement essayé de ressusciter.

CONSONNES

B doit remplacer presque toujours le V latin.

C se prononce comme en français.

D se prononce comme en français.

F ne se trouve que dans les mots empruntés aux langues étrangères et se prononce comme en français.

G se prononce comme *ghe, ghi* des italiens, toutefois devant *e* et *i* les uns le prononcent à la française et d'autres à la castillane gutturalement comme s'il y avait *jé, ji* (espagnols).

H est toujours aspiré en euskarien si ce n'est quand il est précédé du *c* et devant des noms propres d'hommes, de ville ou de pays étrangers.

J dans le dialecte souletin se prononce comme en français, en Labour et en Navarre comme un d mouillé, en Guipuscoa comme la jota espagnole.

K remplace presque toujours le *c* et se prononce dur comme en français.

L se prononce comme en français.

LL se prononce mouillé comme en espagnol dans les mots *llabur, ollo* et en français dans paille, bataille, etc.

M se prononce comme le *m* français non nasal.

N au milieu et à la fin des mots se prononce toujours à la castillane ainsi qu'il a été dit plus haut.

Ñ se prononce comme en espagnol et comme *gne* en français.

P se prononce comme en français si ce n'est que PH ne prend jamais en euskarien le son de F et que la voyelle qui suit est toujours aspirée.

R toujours dur à la fin des mots est toujours doux entre deux voyelles, il se redouble en déclinaison sur les radicaux qu'il termine *gar* flamme, *garra* la flamme.

S les linguistes croient que sa prononciation est semblable à celle du *Ssode* des Chaldéens, mais ne pouvant faire revivre ces doctes trépassés pour leur demander la manière, nous dirons que l'on produit le son voulu en relevant, repliant et appuyant le bout de la langue sur la gencive intérieure des dents supérieures comme les Français qui blèsent en prononçant le c.

T simple se prononce comme en français, *th* en aspirant la voyelle qui suit et TT adouci ou mouillé.

V doit être presque toujours remplacé par le B ainsi que nous l'avons dit plus haut.

Du reste en suivant les observations que nous venons d'exposer sur la valeur des lettres, la règle de l'euskarien est de prononcer les mots tels qu'il s'écrivent sans rien omettre ni rien ajouter.

Je terminais la lecture de cet aperçu, à la Société des Sciences de Cannes, par les lignes suivantes que je crois devoir répéter ici :

J'aurais voulu, Messieurs, vous faire apprécier ce peuple Basque, autrefois si puissant, mais toujours admirable puisqu'il a su, dans sa faiblesse relative conserver sa foi, ses lois, sa nationalité, sa langue et son amour pour ses rois. J'aurais voulu vous prouver l'antiquité et la beauté de la langue Euskarienne ou Basque, la seule des langues primitives qui soit encore parlée dans toute sa pureté.

La lecture de ce rapport terminée, M. Edmond Blanc, de Vence, m'apprend que le basque est encore parlé en Cochinchine où M. Faraut, qui a continué les travaux interrompus par la mort de M. Francis Garnier, a vu des matelots Basques Français conversant en basque avec des naturels du pays, les comprenant et en étant parfaitement compris, bien qu'ils remarquassent une légère altération de l'Euskarien dans ces régions lointaines. Ce fait est compréhensible puisque les Euskariens occupèrent longtemps le midi de l'Asie.

LES
EUSKARIENS OU BASQUES
Le Sobrarbe et la Navarre

CHAPITRE Ier

SOMMAIRE :

Les Pyrénées.— Légende.— Description de cette chaîne de montagnes.— Elles sont le refuge des peuples opprimés.— Ses habitants.— Leurs mœurs, leurs costumes, etc.— Les Carthaginois en Espagne.— Hamilcar et Annibal.— Sagonte.— Les Basques s'enrôlent sous Annibal pour aller combattre les Romains.— Ils reviennent en Espagne ralliés aux Romains.— Ils rompent de nouveau avec eux.— Leurs signaux.— Les Carthaginois quittent l'Espagne.— Siége de Numance, sa fin tragique.

Nous avons vu les Euskariens chassés de l'Ibérie par les invasions des barbares, et réduits à un très petit peuple, se réfugier dans les Pyrénées occidentales où nous ne leur donnerons plus le nom d'Euskariens, mais celui de Basques. Avant d'esquisser leur histoire, il me semble opportun de donner quelques détails sur les montagnes, dont ils n'ont cessé d'habiter depuis lors la partie occidentale.

La tradition mythologique disait allégoriquement ce que les découvertes de la géologie sont venues démontrer sur la convulsion terrestre qui souleva et forma les Pyrénées. Voici cette tradition ou antique légende : Dans le cours de ses voyages, Hercule était arrivé sur la limite de l'Espagne et des Gaules. Alors il rencontra la nymphe Pyrène dont il devint éperdument épris. Au milieu des élans de sa passion, l'objet qui l'allumait lui fut enlevé par un événement tragique. A l'aspect du corps inanimé de son amante, Hercule, hors de lui, éclata en cris de désespoir, de menaces et de fureur. Il ensevelit Pyrène avec des larmes, et pour lui élever un mausolée que les hommes et le temps ne pussent détruire, il entassa rocher sur rocher formant ainsi les Pyrénées. Ce nom est d'origine grecque.

Cette chaîne de montagnes s'étend de la Méditerranée à l'Océan sur une longueur de 370 kilomètres et une largeur de 80 à 100 seulement Les vallées qui en descendent soit vers la France, soit vers l'Espagne, ont par conséquent une profondeur de 40 à 50 kilomètres à peine. On comprend dès lors qu'un peuple serré de si près au nord et au midi puisse difficilement résister à ses redoutables voisins et créer un centre politique.

Il n'en est pas de même des Alpes qui s'étendent dans toutes les directions et rayonnent beaucoup plus largement autour d'un centre commun, le Saint-Gothard. C'est pourquoi la Suisse a pu se constituer et se défendre à l'abri des fortifications naturelles puissantes et développées sur une assez grande étendue. Il est vrai que l'équilibre européen étant rompu pour le moment, la facilité de locomotion et le fatal système d'annexion la menacent sérieusement.

Les Pyrénées françaises plus froides par l'action directe des froids du nord, refoulent le froment à 18 ou 20 kilomètres de leur base. Le Gave, l'Adour, la Garonne et l'Ariège arrosent leurs belles prairies et leurs immenses champs de maïs. Les côteaux et les montagnes sont tapissés de fougères et couverts de chênes, de châtaigniers et de hêtres magnifiques qui rappellent la végétation de la Belgique et des Ardennes. De Saint-Jean-de-Luz à Foix, la vigne est chétive et ne donne qu'un verjus âpre et froid. Les vins délicieux ne se trouvent que dans les plaines à douze lieues de Dax sur l'Adour, à Laverdon sur l'Ariège.

En remontant dans la chaîne, parvenu à 600 mètres d'élévation, les monts secondaires sont arrondis en courbes gracieuses où croissent le buis, le bouleau, le noisetier, le hêtre. On y trouve les excavations, les grottes à stalactites et pétrifications remarquables, le calcaire, le granit, l'ophite, la serpentine, le schiste, le marbre et l'ardoise ; les mines de fer dans le pays de la Navarre, l'Aragon, l'Andorre, la Catalogne et la Biscaye, celles de cuivre si abondantes en Navarre, celles de plomb et de cobalt remarquables dans l'Aude et le Gistoa d'Aragon. Les gisements d'or dans l'Aude et l'Ariège, ceux d'argent sont généralement alliés au plomb. La houille sur la Rhune ; la tourbe, la lignite, les mines de sel gemme, les sources salées de Salies, Briscous, Orras. Les eaux minérales abondent dans les Pyrénées occidentales.

Le Labour a celles de Villefranque, de Sare et de Cambo.

La basse Navarre et La Soule en possèdent un grand nombre surtout la Soule.

Mauléon, Aussurucq, Ahuski, Ordiarp, Cheraute, Viodos, Mendi, Barcus, Licq et Lacarry ont des eaux thermales plus nombreuses encore, ainsi que les eaux salées, sur le versant espagnol.

A 1,200 ou 1,300 mètres au dessus du niveau de la mer, on assiste aux plus sublimes spectacles du globe terrestre ; on y avance de surprise en surprise ; là sont les lacs et les cascades, plus loin les cirques, les ports, les brèches et les coupures profondes, vrais abîmes formés par le divin créateur pour donner passage à l'homme. Le sapin noir, majestueux géant recouvre les parois de ces pentes et de ces chutes. Le théâtre est des plus grandioses. Au-dessus de 1,700 à 1,800 mètres, la grande végétation a disparu arrêtée par la rigueur du froid. Le rocher nu, crevassé, hérissé de pointes, se panache à peine de quelques touffes de rhododendron, de muguet, d'iris et de genévriers.

Des plaines du Roussillon au sommet de la Maladetta les Pyrénées réunissent toutes les latitudes, tous les phénomènes météorologiques, les mouvements thermométriques, les modifications physiques, tous les produits qui s'échelonnent sur le continent européen depuis la Sicile jusqu'à la mer glaciale. Le Roussillon et la Catalogne disputent en richesses végétales avec la campagne de Naples. Les steppes du Tanaïs se retrouvent presque dans les Landes de Pinas et de Bout Long.

La solitude sauvage des forêts de la Russie, dans les vallées de l'Iratie (Navarre), de Campan et d'Ossau, de l'Arboust et de Belesta (Ariège).

L'ours brun aux formes colossales se cache dans les cavernes de la Maladetta et de Gavarni ; il augmente les dangers des troupeaux vivement pourchassés par les loups nombreux et hardis. Le chamois remplace le renne ; l'écureuil, la martre ; le petit gris, l'hermine même y représente les animaux à fourrure précieuse. Le lynx, le sanglier, le chevreuil, le chat sauvage autrefois assez communs, le cerf disparu depuis plus de deux cents ans y vécurent longtemps avec le bison et le buffle.

Les hautes régions voient planer dans les airs et couver dans les rochers une foule d'oiseaux de proie qui font une guerre fatale aux corneilles, aux choucas, aux perdrix blanches, aux lagopèdes, aux gelinottes et descendent jusque dans les basses vallées poursuivre le coq de bruyère, la fauvette, le merle, le grimpereau, les craves, les corbines, les choquarts et les cailles. Les grues et les oies sauvages sont, par leur grosseur à l'abri de leurs atteintes. Les colombes et les bisets de passage trouvent dans les chasseurs au filet des ennemis plus dangereux encore.

Ces zônes caractérisées par des productions différentes ne présentent pas sur le versant espagnol les mêmes hauteurs que sur le versant français. La chaleur favorisée par l'exposition au sud les élève en Espagne de 200 à 300 mètres au dessus de la zône correspondante du nord, et les glaciers éternels y sont inconnus.

L'aspect général des Pyrénées est admirable à la distance qui permet de l'embrasser dans son entier, depuis le Canigou du Roussillon jusqu'au mont couronné de la Navarre. Il est un point entr'autres que les touristes ne se lasseront jamais d'admirer de la place Royale à Pau. La verte vallée où débouche en face de la ville, le ravissant Nées, les charmantes collines des deux rives donnent une grâce indéfinissable à ce panorama.

L'hiver, un épais manteau de neige caché lui-même sous un voile de brouillard, ne laisse apercevoir que quelque pic plus élevé, éclairé par le soleil.

Quand arrive le printemps la chaîne se dégage peu à peu de ses langes et bientôt l'on voit étinceler les hautes cimes neigeuses ; les vallées s'entrouvrent, leurs gracieux contours, leurs roches blanches et leurs noires forêts se dessinent. Souvent des orages mugissent et tout disparaît pour un moment sous d'épaisses nuées que les éclairs et la foudre déchirent en tous sens, une pluie chaude et serrée vient enlever ce qui restait de neige jusqu'au fond des vallées et donner au décor plus de magnificence.

Les monts basques abondent en sites délicieux, en solitudes riantes, en gracieux villages. C'est une véritable Arcadie puisqu'on appelle ainsi tout pays pastoral et pittoresque, mais une Arcadie dont les habitants ont été les plus hardis marins du monde et sont restés les plus gais, les plus alertes, les plus indépendants et les plus fidèles des hommes.

Généralement les montagnes ont été le refuge des

peuples opprimés. Les Alpes aux helvétiens, à la voix de Guillaume Tell, l'Olympe et l'Œta aux Grecs poursuivis par les Ottomans et de nos jours les Krapacks, le Caucase et l'Atlas aux Polonais, aux Géorgiens et aux Berbères. Mais en aucun lieu cette mesure n'a paru plus grandiose, entourée de plus d'héroïsme de la part des opprimés que dans les Pyrénées, forteresse imprenable placée entre la France et l'Espagne. Elles ont été le champ de bataille de presque tous les peuples conquérants qui ont ensanglanté l'Europe dans le cours des siècles. Euskariens, Grecs, Ibères, Carthaginois, Romains, Vandales, Cantabres et Visigoths y sont venus successivement pleurer sur leurs malheurs et combattre vaillamment pour défendre ce dernier asile.

Si, comme le dit Jormandes, les champs catalauniques furent au temps d'Attila l'aire où venaient se broyer les nations; les Pyrénées au contraire furent le refuge où les débris de ces mêmes nations abritèrent leurs pénates et leurs croyances. Aussi le mouvement torrentiel des vainqueurs s'étant arrêté, on retrouve dans ces montagnes l'Ibère, l'Euskarien, le Celte, et le Cantabre avec leurs mœurs primitives, leurs fueros, leurs fors et leur ombrageuse liberté. 2.000 ans de luttes romaines et féodales, luttes gigantesques, combats sans nombre, les avaient modifiés sans pouvoir les détruire. Strabon dit que les montagnards étaient remarquables par leur sobriété; ils ne buvaient que de l'eau, couchaient sur le sol, portaient les cheveux flottants à la manière des femmes et rabattaient leur coiffure sur le visage pendant le combat. Leur principale nourriture était la chèvre, ils immolaient un bouc au dieu de la guerre, ne mangeaient que des glands doux pendant deux saisons de l'année, portaient des vêtements noirs n'employaient comme les Celtes que des vases de bois.

Peu disposés à l'attaque, ils attendaient l'ennemi, mais dans l'action leur courage était sans mesure. Leur séjour dans ces lieux accidentés, dans les rochers et les ravins leur donnait une agilité qui leur assurait la victoire quand ils combattaient dans leurs montagnes.

Ils punissaient les grands coupables en les précipitant du haut des rochers, ils écrasaient les parricides sous les pierres qu'ils leur jetaient.

Aimant les périls comme les Gaulois, ils allaient à la guerre tête nue, cheveux flottants ; leurs armes étaient le bouclier de nerf de bœuf, l'épée, la hache et le javelot.

Les Carthaginois voulaient s'emparer de l'Espagne. La première guerre punique les avaient épuisés d'argent. La péninsule devait leur en fournir en abondance. Hamilcar fonda Barcelonne (Barcanona), ainsi nommée d'abord de *Barca*, nom du général Carthaginois, et de *nona* parcequ'il aborda avec neuf embarcations, après avoir soumis la moitié méridionale, il envoya son père Asdrubal qui pénétra jusqu'à la ligne du Douro, Léon et Castille, mais ne pouvant réduire les populations Celtibères et Cantabres, il cherchait à établir avec elles des rapports pacifiques, lorsqu'il périt assassiné (221 ans avant N.S.J.C.). Hamilcar périt dans une bataille en Lusitanie (228).

Le célèbre Annibal le remplaça. Dès l'âge de neuf ans il avait été amené en Espagne par son père Hamilcar qui lui avait fait jurer une haine éternelle aux Romains. Il prit et livra au pillage les villes d'Althéa, d'Elmentique et d'Albucare. Les peuples de l'Ebre sentirent alors la nécessité de s'unir contre l'ennemi commun, ils vinrent avec les Celtibéres et les Vasco-Cantabres au nombre de cent mille présenter la bataille à Annibal sur les bords de l'Ebre (218). Le général Carthaginois courait le plus grand danger, mais par un trait de génie militaire il changea le péril en victoire. Battant prudemment en retraite il repassa le Tage. Les montagnards, persuadés qu'ils n'avaient qu'à l'atteindre pour détruire son armée, essayèrent le passage du fleuve. Mais Annibal faisant volte-face tomba sur eux quand ils étaient déjà engagés dans les gués. Les confédérés périrent en partie dans les eaux, le reste parvint à s'échapper et regagna la montagne qui lui donnait l'indépendance et la sécurité.

Les Carthaginois étaient maîtres de l'Espagne depuis l'Ebre jusqu'à Gibraltar. C'est alors qu'Annibal attaqua l'opulente colonie grecque de Sagonte, alliée des Romains qui l'abandonnèrent sans lui porter secours. Ce siége mémorable a retenti dans l'histoire : on sait qu'après une défense héroïque, ne pouvant plus lutter, les Sagontins s'ensevelirent sous les ruines de leur ville dont les cupides ennemis ne trouvèrent que les cendres.

Les auteurs Romains que nous traduisons en les abrégeant, nous apprennent que bientôt après la destruction si tragique de Sagonte, Annibal fit de grandes levées d'auxiliaires en Espagne pour les conduire contre Rome. A ce bruit de guerre lointaine les Basques admirant la valeur et le génie militaire du chef Carthaginois, accoururent en grand nombre en qualité de mercenaires indépendants.

Un chant Basque d'une grande naïveté raconte cet événement :

« Un soir, passant au pied de nos montagnes, l'é-
« tranger venu d'Afrique avec ses soldats, dit à nos
« vieillards et à nos pères que leurs fils sont braves, ce
« qui est la vérité. Il dit encore qu'il ne nous cherchait
« pas, mais nos ennemis les Romains.

« Et alors nos jeunes hommes s'écrièrent : Annibal,
« si tu ne nous mens point, si tels sont tes projets, nous
« nous mêlerons à tes soldats étrangers, nous marche-
« rons devant eux et devant toi. C'est en vain que les
« Romains ont voulu soulever les Gaules contre nous,
« nous te suivrons au bout du monde.

« Et nous partimes à l'heure où les femmes s'endor-
« ment tranquillement, sans réveiller les petits enfants
« assoupis sur le sein de leurs mères ; et les chiens
« fidèles, pensant qu'à notre ordinaire nous reviendrions
« avec l'aurore, n'aboyèrent point. »

Ainsi partirent les Basques à la suite d'Annibal.

Les Romains, avertis, essayèrent de soulever les Pyrénées afin d'arrêter les Carthaginois. Leurs ambassadeurs se présentèrent avec de riches présents. Les femmes et les vieillards, entourés des guerriers en armes, écoutèrent les envoyés. Mais quand ils entendirent les Patriciens à la toge blanche les engager à arrêter Annibal pour sauver Rome qu'ils ne pouvaient aimer, et dont le salut ne leur importait nullement, un immense éclat de rire leur répondit. Les vieillards calmèrent cette hilarité dont ils approuvèrent le motif, mais ils renvoyèrent les Romains en leur rappelant qu'ils avaient laissé réduire en cendres Sagonte, leur alliée, sans chercher à lui porter secours.

Les célèbres batailles de Cannes et de Trasimène firent trembler Rome. Les Basques s'y couvrirent de gloire. Les Romains désolés alors d'avoir abandonné Sagonte, résolurent de faire diversion en Espagne en coupant la retraite et en tarissant les ressources pécuniaires d'Annibal. Cnéius Scipion s'embarqua avec dix mille hommes et sept cents chevaux (217) ; il battit Asdrubal et s'empara de trois villes carthaginoises. Les débris de l'armée punique se réfugièrent à leur tour dans les Pyrénées.

Cnéius Scipion ménagea les Basques et les fit rentrer dans son parti. Rappelés par leur compatriotes, ceux qui avaient suivi Annibal et qui déjà commençaient à regretter leur belles vallées, abandonnèrent les Carthaginois et regagnèrent les Pyrénées.

Mais les Basques reconnurent bientôt qu'ils n'avaient fait que changer d'ennemis. Effrayés par les conquêtes des Romains en Espagne, les Llergètes jetèrent le premier cri d'alarme. Ce cri se propagea rapidement sur toute la ligne pyrénéenne au moyen d'un réseau de tours télégraphiques sur les deux versants de la chaine, et des feux qu'ils y allumaient soit en laissant les flammes s'élever, soit en produisant une épaisse fumée au moyen de la graisse et de l'eau qu'ils jetaient sur la paille embrasée. Les Llergètes, promptement attaqués, perdirent une première bataille, et Llerda leur capitale fut prise d'assaut. Une grande partie des vaincus se retrancha dans les montagnes, se préparant à la revanche. Quelque temps après, Publius, attaqué de toutes parts, perdit peu à peu son armée, Scipion marcha à son secours avec des Celtibères alliés, détachés du parti Carthaginois ; mais, arrivés dans les gorges des Pyrénées, les Celtibères ne voulant pas attaquer leurs compatriotes passèrent aux Basques déjà renforcés par les Numides qui, après avoir échappé à la défaite d'Hannon, s'étaient réfugiés dans la montagne. Les Romains assaillis par des forces supérieures furent massacrés (210 avant N.S.J.C.). Mais au Midi les Romains chassèrent les Carthaginois et divisèrent la Péninsule en Espagne citérieure entre l'Ebre et les Pyrénées, et en Espagne ultérieure comprenant tout le reste de ce vaste pays.

Cornélius Scipion, surnommé plus tard l'Africain, vint continuer l'œuvre de son père : plus prudent que lui il ne s'aventura pas entre l'Ebre et les Pyrénées, et profita, chose rare, de l'expérience d'autrui.

Mais attaqué par Indébilis et Mandonius unis aux restes des Carthaginois, il les défit dans deux batailles. La femme de Mandonius et les enfants d'Indébilis se trouvaient parmi les prisonniers ; le généreux vainqueur leur rendit la liberté.

Après la première défaite, Asdrubal et ses Carthaginois avaient abandonné définitivement l'Espagne et rejoint Annibal en Italie. Les Basques vaincus regagnèrent leurs Pyrénées et le nom d'Indébilis ne reparut plus dans les luttes qui suivirent.

Les Vascons le vengèrent. Helvius conduisit ses cohortes romaines dans les hautes vallées de l'Ebre. Les Basques fondirent sur lui près d'Irithurgis et détruisirent son armée. Le préteur Simpronius eut bientôt le même sort et un soulèvement général ébranla la domination romaine en Espagne. Alors Marcus Portius Caton amena deux légions dans la ville phénicienne de Rhoda (195).

Manlius, après avoir subi une première défaite, voulut porter la guerre dans le cœur même du pays ennemi, ainsi que les Romains le faisaient ordinairement. Il remonta l'Ebre, mais perdit encore deux batailles importantes contre ces intrépides montagnards, qui complétèrent leur victoire sous les murs de la ville de Calagurris (189)

Trop enhardis par ces succès, les Basques attaquèrent Fulvius Flaccus en bataille rangée dans la plaine ; ils furent vaincus, mais refusèrent la paix, préférant se retirer dans leur forteresse naturelle. Là toujours ils retrouvaient la tranquillité ou la victoire. Effectivement y étant poursuivis ils y résistèrent vaillamment et Varron fut contraint de battre en retraite.

Fulvius Flaccus le remplaça et assiégea Urbiscoa (181). Malgré le courage des habitants qui soutinrent un siége long et meurtrier, la ville fut prise et saccagée de fond en comble (180). Les Basques en voulant la reprendre perdirent deux batailles consécutives.

Mais rien ne pouvait ébranler le courage de ces fières populations. Les Basques battirent Fulvius dans une gorge étroite et lui tuèrent 22,000 hommes.

Numance, située dans les montagnes de la rive droite de l'Ebre, était en dehors du plateau Pyrénéen dont nous traçons l'histoire guerrière ; mais les Basques ne furent pas étrangers à sa défense. Sa chute glorieuse eut en outre trop de retentissement dans le cœur des Pyrénées pour que nous ne rappelions pas cet événement tragique.

Les Numantins, la terreur des Romains, après avoir repoussé plusieurs fois les proconsuls, furent menacés par Popilius Lénas ; mais ne voulant pas l'attendre, ces hommes valeureux coururent à sa rencontre conduits par Mégara et mirent les Romains en déroute. Au printemps suivant (137) les légions romaines reparurent, les assiégés firent une nouvelle sortie et tuèrent 20,000 ennemis. Florus dit que nul Romain n'osait regarder un Numantin en face, et ne pouvait entendre sa voix sans terreur. Cette voix effrayante était probablement l'étrange cri *irrinzina*, espèce de rire chanté et strident que les Basques et les Asturiens répètent de nos jours.

Le consul Mancinus revint avec 30,000 hommes assiéger de nouveau la ville inexpugnable ; mais comme auparavant, les assiégés attaquèrent son armée, tuèrent 10,000 hommes et les 20,000 survivants ne conservèrent la vie qu'en mettant bas les armes et en reconnaissant l'indépendance de Numance par des traités solennels.

Les Romains, qui professaient au suprême degré la mauvaise foi de la plupart des républiques, cherchèrent alors à affaiblir Numance en détruisant ses alliés. Après quelques échecs subis, ils réussirent à s'emparer de Palencia et de Termès. Alors Scipion le second Africain, aidé de Marius et de Jugurtha, les trois plus grands capitaines romains de ce temps là, reprirent le siége de Numance en dépit des traités solennellement signés. Scipion, défié par un Numantin d'une taille de géant, accepta le défi et fut vainqueur.

Après des prodiges de valeur, les Numantins et les Basques se trouvèrent réduits à 4,000 hommes exténués. Guidés par leur chef Rhétogène, ils se jetèrent sur les lignes ennemies qu'ils couvrirent de carnage. Ainsi vengés, ils rentrèrent dans Numance, la livrèrent aux flammes ; puis, après avoir entassé sur d'immenses bûchers richesses, cadavres, armures et survivants, Rhétogène embrasa les bûchers, et quand le dernier Numantin eut expiré, il se jeta lui-même dans les flammes (133).

Le vainqueur admira cette fin héroïque d'une ville qui lui avait résisté pendant quatorze années en immolant un si grand nombre d'ennemis.

CHAPITRE II

SOMMAIRE :

Les Romains maîtres de l'Espagne Méridionale.— Résistance au Nord. — Route romaine par le col de la Massane. — Le Pertus. — Didius trompe une colonie cantabre et la fait massacrer. — Soulèvement des Basques.— Sertorius.— Ses exploits. — Sa déchéance. — Osca. — Monnaies espagnoles. — Pompée. — Perpenna conspire contre Sertorius et le fait assassiner. — Métellus. — Calagurris. — Les Basques l'abandonnent, les Romains l'incendient. — Pompée. — Pompéiopolis. — Lugdunum Convenarum. — Idoles. — Départ de Pompée. — Tour de Pompée au Pertus. — Jules César. — Camps romains et turons aquitains. — Victoire de Crassus sur les Basques. — César détruit le parti de Pompée en Espagne.— Il va le combattre et le vaincre à Pharsale. — Fin héroïque d'un corps de Basques de l'armée de Pompée.

Les Romains s'étaient emparés de l'Espagne Méridionale avec une rapidité inouïe. La résistance opiniâtre qu'ils devaient rencontrer commença dans les montagnes de la Castille et des Asturies, elle devint insurmontable dans les Pyrénées. Depuis l'Ebre jusques-là le terrain avait été disputé pied à pied, des légions entières y avaient été anéanties. Les débris des Celtibères, des Arévaces et des Pelendones refoulés dans les montagnes par Scipion, se mêlèrent aux habitants des vallées de la Navarre et du Guipuscoa. Il s'étendirent jusqu'au Labour, au pays de Soule, et remontèrent en partie vers les sources de la Garonne, où nous trouvons une de leurs colonies, Arbas, sur les bords du Salat, à l'Est de Salies et de Saint-Gaudens.

La population basque prit de telles proportions sur la rive gauche de l'Ebre, que les Romains ne purent entamer cette province. Les proconsuls firent des essais infructueux. Averties par l'expérience, les populations évitèrent les batailles, et par une guerre d'embuscades et de surprises firent éprouver de grandes pertes aux cohortes romaines, surtout sous Auguste. La nationalité basque fut ainsi préservée de la destruction.

Les Romains voulant relier l'Espagne à l'Italie, nouèrent des relations pacifiques avec les Basques et ouvrirent une belle route au col de la Massane ; ils donnèrent à ce passage le nom de *Portus* aujourd'hui le *Pertus*. Puis s'étant emparés de Tolosa, ils tinrent ainsi en respect les populations et mirent leur nouvelle route à l'abri des surprises.

Après un court repos les Basques furent appelés de nouveau à prendre les armes par l'atroce conduite du consul Didius. Celui-ci, après avoir fait périr 20,000 confédérés dans les plaines de l'Ebre, où ils avaient eu l'imprudence de livrer bataille, adopta l'horrible tactique de destruction inaugurée par Lucullus. Une colonie celtibère fondée par les Romains sur la rive droite de l'Ebre lui portait ombrage, il l'attira dans une vallée, la dissémina sous le prétexte de distribuer à chacun des terrains plus fertiles et la fit traîtreusement massacrer par ses légions. Les actes épouvantables ne sont pas rares dans les fastes des Républiques, que pourtant on nous fait admirer si longuement et si exclusivement dans nos lycées.

Un cri d'horreur et de vengeance se répandit aussitôt chez les Basques. Ils mirent à leur tête un fugitif illustre, Sertorius, qui à Rome s'était joint à Cinna, le terrible adversaire des classes patriciennes, mais le triomphe de Sylla l'ayant fait désespérer du salut de la République, il courut se réfugier en Espagne, aborda dans un port de la plaine de l'Ebre, fut accueilli, grâce à son éloquence et à son titre de proscrit de Rome.

Quelques années de tranquillité avaient rempli tout le pays et toute la chaine d'une jeunesse avide de combats. Il fut aisé à Sertorius de gagner l'affection des chefs et de la population, en promettant d'expulser les Romains, qui ne cessaient d'extorquer les richesses des provinces (97).

Il se rendit en Afrique où il tenta de soulever la province romaine contre Sylla. Ne pouvant y réussir, il revint en Espagne avec 700 Maures et 2.000 Romains, les réunit à 4.700 Lusitains qu'il avait entraînés. A la tête de cette petite armée il commença contre les généraux romains la lutte héroïque qui le rendit bientôt maître de toute la Lusitanie. Les monts Pyrénéens et les Idubéens, situés entre l'Ebre et le Douro, devinrent le quartier général où il venait sans cesse recruter de nouveaux soldats. C'était aussi le boulevard où il se retirait après quelque échec. Il fonda à Osca (Huesca) un collége où il attira tous les enfants nobles, dont il faisait ainsi des ôtages. Osca était une ville essentiellement basque. Humboldt fait remarquer que Tite-Live, en parlant des sommes énormes *d'argentum oscense* envoyées d'Espagne à Rome par les généraux romains, ne faisait pas entendre que cet argent était frappé dans la seule ville d'Osca. Les mines d'argent ne se trouvaient pas chez les Llergétes, mais dans la Bétique. On entendait donc par *argentum oscense* toute pièce espagnole portant la légende en écriture euskarienne (euscique, oscique). Sestini a prouvé que toutes les médailles d'Osca datent du temps des empereurs romains.

A peine établi dans ces retranchements, Sertorius apprend l'approche de Caïus Annius, lieutenant de Sylla. Il fait occuper le pas des Pyrénées par Salinator, avec 6,000 fantassins, mais le romain Calpurnius assassine Salinator, dont les troupes se dispersent, et Annius franchit les montagnes. Sertorius se retire avec 3,000 hommes, mais bientôt sa troupe grossissant, il défait successivement Didius, Domitius, Thorannius et Metellus Pius. Chaque succès grossissait son armée, avide de vengeance. Souvent, dit Plutarque, la fougue sauvage des Basques déconcerta la discipline et la tactique de l'illustre proscrit.

Romain de cœur et par la science militaire, Sertorius devint Basque par l'agilité, la sobriété et l'âpreté des mœurs. Il possédait une biche blanche qu'il fit passer pour un intermédiaire surnaturel auprès de la déesse Diane. Cette divinité chasseresse convenait très-bien aux habitudes de ce peuple, qui déjà adorait la lune et Bassa-Jaoa, le génie des forêts. « Petit à petit, » dit Plutarque, « il tourna cela en prodige, faisant accroire
« aux barbares que c'était un don que Diane lui avait
« fait, par lequel elle lui faisait entendre plusieurs

« choses à advenir, sachant bien que les barbares sont
« faciles à prendre et à décevoir par superstition. Ainsi
« les rendait-il plus maniables et plus obéissants à sa
« volonté, de sorte qu'ils ne pensaient plus être gou-
« vernés par un homme étranger, mais croyaient fer-
« mement que c'était un Dieu. »

Rome envoya Metellus contre lui, mais Sertorius divisant ses troupes par pelotons, harcela les cohortes romaines, coupant leurs vivres, dressant des embuscades et profitant de toutes les occasions partielles de les attaquer; il parvint même à détruire un détachement assez considérable. Trois légions furent envoyées au secours de Metellus, mais arrivée au pied des monts, cette armée de 18,000 hommes fut défaite, et Manilius, qui la commandait, n'échappa au massacre que par la fuite.

Sertorius se précipita dès lors dans les Pyrénées orientales et la Narbonnaise; il soumit la Ligurie jusqu'au pied des Alpes. On trouve des souvenirs de son passage dans les Alpes-Maritimes. Mais Metellus profitait de son absence, ce qui força Sertorius à repasser les Pyrénées pour harceler de nouveau son adversaire, qui dût réclamer de nouvelles légions.

Le jeune Pompée lui en amena, et franchissant le col de Panissas, put se mesurer avec le proscrit. La lutte devenait formidable, quand Perpenna, envoyé contre Sertorius, passa sous ses drapeaux avec 50 cohortes. Cependant Metellus parvint à renfermer l'ennemi dans Calagurris (Calahorra), dont il changea le siège en blocus. Mais Sertorius s'échappa, parcourut les vallées, et peu de jours après, tombant par derrière sur les Romains, leur tua 3,000 hommes et les força à lever le siége.

Metellus se vit contraint à repasser les Pyrénées; Pompée lui-même recula; il écrivit au Sénat, dit encore Plutarque, « qu'il ramènerait son armée en Italie, si
« promptement on ne lui envoyait argent.... de sorte
« que l'on tenait pour assuré à Rome que Sertorius
« serait premier en Italie que Pompéius, tant il avait
« réduit à l'estroit les principaux et les plus estimés de
« cet âge-là. »

Sertorius faisait donc trembler Rome et justifiait ce vers de Corneille :

Rome n'est plus dans Rome, elle est toute où je suis.

Le proscrit était parvenu à l'apogée de ses succès et de sa gloire, il ne devait pas tarder à en descendre en flétrissant sa mémoire. Perpenna, son rival, espérant usurper la haute position de son chef, le desservit auprès des Espagnols, extorquant en son nom d'énormes impôts, ce qui poussa quelques villes à la révolte. Sertorius usa de sévérité pour arrêter ce mouvement. En même temps la division pénétrait dans son camp, les désertions le dépeuplaient, et plus d'un assassin résolut de gagner le prix offert à son meurtrier. Sertorius ainsi entouré devint soupçonneux et cruel. Ne pouvant se venger des chefs des grandes familles qui l'abandonnaient, il vendit ou mit à mort presque tous leurs enfants qui étaient en son pouvoir, au collége d'Osca. Cet acte de barbarie souleva l'indignation; Perpenna en profita pour se défaire de son rival. Il l'invita à un repas où Sertorius eut l'imprudence de se rendre et tomba sous les coups des affidés du conspirateur.

Les Basques pleurèrent longtemps le héros qui les avait souvent guidés à la victoire. Un guerrier, chef des cohortes de Calagurris, se poignarda sur un bûcher, devant la population, ne voulant pas, disait-il, être séparé de Sertorius après sa mort, se conformant, ainsi aux usages espagnols, d'après lesquels tout soldat attaché à la personne d'un général ou d'un prince ne devait pas lui survivre. Ils appelaient ce dévouement : *Libation sur le sacrifice.*

Les Basques repoussèrent avec horreur le traître assassin. Pompée le battit dès le premier combat et le condamna à mort.

Les montagnards avaient perdu leur chef, mais ils suivirent sa politique. Renfermés dans Osca et Calagurris, ils résistèrent à Pompée avec une valeur digne du héros dont ils déploraient la perte. Osca succomba et disparut dans les flammes. Calagurris, bloquée par Metellus, supporta la plus horrible famine avec un courage féroce qui en dépassa l'horreur. Les herbes, les animaux les plus vils, les cadavres eux-mêmes, tout devint aliment ; et enfin, pour épargner à leurs femmes et à leurs enfants les outrages et la cruauté des Romains, ils les immolèrent et se nourrirent de leurs cadavres pour gagner du temps et donner la mort à un plus grand nombre d'ennemis. Il ne manquait à Calagurris que l'incendie volontaire pour égaler et dépasser même la gloire de Numance, le général romain Affranius la lui procurera, après y avoir pénétré au milieu des mourants exténués par la faim, il y mit le feu, et tout fut dévoré par les flammes.

Les Basques cédèrent alors les plaines aux Romains et se réfugièrent dans les Pyrénées. Pompée les y poursuivit en remontant l'Arga, soumit Iron, dont il comprenait l'importance, l'entoura de fortifications nouvelles et lui donna le nom de Pompéiopolis, (Pampelune). Il est probable que les fugitifs de Pompéiopolis, voulant se soustraire à l'atteinte des Romains, s'arrêtèrent sur les bords de la Bidassoa et y fondèrent la ville d'Irun, du nom de leur ancienne patrie.

Trente mille Basques s'étaient réfugiés sur le versant gaulois des Pyrénées, après la destruction de Numance, et s'étaient fixés dans les hautes vallées de la Garonne ; Pompée les y rejoignit ; il leur fit des propositions de paix, qu'ils écoutèrent. Ils se réunirent alors au confluent de la Garonne et de la Neste, sous le nom caractéristique de Convenæ (Comminges), le territoire fut désigné, Pompée établit un centre administratif et bâtit la ville de Lugdunum convenarum.

Les émigrants s'étaient installés dans ces lieux, sans esprit de retour, y apportant leurs mœurs, leurs lois, leurs dieux. *Arardus*, Astoila à Saint-Béat. Aéion, Boccus, Théotan, Armaston, au confluent de la Garonne et de la Neste. Barca était adoré à Barsous, Bopian et Sornau à Izaour, Dunsian à Luscan, Abellion dans la vallée de l'Arboust. Lixou, dans la vallée de Luchon. Leheren à Ardiège. Gar aux sources de la Garonne. Balzerte au Bazert, Aherbelste, Xuban, Illunber, Alcas,

Andle, Barsa, Sirona, Lahe, dans les localités à l'entrée de la vallée de la Garonne. Exproun, Aereda, ainsi que Baigorris dans les montagnes de la Haute-Garonne avec Iscitus, Eteici et Teatan, génies probablement grecs.

Tous ces noms, conservés par des inscriptions dédicatoires, sont essentiellement Euskariens. Les émigrés adorèrent bientôt, en outre, le pic de Néthon, des montagnes, etc.

La ligue des partisans de Sertorius étant rompue, ses membres en partie transplantés aux sources de la Garonne, l'orgueil romain voulut éterniser ce succès si chèrement obtenu, par un monument remarquable. Pompée quittait l'Espagne pour aller combattre Mithridate, il fonda au Summum Pyreneum, sur le cône élevé qui sépare les deux cols de Panissas et de Pertus, une tour carrée affectant les formes de trophée et de forteresse. Cette tour assurait le libre passage des légions; d'autres fortifications y furent ajoutées, on en découvre les restes au village de la haute Cluse. Au XVII° siècle, Vauban remplaça ces constructions romaines en ruine par le fort de Bellegarde.

Les Basques, établis par Pompée dans les hautes vallées de la Garonne, se mêlèrent à la population aquitanique. Les Romains de la Ligurie prirent ombrage de ce voisinage, et craignant que les nouveaux envahisseurs ne voulussent venger sur eux la ruine de Numance et la mort de Sertorius, disposèrent à entrer dans leurs vues l'ambitieux Jules César, envoyé pour gouverner les Gaules pendant cinq ans.

César pensa d'abord à relier l'Espagne à la Gaule

vers les bords de l'Océan, comme elles l'étaient déjà vers la Méditerrannée. Il envoya dans ce but le jeune Publius Crassus à la tête de plusieurs légions aux plaines de l'Adour. Je vais parler de cette guerre parce que les Vasco-Aquitains appelèrent à leur secours les Basques des Pyrénées, qui coururent prendre une part active à la lutte. Les Romains s'étaient déjà emparés de Sos, capitale des Sosiates, tribu fixée à l'extrémité nord de la courbe de l'Adour, entre la Garonne et le Midou. Les chefs basques auxiliaires s'étaient formés à l'école de Sertorius. Ils guidèrent les Tarusates et les Vocates, campèrent sur les positions élevées au-dessus de l'Adour et du Gave, s'y retranchèrent fortement et attendirent les Romains, que des corps détachés, harcelaient en leur coupant les vivres, à l'imitation de Sertorius.

On voit encore intacts une grande partie des campements romains et aquitains entre l'Adour et les points avancés de la base des Pyrénées. On trouve à des distances rapprochées des castra romains et des turons aquitains très imposants et d'un grand caractère, dont, il est vrai, une partie ne remonte probablement pas à une époque aussi éloignée.

En explorant ces camps romains situés sur des élévations de 25 à 30 mètres, près de cours d'eau et les turons aquitains qui dominent la contrée à de grandes distances, et d'où l'on aperçoit les landes et les bois, on reconnait à cette partie du Béarn un caractère imposant quelque peu sauvage. Se reportant alors aux combats sans merci des guerriers d'Adcantuannus et de Crassus, on croit voir les agiles montagnards n'abandonner un turon que pour se retrancher dans un autre, sortir continuellement de ces espèces de redoutes pour harceler l'ennemi, lui dresser des embuscades et l'empêcher de se ravitailler.

Les anciens officiers de Sertorius, en suivant cette tactique inconnue aux Gaulois, qui s'abritaient simplement derrière des bois, des rivières et des marais, réduisirent Crassus à une position des plus critiques. Ce général craignit même que toute l'Aquitaine ne prît part à cette guerre nationale et ne vînt l'écraser. Afin de prévenir ce danger, il attaqua les 50,000 confédérés cités par César, alors qu'ils se retranchaient dans un camp immense non encore complètement fermé. La lutte fut terrible; mais Crassus ayant découvert que la porte décumane était plus faible, y envoya deux légions qui escaladèrent les parapets et tombèrent par derrière sur les montagnards, occupés à faire face sur un autre point à une attaque formidable. Cette surprise les mit dans la nécessité d'abandonner cette position. La cavalerie romaine les poursuivit, et 30,000 cadavres jonchèrent la plaine de l'Adour. Le reste se mit à couvert dans les forêts et les gorges des Pyrénées (an 50).

Toute l'Aquitaine se soumit alors; César ajoute dans ses *Commentaires* que les tribus des montagnes ne firent pas leur soumission.

Afin de refouler dans les Pyrénées les peuples insoumis, les Romains établirent une suite de camps retranchés qui, de l'Océan à la Narbonnaise surveillaient toute la frontière. César créa de plus une route qui, de Burdigala (Bordeaux) suivait la crête des côteaux entre l'Adour et la Garonne et se reliait à la ligne des camps retranchés vers les sources de l'Arros. Cette voie montre encore des empierrements sur quelques points. Particularité remarquable, elle évitait tout cours d'eau, et dès lors la nécessité des ponts et le danger des inondations. Les thermes de Cauterets portent encore le nom de bains de César, autre souvenir de ce grand homme.

Les Basques gardaient si bien les vallées de la Nive, du Cesson et de la Bidassoa, que César dut renoncer au projet d'attaquer Pompéiopolis, en traversant les Pyrénées occidentales. Il prit donc la route des Pyrénées orientales pour aller combattre auprès de Llerda les généraux de Pompée, soutenus par les Basques.

La fortune de César l'emporta sur celle de son compétiteur, alors occupé chez les Parthes, et les Basques rentrèrent dans leurs montagnes, ce qui acheva la ruine du parti de Pompée, dans le bassin de l'Ebre. César courut attaquer Varron, dernier partisan de Pompée, dans le sud de la Péninsule ; il dispersa promptement les troupes de ce général et resta seul maître en Espagne. L'ambitieux vainqueur voulant achever la ruine de son rival, repassa l'Ebre, franchit les Pyrénées par la voie de Portus. La tour de Pompée au Summum Pyreneum lui inspira le désir d'éterniser aussi, et plus somptueusement, le témoignage de son passage et de ses victoires. Cependant la crainte d'être accusé d'une trop orgueilleuse vanité, comme il était arrivé à Pompée, le retint ; il se borna à un très petit monument en forme d'autel (49).

Quelques jours après il atteignait son ennemi, à Pharsale, en Thessalie. Pompée avait dans son armée un corps de Basques qui lui était resté fidèle. César emporta l'éclatante victoire dont le souvenir est immortalisé. Les vaincus implorèrent la grâce de César ; seuls, les montagnards Basques, réduits au nombre de trois cents, continuèrent le combat et périrent jusqu'au dernier, par dévouement pour leur chef.

CHAPITRE III

SOMMAIRE :

Mort tragique de César. — Auguste, empereur. — Il envoie Messala contre les Basques. — Auguste en Bigorre. — Il passe en Espagne et dans les Pyrénées. — Guerre d'extermination. — Les Cantabres ne se soumettent pas. — Chant de guerre. — Limites de la langue basque. — Auguste cherche à civiliser les Basques. — Administration basque. — Le Christianisme. — Constantin le Grand. — Julien l'Apostat.

César l'avait emporté sur tous ses rivaux; aucun obstacle ne s'élevait devant lui, quand il périt assassiné à Rome.

D'autres ambitieux lui succédèrent, mais Auguste, plus heureux et plus digne, s'empara de l'empire. Il ouvrit l'ère d'une politique nouvelle et consolida les conquêtes romaines par la douceur et les bienfaits.

L'Espagne fut divisée en trois provinces : la Bétique, la Lusitanie et la Tarraconaise ou Espagne citérieure, qui ne comprenait alors que les peuples entre l'Ebre et les Pyrénées. Auguste l'agrandit beaucoup, en y comprenant la Biscaye, les Asturies et la Galice. Les Basques furent, on le voit, repoussés dans la haute montagne.

Tout à coup un cri de révolte retentit dans la Bretagne et l'Aquitaine, ce cri se répéta bientôt dans les

Pyrénées. Auguste envoya Messala combattre l'insurrection. L'histoire dit laconiquement « l'Aquitaine rentra sous le joug, » mais tout porte à croire que le général romain ne dépassa pas la ligne des camps retranchés sur la rive droite du Gave, sauf toutefois une excursion chez les Campani, dans la haute vallée de l'Adour. La population était très compacte dans la haute montagne ; la faim forçait souvent les habitants à descendre dans les vallées basses pour se procurer des vivres. Messala résolut de les surprendre dans ces courses. Il remonta l'Adour, mais arrivé dans la gorge de Paillol, les Campani et les Bigorrais fondirent sur lui du haut des forêts de sapins. La mêlée fut horrible et le sang rougit le vaste emplacement couronné par les glaciers des pics du Midi et d'Orbison. Dix-huit siècles se sont écoulés et le pâtre de ces froides régions solitaires dit encore avec orgueil : « Voici le champ de bataille où nos ancêtres luttèrent contre une armée romaine. » Le silence des historiens prouve que cette lutte ne tourna pas à l'avantage de l'empire.

Auguste visita une partie des contrées reconquises par Messala, à cette occasion eurent lieu de nouvelles découvertes d'eaux thermales, entr'autres celles de Vicus-Aquensis, aujourd'hui Bagnères-de-Bigorre. Les Romains y élevèrent un temple à Diane, déesse aimée de l'empereur qui l'avait choisie pour sa protectrice. Plus tard les Chrétiens dédièrent ce temple à St-Martin de Tours. Tibulle, le gracieux poète favori des dames romaines, accompagnait Auguste.

Messala pour empêcher toute tentative d'invasion de

la part des Campani pendant la villégiature d'Auguste à Vicus-Aquensis, établit dans une situation formidable un camp fortifié dont on aperçoit des terrassements bien conservés au-dessus du village de Ponzac.

L'empereur se dirigea sur le versant espagnol des Pyrénées où les Basques tenaient sa politique et ses armes en échec. Il descendit l'Adour, gagna les côtes de l'Océan vers Lapurdum où sa flotte l'attendait et fit voile avec Emilius.

Les Basques retranchés dans les Sierras des sources de l'Ebre, s'étaient unis aux Asturiens, aux Galiciens et aux Celtibères ; après avoir enlevé plusieurs camps fortifiés ils se préparaient à la plus vigoureuse résistance.

Auguste débarqué, après une heureuse traversée, s'empara de Sigezama sur le Pisoraca et marcha contre les Basques. De sanglantes batailles eurent lieu dans les vallées de Gijon et de Coraco.

Les montagnards restaient fidèles à leur tactique évitant les rencontres, ils harcelaient l'ennemi à tel point que l'empereur craignit de voir la famine détruire son armée. Découragé, blessé à la chute d'un pont, il tomba malade et se retira à Tarragonne (an 23):

Favori de la fortune jusqu'alors, il lui était cruel de venir échouer devant des Barbares qui, disait-on, buvaient le sang des chevaux ; se lavaient le visage et les dents avec un liquide que je n'ose nommer, portaient le manteau court et noir, la chevelure longue, combattaient tête nue et sans cuirasse, n'avaient pour armes qu'une hachette, en guise de lance une épée presque aussi courte qu'un poignard, leurs chevaux étaient dressés pour la montagne, et pliaient les genoux comme ceux des Arabes. Presque tous les Basques étaient soldules, dévoués à leur chef.

Auguste irrité ne consulta que sa colère, il ordonna à Emilius de poursuivre l'ennemi par l'incendie et les supplices. Tous les prisonniers expirèrent dans les tortures les plus affreuses. Antistius remplaça Emilius et continua ce système barbare, mais au lieu d'intimider les Basques il ne fit qu'exalter leur fureur et leur désir de vengeance au point de leur faire négliger toute prudence et d'attaquer l'ennemi dans les basses terres. Une bataille terrible eut lieu dans la plaine de Belgica, l'issue en était douteuse quand des renforts vinrent donner la victoire aux Romains. Les vaincus se réfugièrent sur le mont Vindius qui sépare les Asturies du Léon et de la Castille. Bloqués par Antistius qui voulait les réduire par la famine, un grand nombre parvint à percer les lignes ennemies et se retranchèrent sur le mont de las Medullas d'où ils se joignirent ensuite aux défenseurs d'Arcillum qu'Antistius harcela après avoir abandonné le blocus de Vindius. Arcillum repoussa plusieurs assauts, mais la plus horrible famine ayant fait périr une grande partie de cette énergique population, les survivants jugèrent une plus longue résistance inutile et surtout impossible. Ils abandonnèrent leurs murailles et se retirèrent sur le mont Idubeda, qui sépare la Navarre de la vieille Castille. Les Romains détruisirent de fond en comble la ville abandonnée. Les Basques témoins de l'incendie du haut de leur refuge s'entretuèrent tous à la lueur des flammes.

C'était une guerre d'extermination. Lancia ville des Asturies et plusieurs forts eurent le sort d'Arcillum.

Les Astures unis aux Vascons avaient arrêté un plan d'après lequel l'ennemi devait être écrasé. Trois armées cantabres devaient tomber en même temps sur lui, lorsque les Trigesses trahirent la Confédération et livrèrent le plan à Antistius. Aussitôt ce général fondit sur les Astures avant qu'ils eussent fait leur jonction avec les Vascons et les tailla en pièces près des sources de l'Ebre.

Auguste reçut à Tarragone cette heureuse nouvelle, il crut consolider sa conquête en formant la province de Galice et retourna en Italie. Horace lui adressa des vers où il chantait sa gloire : *Cantaber indomitus*.

La Galice était créée province, bien que les habitants ne fissent pas acte de soumission. Ils laissèrent ravager la campagne et brûler les villages, mais ils descendaient à l'improviste de leurs refuges des montagnes pour harceler Emilius. Ce général croyant se mettre à couvert de ces attaques, construisit de nombreuses forteresses sur les hauteurs, ce qui n'empêcha pas les Asturiens et les Cantabres de reprendre les armes et d'anéantir une armée romaine commandée par Larisius. Furnius vint le venger et dispersa les confédérés près de Lancia. Les Astures durent se soumettre. Les Austrigons s'illustrèrent par leur résistance, mais réduits à l'impossibilité de vaincre, ils livrèrent leurs villes aux flammes et se retirèrent dans les montagnes où ils défendirent vaillamment leur liberté contrairement au dire de Dion Cassius et de Florus qui les font s'entr'égorger, seuls les soldules dont les chefs avaient péri remplirent, suivant l'usage de ce peuple, le devoir de ne pas survivre aux chefs victimes des combats.

Les Cantabres cernés près du Minho, s'empoisonnèrent dans un dernier festin.

Des Basques prisonniers à Rome s'échappèrent et revinrent dans leur patrie. Leur retour au milieu des ruines de leurs villes et des cadavres de leurs compatriotes amena un nouveau soulèvement. Les confédérés attaquèrent les Romains et leur enlevèrent plusieurs places. Quelquefois vaincus jamais domptés, ils continuèrent à faire entendre leur terrible chant de guerre. Voici la traduction de l'un de ces chants recueilli en pays basque par Guillaume de Humboldt, aidé dans ces recherches par le savant Astorla, chaque strophe est un trait de l'histoire de cette longue lutte :

Lélo Lélo est mort !
Lélo mort est Lélo !
Leloa Zarac
A tué Léloa

Les étrangers de Rome
Veulent forcer la Biscaye
La Biscaye élève
Le chant de guerre.

Octavien est
Le seigneur du monde,
Lecobidi est celui
Des Biscayens.

Du côté de la mer
Du côté de la terre,
Octavien nous met
Le siége à l'entour.

Les plaines arides
Sont à eux,
A nous les bois de la montagne
Les cavernes.

En lieu favorable
Nous étant postés,
Chacun de nous ferme
A le courage.

Petite est notre frayeur
Au mesurer des armes,
Mais ô notre arche au pain vous
Êtes mal pourvue.

Si dures cuirasses
Ils portent eux,
Les corps sans défense
Sont agiles.

Cinq ans durant
De jour et de nuit
Sans aucun repos
Le siége dure.

Quand un de nous
Eux tuent,
Quinze d'eux
Sont détruits.

Mais eux sont nombreux
Nous petite troupe
A la fin nous faisons
Amitié.

Dans notre terre
Et dans chaque pays
Il y a une manière de lier les
 [fardeaux
D'avantage était impossible.

La ville du Tibre
Est sise au loin
Uchin
Est grand.

Des grands chênes
La force s'use
Au grimper perpétuel
Du pic.

Ainsi que l'indiquent les derniers vers, les Basques lassés plutôt que vaincus, se retirèrent dans les Pyrénées. Leur résistance s'organisa et se maintint plus particuliérement en Navarre, Alava et Guipuscoa, boulevards qu'ils ne devaient plus abandonner.

Le pays des Euskariens s'était donc successivement rétréci. Au temps d'Annibal ils occupaient presque toute la vallée de l'Ebre, après Auguste ils ne dépassaient pas Jaca à l'est et Bilboa à l'ouest.

Les auteurs latins, flatteurs d'Auguste, prétendent en vain que les Basques soumis consentirent à quitter leurs montagnes et se laissèrent transporter dans les plaines de l'Ebre et du Douro. Leur erreur, volontaire ou non, est basée sur ce que l'administration romaine étendit le nom de Cantabrie aux vallées élevées de l'Ebre, mais Pline affirme que les Basques n'envoyèrent jamais leurs représentants à l'Assemblée des députés de l'Espagne que les Romains convoquaient à Clunia aux sources du Douro.

Aujourd'hui les limites de la langue refoulée peu à peu par le Castillan du côté de l'Espagne, ne dépassent pas les provinces d'Alava, du Guipuscoa, de Bilbao et d'une partie de la Navarre. Du côté de la France le pays basque comprend le canton de Bidache à l'Est, jusqu'à la Bidouze, les hauteurs qui séparent la vallée de Sauveterre de celle de St-Palais, le vallon du Cesson près de Charite, Barcus, Esquille près d'Oloron et le versant qui sépare la vallée du Cesson de celle du Vert, à l'exception de Montory qui parle patois béarnais et enfin le pic d'Anie par la crête du mont Santa Engracia.

Pomponius Mela et Paul Emile constatent que les Basques gardèrent fidèlement leur langue, leurs lois, leurs costumes et repoussèrent tout rapport avec les Romains qui leur avaient fait si longtemps une guerre trop cruelle pour qu'ils pussent s'allier à eux. Pline cite une tribu basque fixée près de Tartas où elle sut défendre son indépendance contre les invasions des Vandales, des Visigoths, des Franks et des Sarrasins.

Auguste, à qui la guerre d'extermination n'avait pas réussi contre les montagnards, résolut de les attirer par le bien être, le luxe, les honneurs, les fêtes et les spectacles. Les vallées de l'Ebre et du Ter en Espagne, du Tet, de la Garonne et de ses affluents dans la Gaule, se couvrirent de monuments, de palais, de villas, de cirques et de théâtres. Il réussit auprès des populations de la plaine, mais celles des montagnes restèrent dans leur vals élevés, et même autour des villes romaines, dans les bruyères et les forêts, les pâtres basques dédaignaient l'appel de la civilisation du grand empire. Neuf dixièmes des indigènes résistèrent ainsi avec une persistance héroïque. Bientôt les impôts écrasants qu'exigeaient les empereurs refoulèrent dans les Pyrénées un grand nombre de fugitifs.

Claude, en abolissant les sacrifices humains en Bretagne, rejeta dans les Pyrénées des débris du Druidisme et avec eux les sanglants mystères de Teutatès.

Laissons les ambitieux de sceptres se disputer Rome et la souveraineté, constatons que les Pyrénées auraient pu jouir alors d'une grande tranquillité, mais Pline raconte que parmi les mercenaires de Vespasien, les Basques figuraient en grand nombre. Toujours avides de combats et souffrant bien souvent la faim dans leurs hautes vallées incultes, ils trouvaient les combats et l'abondance sous les aigles romaines et s'enrôlaient à l'appel de tout nouveau prétendant.

Entourés de l'envahissement du sensualisme et du scepticisme romains, les habitants des Pyrénées persévéraient dans leur âpreté sauvage et leur fierté primitives. Il ignoraient le luxe, mais ils jouissaient de la liberté ; ils étaient dépourvus de richesses, les sciences et les beaux-arts leur était inconnus, mais la corruption qui les accompagnent n'avaient pu les atteindre. Pasteurs et guerriers ils possédaient la vigueur physique et morale, la pureté du sang et l'indépendance. Assez étendue à l'ouest cette nationalité se resserrait graduellement en approchant des Pyrénées orientales où elle se terminait en pointe dans la Cerdagne.

On retrouve encore de nos jours, dans beaucoup de cantons reculés, des populations fidèles à leurs anciennes coutumes ; elles n'ont subi que d'infimes modifications depuis plus de quinze siècles.

En voyant aujourd'hui les Basques du Roncal ou du Parlebosc jouant aux boules, dansant la jota ou se battant impitoyablement à coups de lames d'albacete, petit couteau attaché par une courroie à la poignée de leur sabre-poignard, nous pouvons nous représenter les soldats de Sertorius ou d'Adcantuannus, le costume est à peu près le même.

Dans les Pyrénées chaque habitant était pâtre, chasseur, noble et guerrier, ayant des soldules volontaires, des serviteurs à gage, mais pas d'esclaves.

L'élection nommait aux fonctions publiques lesquelles ne créaient ni charges héréditaires, ni castes; le Conseil des Anciens décidait les questions d'intérêt public.

Chaque vallée était une république sans égard à son importance, à son étendue, au nombre de ses hameaux, de ses villages, tout se confondait dans l'unité de la chose publique de la vallée. Un Sénat nommé par les principaux pasteurs la gouvernait et l'administrait. Indépendant chaque Sénat avait des délégués aux assemblées provinciales.

La femme chez les Vasco-Cantabres est chargée de l'agriculture et du ménage, elle est soumise aux travaux les plus pénibles. L'homme se livre à la chasse, aux festins, il réserve toutes ses forces et son énergie pour les combats. Dans le Béarn, le mari vendait sa femme, le père vendait sa fille pour un certain temps à titre de servante concubine, usage gallo-breton apporté par les Cantabres. Actuellement encore dans les hautes vallées de l'Andorre, de l'Urgel, de Gabos, toutes les questions litigieuses sont soumises à la décision des vieillards : reste des usages de l'époque pastorale.

Le christianisme se répandait dans les Gaules et en Espagne, les persécutions contre cette religion divine animaient le zèle des apôtres, le sang des martyrs multipliait les catéchumènes. La corruption générale faisait horreur aux âmes honnêtes et les appelait à suivre la loi du Sauveur. Toutefois la rude opiniâtreté des Basques résistait. Honestus, disciple de saint Sernin, fut repoussé de Pompéïopolis (Pampelune). Il retourna à Elusa, appela Saturnin à son aide et revint avec lui dans la ville rebelle aux premiers efforts. Les deux zélés missionnaires gagnèrent péniblement de rares prosélytes. Firmin, jeune romain, fut un des premiers convertis et devint bientôt évêque de cette ville.

Les persécutions de l'empereur Décius rougirent la terre d'Espagne et des Gaules du sang des chrétiens. Saturnin, le saint évêque de Toulouse, expira traîné par un taureau furieux dans les rues de sa ville épiscopale. Mais le nombre des chrétiens allait toujours croissant. Seuls les Basques montagnards ne se rendaient pas. Ils repoussèrent longtemps encore les efforts des Pontifes du Christ. La civilisation romaine n'avait pu pénétrer parmi eux et adoucir leur rude écorce. Partout ailleurs la religion sainte n'avait plus à lutter contre une multitude de cultes divers, elle ne rencontrait partout que le vaste polythéisme de l'empire romain, où la multiplicité des idoles avait créé l'indifférence religieuse et facilité la propagation de l'Évangile; la bonne nouvelle ne trouvait d'obstacle que dans l'effroyable corruption des mœurs de la foule.

Constantin parut enfin, il fit cesser les persécutions et le christianisme se consolidait malgré les grandes hérésies qui affligeaient déjà l'Église, lorsque Julien l'Apostat vint rappeler les fureurs de Néron et de Dioclétien. Les nouvelles persécutions firent affluer dans les Pyrénées un grand nombre de prêtres et de fidèles. Les Basques les voyant poursuivis, persécutés par la haine de l'empereur et de ses adeptes, commencèrent à écouter les douces insinuations des pieux réfugiés, leurs vertus les charmaient, ils se convertirent peu à peu.

L'Apostat étant mort, ses successeurs s'empressèrent de panser les plaies de l'Église. A cette époque, des évêques, pour se livrer aux plus dures austérités, se retiraient dans les grottes et les forêts des Pyrénées. Là ils consacraient des prêtres et envoyaient ces jeunes confesseurs de la foi, évangéliser des vallées non encore visitées. On ne peut refuser son admiration à ces courageux missionnaires se livrant aux rigueurs d'une vie de privations, de souffrances et de dangers de toute sorte. Leur demeure était une cabane au milieu des bois, ils étaient entourés de quelques animaux domestiques, le lait leur servait de nourriture. Les pâtres ne purent résister à tant de zèle, de vertu et d'abnégation.

Les Vandales, après avoir ravagé toutes les contrées qu'ils avaient traversées, tombèrent sur l'Aquitaine et la Narbonnaise. Les bourgades sans défense, les monuments, les palais, les riches villas, les colonies militaires, les populations même disparurent sous leurs pas. Les hommes qui purent fuir se réfugièrent dans les bois, dans les cavernes. Le plus grand nombre atteignit les Pyrénées. Les barbares ne les poursuivirent pas, les richesses de l'Espagne, objet de leur convoitise, hâtaient leur marche, ils craignaient d'être devancés par d'autres peuples germains au pillage de la Péninsule. N'ayant pas voulu attaquer les villes fortifiées pour n'être pas arrêtés dans leur course, ces cités restèrent comme des îles entourées des ravages de l'inondation barbare. Elles se croyaient sauvées, mais les Vandales ne purent franchir les hauteurs. Didyme et Vérénian, chefs gallo-romains à la tête des indigènes arrêtèrent ces sauvages vêtus de peau de cheval et de loup, coiffés de mufles d'animaux, armés de bâtons ferrés, de crampons et de frondes. Les montagnards postés au col de Perthus et de Panissas, renforcés par les paysans *almogavares* se levèrent dès que l'ennemi parut, et jetant des cris formidables firent rouler sur lui des blocs de rochers, des troncs de sapins. Les Vandales reculèrent et pour se venger se ruèrent de nouveau sur le midi de la Gaule. Tout ce qui avait échappé à leur premier passage fut détruit. Les villes que leurs murailles avaient préservées eurent le même sort, plusieurs disparurent et n'ont pas été relevées. On n'a pu retrouver de traces d'Oppidum Novum. Lugdunum Convenarum dut son salut à sa forte position, à l'énergie de ses nombreux habitants auxquels s'étaient joints des fugitifs de la plaine. Partout ailleurs le carnage fut affreux.

Excités par ces sanglants succès, les Vandales se

répandirent dans les gorges des Pyrénées où ils détruisirent les dernières villes et les villas. Ils espéraient aussi trouver une route pour l'Espagne. Les magnifiques établissements d'eaux thermales, si chers aux Romains, que Pline a célébrés, furent anéantis. Les Vandales poursuivaient sans relâche les fugitifs cachés dans les rochers, les forêts et les grottes, où ils les laissaient mourir de faim en en fermant l'entrée par d'épaisses murailles. Aujourd'hui l'on voit encore le sol de ces souterrains couverts d'ossements humains, particulièrement à Lourdes et à Sombrives.

Les barbares restèrent trois ans dans la malheureuse Novempopulanie. Les monuments étaient détruits, la majeure partie de la population avait été massacrée. Les habitants qui n'avaient pu fuir dans les Pyrénées devinrent esclaves des vainqueurs. Les moins robustes furent égorgés ou abandonnés dans les bois. Tous les meubles, les ustensiles, les métaux furent enlevés. Les chars ployaient sous le poids. Chateaubriand a qualifié ce pillage en disant qu'on croyait voir « comme un immense déménagement du monde. » Un auteur contemporain s'écriait : « Quand l'Océan entier aurait « ravagé les Gaules, il n'aurait pas égalé les ravages des « Vandales. » Les Romains avaient laissé faire, trop occupés par les différents compétiteurs à l'empire du monde. Cependant Constantin, l'un d'entr'eux, s'étant emparé des Gaules voulut se débarrasser de ces terribles hôtes, il envoya son fils Constant qui, au lieu de récompenser Didyme et Vérénian d'avoir empêché le passage des barbares en Espagne, les poursuivit, les attaqua et les battit. Il gagna ensuite les garnisons de Summun Pyrenœum, et livra passage aux Vandales suivis d'un certain nombre de soldats romains, convoitant une part au pillage de la Péninsule livrée bientôt, à son tour, à l'horrible fléau dont le midi de la Gaule venait d'éprouver les ravages.

Les Suèves eurent la Galicie en partage, aux Vandales échurent les provinces méridionales qu'ils envahirent en leur donnant le nom de Vandalousie, changé plus tard en celui d'Andalousie.

Les Ibero-Romains conservèrent la Tarraconaise. Cette nouvelle invasion germaine refoula encore les populations Celtibères et Vascones dans les Pyrénées.

CHAPITRE IV

SOMMAIRE :

Les Bagaudes.— Les Cagots.— Le Code visigoth.— Clotaire et Childebert franchissent les Pyrénées.— Ils sont repoussés par Theudis.— Attaqués par les Basques, les deux rois échappent : l'arrière-garde de leur armée est massacrée. — Les Basques s'emparent du cours de l'Adour.— Dans une nouvelle expédition ils se rendent maîtres de la Novempopulanie.

Le sort des empires est si admirablement calculé dans les dispositions de la Providence, qu'on serait tenté de croire que la science des généraux, la sagesse des ministres et des rois, ne sont que des moyens de réaliser le plan éternel, et que pour cela elles éprouvent des vicissitudes, des variations nécessaires à son exécution.

Le colosse romain s'écroule de toutes parts, les Barbares sont les agents que la Providence laisse agir en infligeant le châtiment dû à l'épouvantable démoralisation qui régnait partout dans cette société romaine. Les races du Nord se précipitent comme les flots irrités de la mer battue par la tempête. Elles se jettent sur les provinces et sur l'Italie. Se ruant les unes sur les autres, elles accomplissent leur œuvre de destruction. La religion sera à son tour l'agent du Très-Haut, mais un agent de miséricorde et d'amour.

Les Gallo-Romains qui peuvent s'échapper de cet immense cataclysme gagnent les vallées les plus reculées des Pyrénées. Leur religion et leurs mœurs se mêlent à celles des indigènes. La plupart de ces vallées offriront, dès lors, un ensemble des anciennes petites républiques et des municipes romains. Quelques-unes même deviendront complètement municipes. L'action de la religion chrétienne régularisera la société nouvelle formée par la fusion des Celtes, des Germains, des Ibères et des Romains.

Les Visigoths se sont emparés de l'Espagne; leur conquête n'a été accompagnée ni de ruines ni de massacres. Ils avaient les éléments du christianisme et de la civilisation; ils voulaient remplacer les Romains et non détruire. Déjà ils possédaient une grande partie de la Gaule et les deux versants inférieurs des Pyrénées.

Les Ibéro-Vascons refoulés se sont réfugiés dans les vallées gauloises de la Garonne et de l'Adour. Leur voisinage inquiète Théodoric II, roi des Visigoths; il cherche à soulever contre eux les Gallo-Romains et leur donne le nom de Bagaudes pour jeter sur eux le mépris.

Ces malheureux fugitifs ainsi traqués jusque dans leur asile, se vengeaient par le pillage et des attaques de guérillas.

Théodoric comprenant l'importance de posséder Lugdunum Convenarum, s'empara de cette ville, restée libre jusqu'alors. Elle conserva, toutefois, son Sénat, ses revenus, sa milice.

Les Franks chassèrent les Visigoths de quelques-unes

de leurs possessions dans la Gaule; ils ne dépassèrent pas Lectoure et Bazas. Dans la ligne des Pyrénées les Visigoths conservaient les contrées à l'Est de la Garonne, Narbonne et Carcassonne en étaient les boulevards. Les contrées à l'Ouest de ce fleuve maintenaient leur ancienne indépendance.

Les populations basques formaient toujours les tribus indépendantes que nous avons signalées. Ces républiques échappèrent, intactes pour la plupart, aux vicissitudes de l'époque féodale ; elles avaient leurs magistrats, leurs jurats, leurs tribunaux, leur milice; on y apercevait cependant déjà quelques châteaux, quelques forteresses; elles formaient des confédérations, celles des quatre vallées de Neste, Barousse, Magnoac et Aure ; les Cinco billas de la vallée de Bastan en Navarre.

Les Basques n'avaient donc plus qu'à garder l'entrée des gorges, protégés par leurs retranchements naturels, ils étaient plus en sûreté que les habitants de Narbonne et de Lugdunum Convenarum dans leurs fortes murailles.

L'ennemi forçait-il l'entrée des vallées, les montagnards et leurs troupeaux se réfugiaient par des sentiers, d'eux seuls connus, sur les hauteurs inaccessibles. Les envahisseurs se lassaient vite de parcourir des gorges incultes où ils ne trouvaient rien à saisir, ils se retiraient et bientôt pasteurs et troupeaux redescendaient dans les vallées aux gras pâturages.

J'ai dit l'organisation civile et politique des contrées Pyrénéennes, lorsque apparaîtront le droit écrit et les fiefs, les privilèges de ces petites républiques seront établis en regard de ceux des Seigneurs et ceux-ci seront tenus d'en jurer l'observation.

L'autorité indigène parait de nouveau plus puissante encore dans les vallées espagnoles. Les Barbares avaient forcé les Ibéro-Romains de la plaine de l'Ebre à refluer dans les montagnes, leur mélange avec les populations primitives, et résultat naturel, le mélange aussi de leurs lois et de leur sang donna naissance aux peuples aragonais, navarrais et catalan dont l'esprit d'indépendance apparaitra d'une manière si remarquable. C'est alors qu'on voit dans l'histoire le nom de Navarre, pour distinguer la Vasconie élevée de celle de la plaine. *Nava* signifie plaine au pied des monts, *erri* terre, contrée, d'où vient le mot Navaerri, Navarra.

Les Vasco-Cantabres purs de tout mélange étranger, présentaient le type parfait du clan primitif. Les vallées d'Alava et de Guipuzcoa, de Lanz et Deno, d'Achescoa et de Salazar en Espagne, de Soule et de Lentabat, de Baygorri et d'Asparre en Gaule, étaient administrées uniquement par les vieillards; ceux-ci, réunis sur la hauteur sous les vieux chênes, discutaient les besoins du pays et décidaient de la paix et de la guerre.

Cette vie patriarcale, toute primitive, se perpétuera au milieu des agitations féodales et continuera presqu'intacte jusqu'aux derniers rois Navarrais.

Le Code visigoth fut accueilli dans les Pyrénées et se naturalisa en Espagne, où il devint le fondement des fueros et du droit constitutionnel.

Les débris des différentes races réfugiées sur le plateau Pyrénéen conservaient leurs dialectes, les Romains parlaient latin, les Gaulois et les Ibères mêlaient au latin l'ibérien et le celtique, ce qui produisit le catalan; l'Aragonais mêlait le provençal et le béarnais. Les Visigoths étaient si exclusifs dans l'emploi de leur langue, que le roi Euric et St. Epiphane eurent besoin d'un interprète pour se comprendre.

Les Basques, après une ère de tranquillité assez prolongée, se virent tout-à-coup menacés par le projet de Clotaire, roi de Soissons, allié à Childebert, roi de Paris. Les deux princes résolurent de poursuivre les Visigoths dans le cœur de l'Espagne en franchissant les Pyrénées occidentales. Les deux armées frankes avancèrent donc par le Labour, remontèrent les vallées de la Nive et de Baygorri, s'emparèrent de Pampelune et marchèrent sur Cæsar Augusta dont les habitants offrirent une forte rançon que les Franks acceptèrent. Après un court repos, ils continuèrent à ravager la plaine de l'Ebre.

Theudis, roi des Visigoths, avait eu le temps de réunir ses troupes, il les mit sous le commandement de Théodésile qui attaqua les Franks dans la Tarraconaise, les battit et les fit renoncer à leur entreprise. Les deux rois reprirent donc le chemin des montagnes, mais les Visigoths ayant avertis les Vascons à l'aide des signaux dont j'ai parlé, les Basques gardèrent leurs défilés. Lorsque les Franks, poursuivis par Théodosile, furent entrés dans les vallées de Langa, les Basques couronnèrent les hauteurs d'où ils écrasèrent l'armée Franke sous une grêle de rochers et de traits. Le général visigoth eut la faiblesse d'accepter la rançon offerte par Clotaire et Childebert et leur permit de gagner la frontière par un sentier détourné en emportant le butin le plus précieux, mais l'arrière-garde, non comprise dans la rançon, fut massacrée.

Childebert nourrissait un profond ressentiment contre les Basques, qui de leur côté, fiers de leur victoire, désiraient se mesurer encore avec les Franks et envahir la Novempopulanie afin d'agrandir leur territoire, insuffisant à nourrir une population toujours croissante, ils y étaient vivement sollicités par les Novempopulaniens qui auraient vouler expulser les officiers franks et reconquérir leur indépendance.

Les Basques descendirent par les vallées de la Nive et de la Bidassoa, et envahirent les plaines de l'Adour. Childebert envoya contre eux son armée de la Basse-Novempopulanie, sous les ordres du gallo-romain Ennodius, duc de Poitiers. Les Vascons, inhabiles à la guerre dans les plaines, furent refoulés dans la montagne après de simples escarmouches et quelques combats d'embuscade. Childebert organisa un système de résistance sur la ligne de l'Adour, afin de contenir les Vascons ; il choisit Vicus Julius (Aire) et Bénéarnum pour chefs-lieux de la Novempopulanie, et nomma Ennodius gouverneur.

Les Basques ne tardèrent pas à revenir, irrésistibles comme un torrent, ils balayèrent tout devant eux. Appuyés sur les nombreux camps retranchés de cette région ou les pâtres indigènes leur donnaient asile, partout ils culbutèrent les troupes d'Ennodius, qui se replièrent, abandonnant aux Vascons tout le cours de l'Adour, moins les hauteurs de la rive droite.

Les rois franks comprirent alors qu'ils avaient intérêt à modifier leurs relations politiques avec les Visigoths. Clotaire venait de mourir (561), Chilpéric et Sigebert régnaient sur les provinces méridionales de la Gaule. Ils résolurent de faire la paix avec le roi visigoth. Celui-ci avait deux filles, belles dit-on, mais peu importe en politique. Les rois franks les demandèrent en mariage. Sigebert obtint Brunehaut, Chilpéric, que l'on savait dominé par Frédégonde, eut plus de peine à obtenir Galevinde, qui lui fût accordée cependant ; cette malheureuse princesse devait peu d'années après être victime de Frédégonde.

Brunehaut, usufruitière du Béarn et du Bigorre, avait intérêt à soumettre les Vascons ; elle décida le roi Visigoth Léovigilde à les attaquer. Il envahit l'Alava et la Rioja à l'ouest de l'Aragon, où le roi Euric les avait refoulés. Ils perdirent d'abord la place d'Amayu et furent poursuivis dans la Biscaye et les plaines de l'Arga. Léovigilde assaillit alors Aspidius, roi des Aregenses (Aragon), et le fit prisonnier avec sa femme et ses enfants, il fut arrêté au pied des montagnes par la difficulté des lieux et les complications politiques (573). Il força Mur, roi des Suèves à faire la paix (574). Ce prince s'était joint aux Vasco-Cantabres, ceux-ci poursuivis depuis Burgos jusqu'aux Pyrénées, refoulés dans la vallée de l'Arga et de la Bidassoa où ils étaient réellement entassés, se jetèrent de nouveau dans la Novempopulanie et dans la vallée de l'Adour, s'étendirent cette fois jusqu'à la Garonne dans le voisinage du jeune Chlodowig, fils de Chilpéric, établi à Bordeaux (577).

Les habitants des landes de Gascogne, moitié Basques et moitié Celtes, fougueux et fiers comme leurs ancêtres, ne voulurent pas permettre au prince mérovingien de se consolider si près de leurs pâturages. Sous la conduite de Sigulf, un de leurs chefs, ces pâtres et ces bûcherons fondirent sur Bordeaux qui n'opposa aucune résistance. Chlodowig et ses Franks, abandonnés des indigènes, s'enfuirent vers le Nord. Les agiles Vascons les poursuivirent avec tout l'entrain des vainqueurs du Capitole et de l'Allia, et tout en courant sonnaient la trompe à bruit infernal. Les Sicambres pleins de terreur et le fils de Chilpéric non moins effrayé, ne cessèrent de fuir comme cerfs aux abois, jusqu'à ce que le prince eut mis la Vienne et la Loire entre lui et ces impitoyables chasseurs d'hommes. On peut penser si les Vascons, les plus rieurs des Gaulois devaient plaisanter ces pauvres Sicambres qui couraient si lestement.

Les Franks revinrent souvent attaquer les montagnards dans la Novempopulanie, mais dès que ceux-ci voyaient approcher l'armée ennemie, ils se retiraient comme en désordre sur les hauteurs, laissant les envahisseurs s'engager dans leurs forêts, s'élançant alors en jetant des cris stridents et en faisant retentir le bruit épouvantable de leurs trompes, ils tombaient sur ces malheureux et les massacraient. Frédégaire dit naïvement que, dans une de ces expéditions, l'armée de Dagobert n'aurait éprouvé aucune perte si le duc

Arimbert n'eut été tué par les Vascons au fond de la Vallée de Soule, ainsi que les seigneurs et les nobles de son armée.

De grands troubles dans la famille des rois visigoths d'Espagne engagèrent les Vasco-Cantabres à recourir aux armes. Ils attaquèrent Recopolis et voulaient reprendre Burgos, mais Léovigilde accourut au secours de son fils, repoussa l'ennemi dans les Pyrénées et lui enleva les places d'Amaya et de Cantabria qu'il détruisit. Pour contenir mieux encore ces populations, Léovigilde fonda la ville de Victoriaco (Victoria).

Les Basques, de plus en plus refoulés en Espagne, se répandaient toujours dans les plaines de l'Adour, ils y devinrent si nombreux, que le nom de Vascogne (Gascogne) remplaça celui de Novempopulanie, et que le roi frank, Chilpéric, s'inquiéta du voisinage de ce peuple ardent et guerrier, et résolut de le repousser. Se défiant de la fidélité des généraux gallo-romains, il donna le commandement de ses troupes et le gouvernement des cités de Béarn et de Bigorre au duc Bladaste, de race barbare. Le général partit avec son armée pour reprendre aux Vascons les villes dont il était nommé gouverneur. Il repoussa facilement les avant-postes ennemis, mais à la ligne du Gave, à la vue de leurs montagnes, les Basques sentirent renaître leur courage et leur fougueuse ardeur se ranima. Ils tombèrent par masses détachées sur l'armée de Bladaste, imprudemment engagée dans les vallées étroites, et en firent un affreux carnage. Le duc faillit y périr.

Presque toujours enhardis par la victoire, excités cette fois par les applaudissements des Gallo-Romains qui se croyaient déjà délivrés du joug des Sicambres, les Basques franchirent l'Adour et furent défier les Franks jusque sous les murs de Toulouse dont ils ravagèrent les environs; peu habiles aux siéges des places fortes, ils se retirèrent avec un butin considérable et sans perte d'hommes.

CHAPITRE V

SOMMAIRE :

Gombaud se retire à Lugdunum Convenarum. — Il y est assiégé par Leudégésile, général de Gontran. — Il est trahi par Mummolus. — Sa mort tragique et celle des traîtres qui l'ont livré. — Destruction de Lugdunum Convenarum. — Gontran envoie Austrowalde contre les Basques. — Il est défait et les Basques prennent définitivement possession des plaines de l'Adour. — Thierri signe avec les Basques un traité avantageux pour ces derniers. — La Novempopulanie prend le nom de Vascogne ou Gascogne.

Nous avons vu le bassin de la Haute-Garonne se peupler des Vascons de Sertorius vaincu par Pompée.

Gombaud devient comme un trait d'union. Maitre de Toulouse et de Bordeaux, il tend la main aux Vascons, et ceux-ci embrassent son parti. Lugdunum Convenarum, la grande et populeuse ville de Pompée est choisie comme boulevard de la résistance. Son acropole dressée au sommet d'un rocher, semblable à celle d'Athènes, s'élevait à l'angle sud-ouest de l'enceinte de la cité, dominait ses fortes murailles, ses théâtres, ses bains, ses arènes et ses palais. Elle était défendue à l'Est par la Garonne, au Nord et à l'Ouest par la Neste, au Midi par les Pyrénées. Sa position était réellement formidable.

Gombaud part de Bordeaux avec son armée commandée par le grand capitaine Mummolus. Cette armée est composée d'aventuriers de tous les pays. Des chariots innombrables la suivent, on y voit aussi des chameaux et des dromadaires chargés du bagage et du riche trésor du Prince, ils sont conduits par des nègres et des gens aux costumes étranges. Brunehaut a disposé les esprits, la Novempopulanie est traversée sans difficulté. Les populations sont dans l'étonnement, elles voient pour la première fois les Ethiopiens et les chameaux se désaltérer aux sources de leurs montagnes. Grégoire de Tours dit que toute la ville de Lugdunum Convenarum accueillit Gombaud avec un chaleureux empressement. Elle se prépara à un siége de plusieurs années en faisant d'énormes provisions, prenant les précautions de toute sorte et se pourvoyant de toutes choses.

Gombaud comprit que la ville était trop peuplée et renfermait des éléments hostiles. Par une tactique familière aux barbares de son temps, il persuada aux Convenæ que Leudégésile approchait avec son armée, qu'il leur serait facile de le mettre en déroute et de faire un butin considérable. Séduits par l'idée de battre les Franks qu'ils haïssaient, ils allèrent à sa rencontre, essayèrent de l'arrêter à l'entrée de la vallée de la Garonne. Mais repoussés, ils revinrent sur leurs pas. Pendant leur absence Gombaud et Mummolus avaient expulsé les femmes, les enfants, les vieillards et même l'évêque. En quittant leur cité ces infortunés ne pensaient pas qu'ils ne la reverraient plus. Ils se réfugièrent dans les montagnes.

Leudégésile après avoir pillé la Novempopulanie et recueilli sur la route quelques soldats de Gombaud vint masser ses troupes autour des murailles. Les indigènes de la montagne les harcelaient sans cesse, surprenaient les fourrageurs, massacraient tous ceux qui s'écartaient. Gombaud voulant mettre ses deux fils à l'abri des risques du siége, les confia à des bergers qui les conduisirent en Espagne.

Les Franks rôdaient souvent autour de la ville et provoquaient les assiégés par des bravades et des injures, ils en adressaient même à Gombaud, qui bien souvent causait avec eux, mais les soldats Franks l'ayant reconnu l'insultaient, lui donnaient son surnom injurieux de Ballomer, lui rappelaient ses nombreux exils, la tonsure qui lui avait été infligée. Gombaud répliquait, racontait sa vie et ses malheurs aussi exactement que les héros d'Homère. Il leur disait la mort de sa femme, de ses amis, leur parlait de ses enfants, accusait Gontran de l'avoir fait venir perfidement dans ce pays. Il les conjurait de le conduire à son frère, tout au moins de lui permettre de retourner à Constantinople, mais ces barbares ne lui répondaient que les plus cruelles injures.

Les sorties des assiégés, les sanglants assauts des assiégeants interrompaient souvent ces colloques.

Le quinzième jour du siége avait brillé, dit Grégoire de Tours. « Leudégésile disposait de nouvelles machines
« pour détruire la ville, des chariots étaient chargés de
« béliers, de claies et de planches à couvert desquelles
« l'armée s'avançait pour renverser les remparts, mais

« en approchant des murs, les soldats furent accablés
« de pierres à tel point qu'un grand nombre périrent.
« Les assiégés jetaient sur eux des pots pleins de poix
« et de graisses enflammées, des vases remplis de
« pierres. La nuit étant venue mettre fin au combat,
« les assiégeants s'en retournèrent dans leur camp.
« Gombaud avait avec lui Chariulphe, homme riche et
« puissant, qui possédait dans la ville un nombre consi-
« dérable de magasins et de celliers, et qui de ses biens
« nourrissait presque seul les assiégés. Le duc Bladaste
« à la vue de ce qui se passait, craignant que Leudé-
« gésile victorieux ne fît périr les défenseurs de la ville,
« mit le feu à la maison épiscopale et prit la fuite,
« pendant que les assiégés éteignaient l'incendie. Le
« lendemain matin l'armée recommença l'attaque,
« prépara des fascines avec des broussailles pour com-
« bler le fossé profond situé du côté de l'Est, mais ce
« moyen ne réussit pas. L'évêque Sagittaire faisait
« souvent tout armé le tour des remparts et souvent
« aussi du haut des murs lançait des pierres de sa
« propre main contre les ennemis. »

Sagittaire était intrigant et batailleur. L'Eglise l'avait déposé dans deux Conciles consécutifs. Enfermé dans une prison pour ses méfaits, il s'était échappé pour s'engager dans cette nouvelle aventure.

Leudégésile comprit qu'il ne pouvait se rendre maître de la ville que par la ruse. Mummolus de son côté perdait confiance dans le succès de Gombaud. Il sonda habilement Sagittaire et Chariulphe et découvrit qu'ils cherchaient aussi à échapper au piége où ils se voyaient pris. Alors ils s'entendirent et tombèrent d'accord sur le moyen de perdre Gombaud et de se tirer du mauvais pas. Ils cherchèrent à lui persuader que son frère voulait s'entendre et s'accommoder avec lui, ils ajoutèrent le conseil d'aller le trouver dans son camp. Le malheureux prince vit bien que ce conseil cachait une trahison, mais les conjurés revenaient toujours sur ce sujet et comprenant qu'au fond leurs paroles étaient des ordres, il se laissa conduire à la porte de la citadelle où il aperçut Ollon, comte de Bourges, et Gontran auteur de tous ses malheurs « Juge éternel, vengeur des « innocents ! » s'écria-t-il, ne pouvant plus douter de la trahison dont il était victime, « je te recommande ma « cause et te prie de punir ceux qui m'ont livré à mes « ennemis. » Aussitôt faisant le signe de la croix, il se mit en marche vers le bas de la montagne. Le comte Ollon lui asséna un coup de poing et le renversa en criant à l'armée : « Voilà votre Ballomer, voilà celui « qui se dit le fils et le frère de vos rois. » Gombaud n'avait pas eu le temps de se relever qu'Ollon lui lança son javelot. « Mais l'arme repoussée par la cuirasse ne « lui fit aucun mal. Gombaud se relève et veut regagner « la ville, mais Gontran lui lance une grosse pierre « avec tant de force qu'il lui fracasse la tête. Alors les « soldats accoururent, c'est à qui portera son coup à ce « cadavre et l'outragera. On lui arrache la barbe et « les cheveux, on lui attache les pieds avec une corde « comme on fit autrefois à Hector, on le traîne autour « du camp au milieu des huées. Las enfin de tant d'a-« bominations on le jette sans sépulture au milieu de la « plaine. »

Un agent de Frédégonde venait pour sauver Gombaud et le faire servir à quelque nouvelle intrigue, mais déjà les loups et les vautours avaient fait leur pâture de ses restes.

D'après les conventions de Leudégésile et de Mummolus, la place devait être livrée le lendemain. Le général et ses complices passèrent la nuit à piller les églises et les maisons où avaient été cachées les richesses de la basse ville au moment de l'invasion des troupes de Leudégésile. Après quoi les portes furent ouvertes et les vainqueurs y entrèrent comme s'ils l'emportaient d'assaut. Tous les habitants y compris les soldats de Mummolus et les prêtres furent massacrés. S'étant assurés qu'il ne restait pas un seul survivant ils incendièrent la ville et dansèrent à la lueur de cet immense bûcher. Mummolus, Sagittaire et les autres conjurés se rendirent au camp pour recevoir le prix de leur trahison mais Gontran, consulté sur le sort de ces prisonniers, ordonna de les mettre à mort. Chariulphe et un nommé Mado s'échappèrent en laissant leurs enfants pour otages. Mummolus averti par les cris des complices qu'on égorgeait prit ses armes, se rendit à la tente de Leudégésile et lui dit : « Je suis menacé ». « Mes ordres vous mettent en sûreté, » répondit Leudégésile, et il sortit pour commander à ses soldats de le mettre à mort. Mummolus se défendait avec quelque avantage, mais deux coups de lance dans le flanc le firent tomber sans vie. Sagittaire acheta un déguisement au soldat qui le surveillait et chercha à s'échapper, mais le soldat tenait le prix du vêtement vendu, d'un coup de hâche il abattit la tête du malheureux et indigne évêque.

Telle fut la fin des traitres.

L'armée de Leudégésile regagna le Nord ne laissant de la superbe Lugdunum Convenarum que des ruines calcinées et sanglantes, infestées d'animaux carnassiers. La capitale des Pyrénées centrales n'existait plus.

Leudégésile traça sa route par la dévastation et se retira en Bourgogne après avoir pillé les environs de Toulouse. L'infortunée princesse Rigonthe fut sauvée par Frédégonde qui réussit à la faire sortir de Lugdunum pendant le siège et à la ramener à sa mère.

Gontran, possesseur de la Novempopulanie, voulut venger la défaite du duc de Bladaste repoussé par les Vascons sous le règne de Chilpéric. Le saxon Austrowalde fut chargé de cette expédition. Il marcha contre les montagnards qui avaient mis en sûreté dans leurs vallées le riche butin fait aux environs de Toulouse ; mais, s'étant aventuré dans les défilés comme son prédécesseur, il fut défait, culbuté et forcé de battre en retraite.

Les Vascons en profitèrent pour envahir de nouveau les plaines de l'Adour, et cette fois en prendre possession définitive. Les successeurs de Childebert confirmeront bientôt leur droit d'occupation.

A cette époque, Récarède à peine établi sur le trône d'Espagne, cédant aux exhortations de saint Léandre venait de se convertir au catholicisme avec toute sa cour. La nation entière avait suivi l'exemple de son roi.

Les Basques de la Navarre, du Guipuscoa et de l'Alava forçaient souvent Récarède à marcher contre eux. Pour les contenir plus facilement le roi fit alliance avec les Mérovingiens et épousa Claudoswinde fille de Brunehaut et sœur d'Ingonde et de Childebert ; serrés de plus près par leurs deux ennemis nos montagnards s'unirent aux Romains qui possédaient encore quelques places en Espagne. Ils attaquèrent alors à l'improviste les Visigoths sur les bords de l'Ebre tantôt sur un point tantôt sur un autre, puis ils rentraient dans leur asile des hauteurs chargés de butin.

Récarède surnommé le Père du peuple mourut en 601, il laissait trois enfants.

Childebert, que la mort de Gontran avait laissé seul maître du midi de la Gaule, était mort avant Récarède (596). Théodebert et Thierri ses fils s'étaient partagé ses Etats. Thierri avait le bassin des Pyrénées. Voulant empêcher les irruptions incessantes des Basques dont la Novempopulanie était toujours menacée, il se mit à la tête d'une nombreuse armée, se ligua avec son frère Théodebert et marcha vers les montagnes de Soule, de Labour et de la Basse Navarre. Fut-il victorieux ? le contraire nous semble plus probable, malgré ce que disent les historiens : car Thierri conclut un traité avec les Vascons leur cédant toutes les vallées où ils s'étaient établis, à charge d'hommage et d'un léger tribut. Thierri y ajouta même les cités de Dax, d'Oloron, d'Aire, de Lupurdum et de Bénéarnum et leur donna pour duc Genialis, gallo-romain. Ce traité fort avantageux pour les Basques prouve bien que Thierri n'avait pu les vaincre ni même les atteindre dans leurs montagnes.

Dès lors les Vascons et les Gallo-Romains possèdent un État à peu près indépendant et préparé en quelque sorte depuis longtemps par les irruptions fréquentes des Basques, l'établissement de tribus vasconnes chez les Convenæ et tout près de Tartas, l'intérêt des populations qui repoussaient d'un côté le joug visigoth et de l'autre celui des Franks. Les Euskariens s'établirent donc définitivement dans le bassin de l'Adour, et la Novempopulanie prit le nom de Vasconie, Vascogne ou Gascogne.

CHAPITRE VI

SOMMAIRE :

Idolâtrie des Vascons. — Le mouvement catholique se prononce dans les Pyrénées occidentales. — Le duc Aman. — Haribert gendre d'Aman fonde un royaume de la Bidassoa à la Garonne. — Mort d'Aman. — Félix est élu duc d'Aquitaine. — Wamba roi des Visigoths. — Son abdication. — Le duc Loup. — Bogis et Bertrand fils d'Haribert. — Eudon.

Les Vascons étaient encore idolâtres. La grande Vénus basque Bensosia occupait un rang supérieur, son culte sensuel nuisait au triomphe du Christianisme austère et les efforts des missionnaires ne furent couronnés de succès que vers le dixième siècle alors que Léon, premier évêque de Bayonne, fonda ce siége épiscopal et mourut martyr. L'état religieux était le même sur le versant espagnol, et depuis la destruction de Lugdunum Convenarum la province était dans un état d'anarchie générale. La simonie régnait et le paganisme Ibéroromain commençait à y dominer. Cet état dura dans cette province jusqu'au douzième siècle où le zèle de saint Bertrand, évêque, fit de nouveau fleurir la religion chrétienne.

Le mouvement catholique se prononça enfin dans les Pyrénées occidentales, les monastères s'y multipliaient surtout sur le versant espagnol où ils devinrent si nombreux que plusieurs communautés furent soupçonnées par les libre-penseurs de l'époque de contraindre les gens à prendre l'habit religieux. L'invasion arabe fera disparaître la plupart de ces établissements civilisateurs et même jusqu'à leur nom. Dans le petit nombre de ceux qui ont échappé à l'oubli nous devons citer l'abbaye de Biclar au bas du mont de Prades, non loin de Tarragone. Il fut fondé par Jean de Biclar, évêque de Gironne. On voit encore ses ruines. Biclar laissa aussi une chronique précieuse pour l'histoire d'Espagne.

Dans la vallée de las Veneras en Soria, un redoutable brigand épouvantait la contrée par ses crimes atroces ; saisi tout-à-coup de remords il s'était retiré dans la grotte de Tombalos près de la rivière de Neila avec un prêtre nommé Dominique. Ils construisirent une église que la renommée du bandit rendit célèbre. Bientôt de nouveaux bâtiments furent ajoutés ; des moines y vinrent en grand nombre, et le monastère reçut le nom de Valbanero.

Les Basques continuaient leurs courses dans les plaines de l'Ebre. Sous le règne de Sizebut ils tentèrent de réoccuper l'Alava et la Rioja qu'ils avaient possédés. Les luttes dans les plaines ne leur étaient pas favorables. Suintilla fils de Récarède les repoussa, mais ils restaient toujours animés du désir de recouvrer leur ancienne possession. Ils étaient forcés d'un autre côté à faire des excursions pour s'approvisionner des aliments que leurs montagnes ne pouvaient leur fournir. Les Visigoths avaient en outre hérité de leur haine pour les premiers envahisseurs de l'Espagne leur ancienne patrie.

Les rois visigoths avaient la coutume de commencer leur règne par une expédition contre les Pyrénées occidentales. Les Basques, à cette occasion, protestaient toujours contre l'usurpation. A l'avènement de Suintilla ils se réunirent en plus grand nombre, ils opéraient déjà avec plus d'ensemble et envahirent toute la haute plaine de l'Ebre.

Le roi ne les attaqua pas directement ; mais, par une manœuvre habile, il se dirigea le long des Pyrénées vers Pampelune et leur coupa la retraite. Surpris et ne pouvant regagner leur asile, les Basques abandonnèrent tout leur butin et s'enfuirent en désordre (622). Pour prévenir de nouvelles attaques le roi éleva la ville d'Oligites (Olite) entre l'Arga et l'Aragon. Les deux vallées par lesquelles les Basques débouchaient ordinairement étaient ainsi fermées.

Vers la Gaule le traité de Thierri avait procuré aux montagnards une trêve de quelques années ; mais, à la mort de ce prince, Clotaire II roi de Soissons, s'étant emparé de ses Etats, voulut faire rentrer les Vascons sous son autorité. Il destitua Genialis qu'il remplaça par le frank Aighinan. Les Vascons, mécontents de ce changement, se révoltèrent. Ils étaient aussi excités par Pallade, gallo-romain très influent. Aighinan forcé d'abandonner son duché se réfugia à la cour de Clotaire. Les Vascons rompirent tout lien de vassalité, nommèrent Aman pour chef et prirent rang dans l'histoire au titre de Vasconie indépendante. Le mouvement s'étendit sans doute à toute la Novempopulanie.

Aman, gallo-romain probablement, était gendre de

Serenus duc de Toulouse; il fut revêtu de son autorité par élection. Il avait pour lui le prestige de gallo-romain et celui de gendre du duc de Toulouse. Il s'appuyait aussi et sur les indigènes des Pyrénées et sur une grande cité romaine, aussi fut-il puissant comme un monarque avec qui Franks et Visigoths devaient compter.

Haribert, fils de Thierry, dépouillé par Clotaire II et par Dagobert son frère cadet, voulait se venger; il s'allia avec les Vascons, épousa Gisèle, fille unique d'Aman qui crut trouver ainsi le moyen de revendiquer plus tard les droits de son gendre Haribert, ou tout au moins de parvenir à fonder un royaume méridional. D'accord avec Haribert son plan fut approuvé par les Gallo-romains de la plaine. A la voix d'Aman, son gendre fut acclamé et les Basques cédant à l'impulsion, Haribert étendit sa royauté de la Bidassoa à la Garonne. La révolte s'étant répandue dans le Querci, l'Angoumois et le Limousin, Dagobert traita et lui céda solennellement ce qu'il ne pouvait plus lui refuser. Il lui garantit tout le pays entre les Pyrénées et la Loire avec le titre de roi. Toulouse devint la capitale de ce nouveau royaume.

Un parti de Vascons de la haute montagne peu satisfaits de l'union de leur duc avec un prince mérovingien protesta et prit les armes; mais avec le secours d'Haribert cette révolte fut apaisée assez promptement.

Haribert mourut à vingt-quatre ans laissant trois fils. Dagobert reprit Toulouse et fit emprisonner son neveu Chilpéric âgé de trois ans. Les deux autres fils d'Haribert, Bogis et Bertrand, plus jeunes encore, furent enlevés secrètement par des Gallo-romains et confiés au duc de Gascogne Aman.

Celui-ci voulant non-seulement faire rendre à ses petits-fils orphelins l'héritage de leur père, mais aussi repousser le joug étranger, attaqua les Franks et pénétra jusques dans le Limousin et le Querci que Dagobert venait de conquérir, mais, comme nous l'avons dit plusieurs fois déjà, les batailles en plaine n'étaient pas favorables aux Vascons. Les douze généraux de Dagobert les battirent. Ils se retirèrent vers l'Adour; là, adossés à leurs montagnes, ils retrouvaient leur énergie et leur confiance, ils taillèrent en pièces l'armée du roi commandée par Arimbert; ce général périt dans le combat. D'autres corps franks pénétrèrent dans la vallée d'Aspa, mais contre l'avis de Frédegaire il est à croire qu'ils n'eurent pas l'avantage puisque l'année suivante (644) les Vascons envoyèrent des députés à Dagobert et qu'un traité fut conclu en vertu duquel Bogis et Bertrand recouvrèrent l'Aquitaine comme duché héréditaire en payant le tribut fixé précédemment avec le roi Thierry.

Aman mort, ses deux petits-fils héritèrent de tous ses Etats, mais les Gallo-Romains s'étant soulevés élurent Félix (640) qui devint duc d'Aquitaine. Bogis et Bertrand ne conservèrent que la Vasconie.

En Espagne (649) Froia, en révolte contre Chindasuinthe parcequ'il venait d'associer au trône son fils Récésuinthe, appela les Vascons à son secours en leur promettant de leur rendre les hautes vallées de l'Ebre.

Les montagnards accoururent. Leur haine contre les Visigoths se signala par des ravages épouvantables, ils pénétrèrent jusqu'aux environs de Cæsar Augusta, détruisirent tout, villes, châteaux, églises et rentrèrent dans les montagnes. Poursuivi par Récésuinthe, Froia fut pris et mis à mort. Les Basques se retirèrent à l'abri dans ce qu'Isidore et Frédegaire appellent le repaire des Pyrénées, dénomination aussi injuste qu'injurieuse puisque ce prétendu *repaire* était le refuge de la seule nationalité légitime des races primitives chassées de l'Ibérie leur patrie, par les Romains et les Visigoths. De cet asile, les débris des races dépouillées protestaient contre les usurpateurs par d'incessantes irruptions, et bientôt ils iront combattre les Arabes, nouveaux maîtres de l'Espagne. Nous les verrons après huit siècles d'une lutte héroïque chasser complètement de leur ancienne patrie ces derniers envahisseurs. Si leurs excursions des montagnes, toujours renouvelées paraissent monotones, n'oublions pas le noble but de ces guerriers indomptables, toujours animés de l'amour de la patrie et du désir de la délivrer. Puissions-nous imiter leur courage après nous être régénérés dans notre religion divine qui nous fit la grande nation.

Récésuinthe, comme ses prédécesseurs en Espagne, comme les Franks dans la Gaule voulait soumettre à titre de vassalité les Basques qu'il ne pouvait déloger de leurs montagnes, mais il lui prouvèrent leur résolution inébranlable de rester indépendants en envahissant les plaines de l'Ebre. Le roi dût, comme les Franks, renoncer à ses prétentions. Il était d'ailleurs appelé à une guerre plus sérieuse dans la Mauritanie pour prévenir les Arabes dont les premières tentatives d'invasion lui donnaient de l'inquiétude. La mort le surprit au milieu de ses efforts contre ces Sarrasins dont l'appellation vient du mot arabe *Sarraca* qui signifie voler. Dénomination bien méritée par ces hordes de pillards.

Les Visigoths choisirent Wamba pour succéder à Récésuinthe. Effrayé par le poids et la difficulté de la tâche, ce seigneur refusait le trône, alors l'un des Grands tirant son épée le menaça de le tuer, s'il persistait à refuser et le força à recevoir la couronne. Aussitôt les Vascons de l'Alava et de Bureda unis aux Asturiens se soulevèrent protestant comme toujours contre l'usurpation, et leurs irruptions recommencèrent.

Wamba marcha contr'eux, mais en même temps éclatait une formidable révolte des sujets de ses possessions de la Gaule à laquelle se joignit le duc Paul qu'il avait envoyé en le chargeant de réduire les rebelles dont ce traître devint le chef. Toute la Catalogne se déclara pour Paul, ainsi que les montagnards des deux versants orientaux. Les Vascons menacés par Wamba promirent cependant un secours aux révoltés. Le roi pressé d'aller combattre les rebelles promena pendant sept jours le fer et le feu dans l'Alava, mais les pâtres des grandes hauteurs ne s'émurent point de ces fureurs qui leur produisaient peu de mal ; ne pouvant les atteindre dans les lieux élevés où ils s'étaient réfugiés, Wamba marcha aussitôt après vers la Catalogne. Paul lui écrivit de Narbonne une lettre dans laquelle se peint son ridicule orgueil ; en voici quelques passages :

« Flavius Paulus, roi de l'Est,
à Wamba, roi du Sud »

« Dis-moi, guerrier, dis-moi, maître des bois et des
« rochers, si tu as franchi les passages escarpés de ces
« montagnes inhabitables, si tu as fait plier devant ta
« poitrine les arbres et les buissons, si tu as dépassé la
« vélocité du cerf et la férocité du sanglier, et descendu
« les défilés des Pyrénées, tu trouveras le grand
« redresseur des torts (Oppobanbeum) avec qui tu
« pourras lutter sans honte. »

Dès qu'il vit paraître l'armée de Wamba, ce fanfaron roi de l'Est, abandonna la ville et se réfugia à Nimes où Wamba après avoir repris Narbonne, Agde, Maguelonne et Béziers vint l'assiéger dans les Arènes. Forcé de se rendre le vainqueur lui fit crever les yeux.

Les Vascons sous la conduite de Loup leur nouveau duc, avaient perdu du temps en arrivant à Béziers; ils virent qu'il était trop tard et se trouvant trop inférieurs en forces, ils reprirent le chemin par lequel ils étaient venus, non toutefois sans avoir ravagé le territoire de Béziers. Wamba les fit poursuivre, tua quelques traînards, prit une partie de leurs bagages, mais pressé de rentrer à Narbonne il les laissa retourner dans les Pyrénées à peu près sans perte d'hommes.

Le roi revint dans les plaines de l'Ebro, fit son entrée triomphale à Tolède (673). A sa suite figurait le duc Paul, ceint d'une couronne de cuir noir, et quelques milliers de révoltés pieds nuds, la barbe, les sourcils et les cheveux rasés.

Après avoir détruit une flotte de Sarrasins (678)

Wamba, menacé par des ambitieux qui n'auraient pas manqué de le tuer traîtreusement comme ils avaient déjà assassiné d'autres princes, descendit du trône en remettant le pouvoir à Erwich. Délivré de ce pouvoir qu'il n'avait accepté qu'à contre-cœur, il se retira dans un monastère, exemple qui se renouvellera souvent à l'occasion des désastres que vont causer les Arabes.

Loup, aimé des Vascons et redouté de ses voisins, accueillit des Franks persécutés par Ebroïn, maire du Palais. Les Vascons espagnols poursuivis par Wamba s'étaient réfugiés comme à l'ordinaire sur le versant gaulois. Loup avait donc une armée nombreuse toujours animée par la haine et altérée de vengeance ; toujours jusqu'alors les Basques s'étaient battus contre les Franks dans la Vasconie, ils vont maintenant porter leurs efforts à refouler les Germains au-delà de la Dordogne et à prouver leur valeur dans de nouveaux combats. Loup, encouragé dans cette pensée, passa la Garonne (675) et s'avança jusqu'à Limoges qui lui ouvrit ses portes comme à un libérateur et lui jura foi et hommage. L'histoire ne dit rien de plus de cette invasion et garde également le silence sur Loup.

Bogis et Bertrand s'étaient mariés. Le premier eut deux fils Imitarius et Eudon qui sera le plus grand, le plus célèbre des héros pyrénéens du huitième siècle. Bertrand n'eut qu'un fils nommé Humbert qui se retira dans un monastère.

Eudon se présenta comme l'héritier d'Haribert et déclara la guerre à Pepin d'Héristal, l'usurpateur contre lequel une partie de la Gaule se révoltait déjà. Il le battit à plusieurs reprises, conquit tout le centre de la Gaule, même le Berri et forma un Etat Gallo-romain des Pyrénées à la Loire, de l'Océan aux Cévennes avec le titre de royaume qu'il avait eu sous Haribert.

Eudon avait épousé Valtrude fille du duc Frank Valachise; allié par cette union à la race germanique il l'était aussi aux Gallo-Romains comme roi d'Aquitaine, et aux Basques comme petit-fils d'Aman. Il personnifiait ainsi toutes les nationalités méridionales. Les Basques imaginèrent qu'il était né dans leurs hautes vallées, on n'avait nul intérêt à les contredire, ils lui donnèrent le titre de duc de Cantabrie. Le midi de la Gaule fut ainsi enlevé au germanisme et reprit son indépendance nationale.

Eudon profita de l'esprit de révolte de la Septimanie pour l'envahir, dans l'espoir de la conquérir et de posséder ainsi toute la ligne des Pyrénées. Il ne put réussir et son armée se retira devant celle d'Egisa, roi visigoth.

L'invasion des Arabes en Espagne eut trop d'influence sur les Pyrénées et leur donna une trop grande importance pour que je ne m'y arrête pas. L'histoire a enregistré la grandeur de la lutte, on ne saurait trop en répéter les faits principaux, car dans le cadre restreint que je me suis tracé je ne puis m'étendre comme le sujet le mérite. La dynastie des Visigoths va être détruite, elle va disparaître, elle aura duré trois cents ans.

Le rôle des Basques et d'Eudon s'agrandit. Plus que jamais la chaîne des Pyrénées sera le boulevard de la lutte contre le fer et l'esclavage. La douce et sublime loi du Sauveur divin l'emportera sur la loi de Mahomet.

CHAPITRE VII

SOMMAIRE :

Le comte Julien appelle les Arabes en Espagne. — Bataille de Guadalete. — Les Arabes s'emparent de l'Espagne. — Luxe des Visigoths et des Vandales. — Pélage, Pedro, Alonzo dans les Pyrénées. — Taric franchit les Pyrénées, il ne peut réussir dans son projet. — Taric rentre en Espagne et s'empare de la Galice. — L'Emir Abd-al-Azis épouse la veuve de Roderic. — Il est assassiné. — Eudon fortifie l'Aquitaine. — Al Haour passe en Septimanie, il s'empare de plusieurs places. — Al Samat fait une nouvelle irruption. — Ravage des Etats d'Eudon. — Victoire d'Eudon à Toulouse. — Eudon reprend toutes ses places à l'exception de Narbonne. — Jeanne de Bahut. — Eudon est attaqué par Karles Martel. — Il accorde sa fille en mariage à Monouza. — Abd-al-Rhaman fait assiéger Monouza dans la ville de Julia Livia. Monouza et Lampagie s'échappent de la ville assiégée. — Mort de Monouza. — Lampagie au harem du Kalife de Damas. — Abd-al-Rhaman fait attaquer Eudon qui a recours à Karles Martel. — Les deux armées marchent contre les infidèles. — Bataille de Poitiers. — Mort de Karles Martel. — Youssouf Ben Abd-al-Rhaman nommé Emir de l'Espagne.

Le comte Julien, gouverneur de Ceuta, pour venger le déshonneur infligé à sa fille par Roderic appela les Arabes, leur ouvrit les portes de la ville confiée à sa garde et facilita leur passage en Espagne où bientôt sous le gouvernement de Taric ils remportèrent sur le roi Roderic la victoire de Guadalete (711). Cordoue, Malaga, Elvira, Jaca, Tolède tombèrent rapidement sous le joug des envahisseurs. Moussa gouverneur de l'Afrique s'empara d'Hispolis (Séville), Carmona, Merida qui à la honte des autres villes se défendit vaillamment, Orihuela, Illiberi (Grenade), Garb Nata (crème du couchant). Les vainqueurs enlevèrent tout le Midi de la Péninsule Ibérique avec une rapidité incroyable.

Taric remonta jusqu'au Tage, entra dans la vallée de l'Ebre et assiégea Cæsar Augusta pendant que Moussa s'emparait de Salamanca, d'Astorga et revenait se réunir à Taric. Les Visigoths ne résistérent nulle part, ils ne faisaient que signer des capitulations. Cæsar Augusta ouvrit ses portes et céda pour la rançon du sang jusqu'au pillage de ses églises. Taric descendit l'Ebre et fit la conquête de la province de Valence et de toute la Catalogne si rapidement que l'histoire se borne à constater la chute successive des villes principales. Les évêchés, les monastères si nombreux disparurent, leurs noms même furent emportés avec eux. Seule la Septimanie conserva ses évêchés et ses abbayes. Le peuple habitué à passer d'une domination à une autre subit le joug des Arabes qui moins aveugles et moins barbares que les républicains de nos jours, laissaient à chacun le libre exercice de sa religion, ils leur laissèrent même leurs biens et leur liberté au prix d'un léger tribut.

Le peuple cacha à la hâte, trésors, reliques, statues et vases sacrés dans les forêts, dans les grottes et les ravins ou plusieurs siècles après les chrétiens vainqueurs à leur tour les retrouveront intacts.

L'aristocratie visigothe ne résista nulle part, démoralisée par l'amour excessif du bien-être, par le luxe qu'elle avait adopté. Elle portait, dit Isidore, le *stringium*, tunique dont parle Plaute, l'*amiculum*, manteau de lin des courtisanes romaines, le *reticulum* (résille) qui retenait les longs cheveux des hommes pommadés et frisés. Les militaires même s'étaient laissés entraîner, ils couvraient leurs mains d'un manchon *(mantum)*. Les étoffes des nobles et des riches étaient la soie et la fine laine d'Espagne. Les boudoirs des femmes étaient encombrés de miroirs d'argent, de cuvettes d'or, elles se surchargeaient d'agrafes, d'anneaux et de bracelets. Le service de table était en or. Les Vandales eux-mêmes pendant leur séjour dans la Péninsule, s'étaient laissés gagner par le luxe le plus somptueux. Leur table se couvrait de ce que l'Afrique offrait de plus exquis. Ils étaient vêtus de soie, de robes d'un grand prix. Leur vie s'écoulait dans les théâtres, aux courses de chevaux, aux bals, aux divertissements les plus frivoles. L'amour de la patrie, le courage civil, s'étaient tellement affaiblis dès le sixième siècle chez les Visigoths qu'Ervich, au douzième concile de Tolède, déclara la moitié de la nation privée des droits civils pour ne s'être pas présentée à l'appel du ban militaire. Si les historiens avaient ajouté que les Visigoths reniaient la religion et poussaient au plus haut point les sottises et les folies administratives et politiques ne trouverions-nous pas dans ce tableau de deux peuples barbares notre portrait parfaitement tracé ?

N'est-il pas effrayant de voir la Société actuelle livrée aux mêmes excès que nous venons de citer. Ne devons-nous pas déplorer de voir les femmes, les jeunes filles surtout, étaler des toilettes qui blessent même la pudeur en dessinant, et bien plus encore en exagérant au grand jour et jusques dans les rues et les promenades, des formes que la décence ordonne de voiler. Nous nous garderons bien de parler de ces modes horribles qui font mettre sur la tête des épouvantails ridicules et au dessous de la taille, d'arrières-appendices extra supplémentaires, des proéminences tellement monstrueuses et d'un effet si désagréable qu'un homme, pourvu de bon sens et de goût, ne peut les voir sans laisser échapper des rires de pitié. Ne rencontre-t-on pas à chaque instant des jeunes filles s'affublant de chapeaux, de tout un costume qui laisse douter si elles sont filles ou garçons, d'autant plus que souvent elles y ajoutent l'air insolent et hardi des jeunes gens mal élevés et impertinents.

Qu'on me pardonne ce hors-d'œuvre que la citation de l'une des causes de la dégradation et de la déchéance des Visigoths a fait s'échapper de ma plume. Puissions-nous renoncer à ces travers de ce qu'on appelle la mode. L'importance que l'on donne à ces divagations d'industriels et de journaux occupés et qui occupent du matin au soir de futilités, de niaiseries la plus belle et la plus aimable moitié du genre humain, trop souvent aussi un grand nombre des membres de l'autre moitié, cette importance, dis-je, a une trop funeste influence sur l'esprit et les mœurs des nations.

Reprenons notre récit et reconnaissons qu'il n'est pas

étonnant que les Visigoths dégénérés préférassent le joug étranger aux périls de la résistance. Un petit nombre, plus énergique parce qu'il était moins corrompu, suivit dans les montagnes du Nord les descendants des familles royales. Pélage, proche parent de Roderic et que Badajox nomme par erreur Theudimer, en attira chez les Astures et Pedro, Alonzo, Athénaïlde, selon d'autres auteurs, descendant de Récarède, en appela dans les Pyrénées Vascones. Ces princes relèveront les Etats chrétiens en Espagne. Pélage comme roi de Galice et Garcia Ximenez, successeur de Pedro, comme roi de Sobrarbe dans les vallées de l'Aragon et de la Cinca.

Cette révolution espagnole donne lieu à d'amères réflexions sur les résultats de l'irréligion, de l'amollissement et des excès d'une civilisation qui serait mieux qualifiée sous le nom de corruption générale, véritable déchéance qui attire toujours les grands châtiments de Dieu que l'on oublie, dont on abandonne le culte. Châtiment que l'histoire constate successivement dans le cours des siècles comme conséquence fatale et immanquable de la même cause. On le reconnaît, mais la religion qui seule présente le remède, est non seulement reniée et repoussée, mais ce qui est encore plus monstrueux, elle est follement persécutée. Et cependant aucune nation ne peut se soutenir sans religion. Où donc puiser l'énergie nécessaire pour résister aux démolisseurs. La bourgeoisie ferme les yeux ou plutôt elle est aveugle, et laisse agir la secte impie des francmaçons, inspirés par les juifs qui, malgré la sottise, la niaiserie de ses formules, la parodie impie de quelques cérémonies ou citations chrétiennes, devient de plus en plus puissante. Elle est dévoilée, attendrons-nous qu'elle ait perdu notre généreuse nation ? Hélas ! le peuple se livre à la convoitise, à de méchantes et irréalisables utopies que d'incapables ambitieux suggèrent.

Mieux vaut revenir décidément à nos intrépides Euskariens, citons leurs exemples sans nous abandonner à des pensées aussi tristes qu'inutiles. *Deus providebit.*

L'Espagne est donc divisée en deux zônes. La première comprend la majeure partie de la péninsule de l'Ebre à la Méditerranée et même à l'Océan dans la région méridionale. La seconde se borne à la chaîne étroite des Pyrénées et des monts Idubéens. Contrée froide, inculte, en partie stérile, peuplée de ces Basques aux mœurs pastorales qui ont su conserver leur indépendance. Les Visigoths fugitifs apportèrent au milieu d'eux leurs armes, leurs lois, la religion divine. Ils retrouvaient dans toute son ardeur le noble amour de la patrie. Entassés dans ces montagnes ils se retrempaient au contact des Basques, ils se purifiaient dans la souffrance, dans la sobriété, retrouvaient la force du corps, l'énergie morale, le courage religieux et devenaient peu à peu cette race d'élite qui devait reconquérir l'Espagne après huit siècles de prodigieux efforts, de combats incessants. Ils apportaient encore la royauté élective, le germe du régime féodal, la hiérarchie sacerdotale. La féodalité se combina avec le principe égalitaire des pâtres montagnards, tous nobles, ayant leur écusson armorié. Cette fusion produisit les constitutions de Navarre et d'Aragon, types prédominants du système représentatif parlementaire.

Après la conquête si rapide de la Tarraconaise, l'Arabe Taric gravit les rampes de la Cerdagne et envahit le Roussillon, mais ne pouvant s'emparer de Narbonne il rentra en Espagne, remonta l'Ebre et pénétra jusques dans la Galice (713). Il ne restait d'autre asile aux réfugiés que les Asturies et les gorges des Pyrénées ; ces limites devaient être resserrées encore.

Mouza rappelé par le Kalife fut remplacé par son fils Abd-al-Azis avec le titre d'Emir, il épousa la veuve du dernier roi Goth. On peut croire que la malheureuse Egilone ne céda que devant l'impossibilité de la résistance. Abd-al-Azis envoya ses lieutenants aux Pyrénées occidentales, s'empara de Pampelune et continua ses conquêtes jusqu'à la vallée de Jacca, mais là il fut forcé de battre en retraite et Pampelune forma frontière. En se retirant il détruisit Jacca. Peu de temps après accusé par les Arabes de céder à l'influence d'Egilone et de vouloir relever la puissance des chrétiens, l'émir fut poignardé (715).

Eudon, protégé par les Pyrénées du côté de l'Espagne, fortifiait son nouveau royaume d'Aquitaine et se préparait à repousser les Arabes lorsqu'ils franchirent la montagne. Alors il fit alliance avec Chilpéric qui renonça à toute suzeraineté sur l'Aquitaine. Mais ayant été battu près de Lutèce en défendant son allié, il eut la faiblesse de livrer au vainqueur Chilpéric qui s'était réfugié auprès de lui. A ce prix Karles Martel garantit l'intégrité du royaume d'Aquitaine.

Les Arabes se rapprochaient des Pyrénées, cependant après s'être emparés de Sarragosse, d'Ampurias et de

Pampelune, ils durent se borner à des razzias dans les vallées de la Segre et de la Cinca en Aragon. Ils jetèrent alors les yeux sur la Septimanie. Al Haour à la tête d'une armée considérable franchit le Pertus de la Massane, voie funeste foulée par tant de conquérants, il vint inaugurer pour les Gaules l'ère des terribles invasions des Sarrasins. C'était pour ceux-ci une guerre sacrée, d'après le Coran. Tout musulman tué les armes à la main voyait s'ouvrir pour lui le ciel de Mahomet. La vie du musulman en campagne était une suite de cérémonies religieuses, il priait plusieurs fois dans le jour et se préparait aux batailles par les macérations et les jeûnes. Le Walid allait à l'ennemi tenant le cimeterre de la main droite et le coran dans la main gauche, il appuyait tout commandement sur un précepte de ce livre sacré.

Le cavalier portait avec ses armes un sac de provisions, une marmite et les bagages d'un fantassin, celui-ci ne devant porter que ses armes et une cuirasse légère. Les Septimaniens démoralisés par la rapidité avec laquelle les Arabes avaient fait la conquête de l'Espagne, se soumirent dans la pensée d'adoucir le vainqueur. Cependant Elne s'étant défendue, fut prise et détruite. Narbonne que le grand nombre de réfugiés espagnols, qu'elle avait accueilli, encourageait, fut emportée d'assaut. Ses habitants furent réduits en esclavage, et la ville devint pour les Arabes le boulevard de leurs possessions gauloises. La population du reste de la Septimanie s'échappa précipitamment en se dirigeant vers les Pyrénées et l'Aquitaine. Nîmes et

Carcassonne arrêtèrent les conquérants dans cette première incursion. Comme en Espagne les nouveaux envahisseurs prenaient possession des villes sans les détruire et laissaient le plus souvent les habitants libres de suivre leur religion et leurs lois en payant tribut, les soumettant, il est vrai, à des cérémonies humiliantes.

En même temps les Pyrénées se transformaient en forteresses. Les gorges, les ravins, les torrents, les pics et les cavernes servaient admirablement à un grand système de défense dont il reste des traces. Les cols étaient fermés par des murailles crénelées, munies de donjons et de bastions. Des barbacanes, des herses et des créneaux défendaient l'entrée des grottes, on en voit encore entre Tarascon et les Cabanes, où elles ont le nom de *gleisos* (église) parce que lors de l'invasion des Arabes, les prêtres ayant suivi la population y célébraient les offices religieux, les églises étant converties en mosquées. Des tours télégraphiques et en même temps d'observation, garnissaient les hauteurs, des sentinelles y faisaient faction pour donner l'alarme dès que l'ennemi apparaissait. D'après M. Foulon, les Gallo-Romains, possédaient une télégraphie aussi perfectionnée que celle dont nous nous servions avant l'emploi de l'électricité. Les Arabes ne connaissaient pas ce moyen de communication. Ils nommèrent ces tours *atalayas*, mot conservé dans la langue castillane. En Catalogne ils les appelèrent *alimarias* mot dont les Espagnols ont fait celui d'*almenara*.

Les Basques proprement dits ne recoururent pas à

tous ces moyens de défense, leurs montagnes et leurs rochers étaient pour eux des fortifications suffisantes, ils répondaient aux signaux des tours télégraphiques de l'Est par des feux sur les hauteurs.

Ces précautions permirent aux chrétiens des Pyrénées, ceux de la Cerdagne exceptés, de se soustraire au joug des musulmans.

Occupés en Septimanie, les envahisseurs laissèrent à Eudon le temps d'achever tous ces travaux. En 721, Al Samah, ayant remplacé Al Haour, se mit à la tête de son armée et envahit les Etats d'Eudon par la vallée de l'Aude. Eudon appela les Aquitains et les Vascons à la guerre sainte, ils répondirent à cet appel; les Vasco-Cantabres du versant espagnol accoururent aussi en grand nombre. Eudon à la tête de cette armée courut au secours de Toulouse assiégée et en grand danger de succomber. La rencontre fut terrible, les Arabes taillés en pièces perdirent trois cent mille hommes, chiffre qui me paraît trop exagéré pour qu'on doive l'admettre. Toutefois les écrivains arabes ont donné à ce lieu si funeste pour eux, le nom de *Balat al chamada*, la chaussée des martyrs. Al Samah périt dans la mêlée de la main d'Eudon, disent les historiens.

La victoire fut si complète que les Arabes poursuivis ne cherchèrent à se rallier nulle part et que toute la Septimanie recouvra son indépendance. Les vaincus ne purent conserver que Narbonne.

Les montagnards harcelèrent les Arabes, mais Abd-al-Rhaman qui avait remplacé Al-Samah les repoussa.

Dans leur admiration et leur reconnaissance pour

Eudon, les Basques prétendirent qu'il était fils d'Andelca, duc de Cantabrie, un de leurs héros tué à la bataille de Guadalete et lui donnèrent le titre de duc de Cantabrie, d'Alava et de Biscaye (712).

La Septimanie soutenue par le roi d'Aquitaine résista victorieusement à une nouvelle attaque des Arabes sous le nouveau Kalife Ambiza qui résolut alors d'agir en personne; il conduisit une nouvelle armée par la Cerdagne (725) et s'empara de Carcassonne après une résistance héroïque. Ambiza éleva dans cette ville la tour carrée d'observation du château, d'où l'on domine les Pyrénées, la montagne Noire, la Méditerranée et les environs de Toulouse. La Septimanie effrayée se soumit de nouveau sans résistance. Nimes seule soutint le choc, secourue à temps par Eudon. Ambiza mourut en retournant en Espagne.

Les Basques et les réfugiés Visigoths des hautes vallées et des plaines de l'Ebre et du Douro, soutenues par Pélage et Eudon se soulevèrent et refusèrent de payer le tribut.

De Carcassonne, les Arabes firent une troisième irruption (729) en traversant les Etats d'Eudon, ils pénétrèrent dans les plaines de l'Adour et du Gave. Leur but était d'approvisionner Carcassonne et Narbonne. Ils ne purent réussir. Eudon fondit sur eux et les tailla en pièces. Les fuyards gagnèrent les vallées de l'Adour et de la Neste, mais les Basques s'étaient réunis et les exterminèrent. Le souvenir de ces combats sanglants s'est conservé dans le pays où l'on a donné le nom de Camp bataillé à la plaine au-dessus du bourg d'Arran.

La tradition attribue à Jeanne de Bahut la défense de Boulogne de Comminges. Elle s'arma d'une épée et comme Jeanne Hachette de Beauvais ranima le courage de ses concitoyens, les entraîna sur les remparts et devant leur attitude les Arabes battirent en retraite. Plusieurs siècles après on chantait encore la ballade de Jeanne Bahut.

Karles Martel voyant son émule affaibli par la lutte contre les infidèles, envahit l'Aquitaine. Eudon fut battu et vit ses provinces saccagées par les chrétiens de Germanie toujours disposés aux envahissements et au pillage, après avoir été préservées des ravages des Arabes. Eudon se trouvait réduit à laisser son compétiteur s'emparer de l'Aquitaine s'il ne pouvait obtenir un appui.

Les envahisseurs de l'Espagne se composaient de deux races différentes : les Arabes et les Maures unis aux Berbers. Les premiers, venus de l'Arabie, avaient soumis ces derniers à leur domination, ils les avaient amenés en Espagne à titre d'auxiliaires, en les plaçant prudemment sur le point le plus éloigné de l'Afrique. Les Berbers étaient d'excellents cavaliers dressés dans les gorges de l'Atlas aux difficultés des montagnes.

Monouza (Abi Nezan), général africain, commandait les marches de Catalogne et de Cerdagne et gardait les gorges des Pyrénées Catalanes. Il nourrit la pensée de profiter de sa situation pour relever l'indépendance des Berbers. Le roi d'Aquitaine dont les Etats bornaient les provinces du commandement de Monouza, avait une fille nommée Lampagie d'une grande beauté. Son père la fit servir à une combinaison politique en lui faisant épouser Monouza (731). Un traité secret fut passé entre le père et le gendre. Ce n'était pas le premier exemple d'une alliance, bien que généralement réprouvée elles devinrent même si fréquentes, si nombreuses en Espagne où les Arabes n'avaient amené que très peu de femmes, qu'il se produisit une race mêlée dénommée Mozarabe très multipliée dans le Midi de la Péninsule. Il n'en était pas ainsi sur le versant de la Gaule et Lampagie pleurait amèrement, désolée de cette union avec un infidèle. Elle fit les plus grands efforts pour obtenir que Monouza se fît chrétien. Nous n'avons nulle connaissance du résultat des instances de la princesse, la rapidité des événements ne permit pas, sans doute, d'arriver à un dénouement.

Abd-al-Rhaman, gouverneur de l'Hispanie, apprenant le mariage de Monouza et sa révolte, le fit assiéger dans la ville de Julia Livia que les Arabes nommaient Al Rab. Monouza, fit une sortie, mais abandonné sans doute de ses Berbers, il fut défait. Réduit à la famine, il voulut sauver Lampagie et parvint à sortir avec elle pendant la nuit. Il l'emmena dans les hautes vallées de l'Aude à l'abri des rochers de Capsir et du Querigut dans les immenses forêts de Belesta.

Julia Livia prise presqu'aussitôt par les assiégeants fut détruite de fond en comble. Elle fut remplacée plus tard par Puycerda au-dessous des murs de l'ancienne cité.

Monouza et Lampagie fuyaient franchissant les rochers, traversant les forêts, ils voulaient se rendre auprès du roi d'Aquitaine, mais dans ces sentiers ardus, empêchés par les ronces et le feuillage la jeune femme retardait la marche. Ils voulurent prendre un peu de repos et s'arrêtèrent près d'une cascade. Ils y furent surpris et cernés par les soldats envoyés à leur poursuite. Monouza en défendant vaillamment la malheureuse Lampagie fut tué à coups de lance, Isidore prétend qu'il se précipita dans un ravin profond. Sa mort livra sa jeune compagne à Gédhy, chef de l'expédition, qui s'empressa d'en faire présent à Abd-al-Rhaman en y joignant la tête de Monouza, qu'il avait apportée attachée au pommeau de la selle de son cheval. En recevant ces présents, le gouverneur d'Hispania s'écria plein de joie : « Par Allah, jamais chasse si précieuse ne se fit dans ces montagnes. »

La tête de Monouza décora la porte du sérail de Cordoue et Lampagie orna le harem du kalife de Damas. Des Berbers ensevelirent secrètement le corps de Monouza. La fontaine de Planez, dans le Roussillon, est regardée comme étant son tombeau.

Abd-al-Rhaman, tourna dès lors sa fureur contre le roi d'Aquitaine qu'il regardait comme le complice de Monouza, remontant l'Ebre il fit passer son armée par Saragosse et Pampelune dans la Biscaye et l'Alava.

Il voulait aussi châtier les Vascons toujours remuants et qui renouvelaient sans cesse leurs razzias. Il les refoula des basses vallées de l'Aragon et de l'Arga jusqu'aux sources des torrents. Les habitants de Jacca effrayés bâtirent alors Pena d'Urgel pour se mettre à l'abri, mais Abd-al-Rhaman la fit détruire à peine élevée.

et remonta avec son armée la vallée d'Engly, franchit le col de Roncevaux, envahit la Vascogne des Gaules par les vallées de la Nive et de la Nivelle.

Cette armée était composée d'aventuriers de toutes les nations d'Orient accourues au pillage de l'Europe comme autrefois les races du Nord. Maures, Arabes, Berbers, Egyptiens ne venaient pas sous la conduite d'Abd-al-Rhaman pour conquérir et soumettre le pays comme les Arabes avaient fait en Espagne, mais pour rançonner, massacrer et détruire. Leurs atrocités égalaient celles des Vandales.

Lapurdum fut attaquée et disparut, anéantie par l'ennemi pressé d'atteindre Bordeaux et de passer la Garonne avant qu'Eudon ne put survenir. Les Barbares ne détruisirent pas Benearnum et Iluro, mais du Béarn à Agen le pays fut complétement ravagé. Dax, Aire, Auch, Bazas, Eause furent détruites. Cette dernière ville n'a pas été reconstruite.

Cependant l'ennemi rencontra quelquefois une courageuse résistance. Les Vasco-Aquitains réunis par troupes sous la direction des chefs que chacune d'elles choisissait, disputèrent vaillamment villes et bourgades. Puymaurin, Castelmaure, Roquemaure, Morlane conservent encore le souvenir de la lutte. Mais l'unité de commandement faisait défaut. Ne pouvant défendre les gorges des Pyrénées, le prudent Eudon avait voulu mettre le fleuve entre les Musulmans et son armée pour les arrêter au passage; mais, par suite d'un obstacle resté inconnu, il ne put empêcher les Arabes de passer le fleuve entre Agen et Bordeaux. Replié sur la Dordogne la valeur des chrétiens ne put l'emporter sur le nombre trop disproportionné des ennemis. Ecrasés ils furent forcés de battre en retraite. La Gaule entière était menacée. Oubliant ses rancunes trop motivées, Eudon se retira auprès de Karles Martel avec les débris de son armée qu'il mit sous les ordres de ce roi.

Les Franks et les Aquitains réunis atteignirent les Sarrasins près de Poitiers. Eudon et ses Vascons se couvrirent de gloire à cette mémorable et sanglante bataille. Martel tua de sa main Abd-al-Rhaman. Le carnage fut affreux, le butin immense. Les Vascons retrouvèrent une partie des dépouilles de Lapurdum Benearnum et des autres villes saccagées. Pressés de rentrer dans leur patrie, ils revirent les plaines désolées de l'Adour et du Gave pour y rapporter la consolation et relever les villes, mais combien était grand le nombre des braves restés sur les champs de bataille.

Animés par les chants de victoire que répétaient les échos des montagnes, les Vascons espagnols attaquèrent les Arabes dans les basses terres, les défirent et purent reprendre Pampelune et Astorga.

De nombreux débris d'Arabes échappés à la défaite de Poitiers, se cachèrent dans les bois, la plupart se rendirent dans le Bigorre, pour rentrer en Espagne par le col du Lavedan seul passage moins bien gardé que les autres ; mais les Bigorrais, pâtres vêtus de peaux d'ours et de moutons, réunis sous la conduite du prêtre *Missolin* atteignirent les Arabes près de la vallée de Lourdes, la mêlée eut lieu non loin de l'ancien camp de César entre Ossun et Loucey. Les Arabes restèrent jusqu'au dernier sur le champ de bataille. Le cultivateur y soulève aujourd'hui des armes brisées, des crânes humains. Le plateau porte le nom de *Lano mourine*. La statue du brave Missolin fut placée dans l'église d'Arcizac près de Bagnères-de-Bigorre. Vénérée publiquement, elle recevait chaque année le 24 mai l'hommage de vénération des habitants ; la rage stupide des républicains de 1793 a brisé la statue, ils n'ont pu effacer le souvenir.

Abd-al-Melik, successeur d'Abd-al-Rhaman, forcé par les Arabes de chercher à tirer vengeance, de ces défaites tenta de reprendre Astorga et Pampelune mais il trouva les Pyrénées sous les armes et les gorges des Asturies, de l'Aragon et de la Biscaye gardées par de nombreux guerriers. Repoussé sur tous les points par où il voulait pénétrer il réussit cependant à s'emparer de Balbastro dans la vallée de Cinca (734). Les habitants avaient pu se retirer dans les montagnes de l'Aragon. L'Arabe se vengea de ces mécomptes en prélevant des tributs énormes sur les chrétiens soumis de la plaine.

Abd-al-Melik fut destitué par le gouverneur d'Afrique et remplacé par Okba Ben-al-Hedjadi qui s'était illustré dans une expédition contre les Berbers de l'Atlas. Il se disposait à venger le désastre de Poitiers quand un nouveau soulèvement de Berbers le rappela en Afrique (737).

Karles Martel attaqua les Arabes, leur reprit Avignon dont il passa la nombreuse garnison au fil de l'épée. Pénétrant ensuite dans la Septimanie il leur fit subir, dans une des vallées des Corbières, une défaite dont la mémoire restera toujours. Dans l'action, Karles Martel se précipita sur Amoroz qui commandait l'armée ennemie et le tua d'un coup de lance (737). Il dut renoncer à reprendre Narbonne où les débris de la défaite des Corbières étaient parvenus à se retirer.

L'hiver approchait et Karles Martel était rappelé dans le nord ; en se retirant il reprit Béziers, Agde, Maguelonne et Nimes. Les Franks plus barbares que les Arabes détruisirent villes et bourgades. Maguelonne servait de refuge aux pirates sarrasins, elle ne conserva que sa cathédrale qui resta au milieu des décombres et des ruines; cette ville ne fut relevée que dans le onzième siècle.

Se sentant près de mourir Karles Martel partagea ses Etats entre ses deux fils Pepin et Karloman.

Les Berbers d'Espagne se révoltaient souvent contre les Arabes, ceux-ci appelèrent les Syriens à leur aide ; mais de leur côté les Syriens se soulevaient quelquefois.

Ces trois factions remplirent la Péninsule de carnage et de ruines. Buledji fit périr d'une mort ignominieuse le noble vieillard Abd-al-Melik qui avait été compagnon d'armes du Prophète.

Les Syriens commandés par Youssouf gagnèrent la célèbre bataille de Segonda. Les débris des Arabes de l'Andalousie se réfugièrent au bas des Pyrénées, Saragar était leur capitale, mais elle comptait si peu d'habitants, ainsi que la contrée, qu'une petite troupe envoyée par Youssouf, sous le commandement de Somaïl put s'en emparer.

Ben Obkama walid de Narbonne franchissait les Pyrénées à la tête d'une armée nombreuse pour enlever l'Espagne à Youssouf lorsqu'il fut assassiné (746).

Les chefs Arabes dans l'espoir de mettre fin à tous ces troubles se réunirent et nommèrent Youssouf Ben-Abdal-Rhaman émir de toute la péninsule Ibérique. Le Kalife de Damas perdit ainsi le gouvernement de ce beau pays, dont Cordoue eut la suprématie. Cependant toujours divisés, les Arabes continuèrent à user leurs forces dans des guerres civiles et dès la fin du huitième siècle laissèrent apercevoir le commencement de leur décadence ; les chrétiens des Pyrénées en profiteront. S'organisant en petits Etats indépendants, ligués dans un but unique : la délivrance de la patrie commune, ils combattront pour elle, sous la protection de Dieu, pendant près de huit siècles et se défendront en même temps contre les Franks.

CHAPITRE VIII

SOMMAIRE :

Pélage, Fafila et Alphonse.— Royaume de Sobrarbe.— Garcia Ximenez.— Guerre civile des Infidèles. — Valffre en Septimanie, ses démêlés avec Pepin. — Mort de Garcia Ximenez et d'Alphonse. — Don Fruela. — Guerre de Pepin et de Valffre.— Garcia Inigo.— Mort de Pepin.— Charlemagne en Vasconie. Il passe en Espagne.— Son insuccès.— Il bat en retraite. — Ligue des Vasco-Cantabres. — Déroute et massacre de Roncevaux.— Mort de Loup II.— Ses deux fils lui succèdent.— Adalric enlève à son frère une partie de la Vasconie.— Le Sobrarbe prend le nom basque de Navarre.

Pélage réfugié dans les Asturies avec des fugitifs de sa nation y fut poursuivi par les Arabes au point d'être forcé à faire alliance avec eux. Cette paix ne fut pas de longue durée; car, retiré dans les grottes de Covadonga sa citadelle, il y fut attaqué (719). Ces malheureux chrétiens se trouvaient dans la plus grande détresse, leur seule nourriture était le miel qu'ils recueillaient dans les fentes des rochers. Toutefois ils firent front à l'attaque d'Alhama en lançant du haut des précipices une telle quantité de traits et de rochers que les Arabes furent écrasés. Mettant à profit cette victoire, Pélage chassa les infidèles du Léon, porta ses frontières jusqu'au Douro (722) et prit le titre de Roi. Les Arabes le nommaient *Renay al Roumy ;* Pélage le Romain.

Theudemir, cité par Isidore de Béja comme successeur de Roderic, régnait probablement sur l'ouest de l'Espagne, on ne peut le confondre avec notre héros.

Pélage maria sa fille Ormesinde avec son cousin Alphonse, fils de Pedro, duc d'une partie de la Biscaye et parent de Récarède ; il mourut en 737 à Cangas et fut enseveli à côté de sa femme Gaudiausa dans l'église de Sainte-Eulalie qu'il avait fondée. Fafila son fils devint roi des Asturies, mais il mourut deux ans après son père (739). Alphonse de Biscaye surnommé le Catholique fut proclamé par les Asturiens et réunit ainsi la Biscaye aux Etats qu'avait possédé Pélage et forma un royaume homogène de toutes les populations Cantabres. Il continua activement la guerre contre les Arabes. Ses conquêtes s'étendirent bientôt de Ségovie à Astorga (750). Il fonda Lebaña et Bardulia entre les Asturies et la Bidassoa.

Oger Galand seigneur de Catalan s'était ligué avec neuf gentilshommes réfugiés comme lui, ils réunirent une armée et firent la guerre aux Arabes dans les Pyrénées orientales. Oger Catalan ayant été tué dans un combat fut remplacé par d'Apifer de Moncada dont la famille jouera un rôle si important en Catalogne, et fournira des vicomtes au Béarn. La féodalité catalane s'établit ainsi dans les Pyrénées orientales en même temps que la royauté asturienne dans les Pyrénées occidentales.

Un troisième Etat va providentiellement s'élever entre ces deux petits Etats. Voto, chevalier de Saragosse, égaré dans des forêts pendant un violent orage, se réfugia dans les ruines de la chapelle de l'hermitage Saint-Jean de la Peña d'Uruel ; l'hermite Jean son fondateur était mort deux ans après Roderic. Abandonné des quelques moines qui s'étaient réunis à Jean, l'hermitage n'avait pas tardé à tomber en ruines que recouvraient les ronces et les épines. Voto inspiré, sans doute comme Jean l'avait été, se fixa dans ce lieu sauvage avec Félix, un de ses amis, et résolut d'y finir ses jours en priant sur le tombeau du saint qu'il regardait comme son libérateur. Voto mourut peu d'années après. Ses funérailles attirèrent environ trois cents gentilshommes des contrées voisines, parmi lesquels on remarquait Garcia Ximenez possesseur de vastes domaines sur les deux versants de la chaîne Pyrénéenne dans le Bigorre, le Béarn et la Biscaye. Garcia Ximenez était allié au roi Eudon par sa femme Enneka proche parente de Momera mariée au roi d'Aquitaine.

Ces seigneurs après avoir rendu les derniers devoirs à Voto se concertèrent, étonnés de se trouver si nombreux après tant de désastres ; ils prirent aussitôt la résolution de former une ligue pour combattre les Arabes. Ils nommèrent à l'unanimité Garcia Ximenez chef de cette patriotique association de dévouement que cimentait la religion. Ainsi se termina l'ère patriarcale dans ces contrées où les populations disséminées vont bientôt se grouper.

Un soir à la clarté de la lune les trois cents confédérés s'entretenaient de leurs projets et de leurs plans contre les Arabes. Leur courage s'exaltait et dans l'élan de leur enthousiasme ils aperçurent ou, comme le déclarent les prétendus esprits forts, ces trois cents gentilshommes s'imaginèrent apercevoir dans le ciel un écu armorial étincelant sur lequel verdissait un chêne touffu d'où s'élançait une croix rouge pommettée. Toujours est-il que Garcia Ximenez vit dans ce signe la bannière que Dieu daignait lui envoyer. Il avait comme seigneur de Bigorre l'écu de gueule simple, il prit dès lors l'écu d'or au chêne de sinople supportant la croix pommettée de gueule et le nouvel Etat prit le nom de Sobrarbe (Sous l'arbre). Il prendra plus tard celui de Navarre.

L'enthousiasme entraîne vite à l'action, Garcia Ximenez réunit les milices Vasconnes et Biscayennes et les conduisit par les vallées de la Cinca et de l'Arga à la rencontre des Infidèles. Les montagnards couverts de peaux d'ours et de chèvres laissaient retomber leur longue chevelure de leur *chanoa* (berret plat) ou de leur *chapela* doublée de mailles de fer ou de cuir attachée sous le menton avec une courroie ; ils étaient armés d'une fronde, du dard ibérien long d'un mètre, d'une faucille, du large poignard cantabre, d'une hache et du bident, croissant de fer fixé au bout d'un bâton d'un mètre trente centimètres de longueur à l'extrémité duquel était une pointe de fer formant comme un autre dard au milieu des deux extrémités du croissant. Les montagnards, d'une agilité extraordinaire, déconcertaient les habiles cavaliers arabes dans ces rochers et ces ravins dont les âpres sentiers pierreux, couverts d'épaisses broussailles cachaient ces sauvages du Djouf, comme les appellent les historiens arabes. Ainsi abrités les montagnards épiaient, attendant le moment favorable pour s'élancer sur l'ennemi. Ces attaques subites, imprévues se renouvelaient sans cesse et semaient l'effroi parmi les Infidèles. Ainsi battus sur la Cinca et sur l'Arga, les Maures abandonnèrent la ville d'Ainsa qui commandait et fermait les deux vallées. Transportés de joie de ce premier succès, les chrétiens élevèrent Garcia Ximenez sur le pavois, le portèrent en triomphe tout autour de la ville et le proclamèrent roi.

Le nouveau souverain voulut mériter son titre par de plus grands exploits. Il repoussa l'ennemi jusqu'à Sanguesa en Aragon, on croit même qu'il reprit Pampelune et ajouta quelques vallées à son royaume.

Pour rendre à Dieu la gloire et les actions de grâce qu'ils lui devaient, les Chrétiens élevèrent l'église de la Peña d'Urgel ou de Martes dans le val d'Aragon. Le siége épiscopal fut érigé dans cette région solitaire voisine des glaciers du Nord. Un monastère y fut fondé et Garcia Ximenez fit construire un château-fort.

La ligne des Pyrénées était donc presque toute occupée par ces trois petits Etats chrétiens. Au couchant le royaume de Pélage, au levant l'oligarchie Catalane, au centre le royaume de Sobrarbe.

Marca et Oihenart ont nié l'existence du royaume de Sobrarbe qui leur paraissait incompatible avec l'autorité possédée par Charlemagne et Louis le Débonnaire dans la Navarre. Moret, dans son histoire très complète de ce pays, fixe l'origine de ce royaume à l'an 758 et relate que les trois cents nobles fugitifs réunis dans les environs de Jacca, surpris d'avoir échappé en si grand nombre à l'invasion arabe, reprirent confiance et formèrent la ligue dont j'ai parlé un peu plus haut. Dans les environs abrupts et presque inaccessibles de Jacca se trouvent les forêts de l'Iratie et la gorge inexpugnable d'Ahuscoa, ancien lac que l'on pouvait comparer à celui des quatre cantons. La montagne s'étant séparée en deux près de Lombier, ce lac s'est desséché et la séparation a laissé une fente de quatre à cinq mètres de largeur par où s'écoule la rivière Iratie.

J'ai cru devoir parler des trois petits Etats des Pyrénées, bien que ceux du Levant et du Centre semblent être en dehors du cadre de ce récit, je l'ai fait parce qu'ils uniront souvent leurs efforts à ceux des Basques pour lutter contre les Arabes.

Les guerres civiles entre Infidèles continuaient à ensanglanter la Péninsule en même temps qu'elles favorisaient les efforts des Chrétiens. Deux chefs de tribus venaient de se la partager. Somaïl s'empara du Nord et fixa sa résidence à Saragosse. Se conformant à ce que font en général les officiers de fortune pour se ménager l'appui de leurs adhérents il laissa toute licence à ses soldats qui l'avaient acclamé. Les chrétiens soumis virent alors s'appesantir sur eux un joug intolérable. Un grand nombre d'entre eux alla grossir l'armée d'Alphonse et celle de Garcia Ximenez. Youssouf, élu émir en 746, mit fin au désordre; il siégeait à Cordoue. Un walid gouvernait chacune des cinq provinces. La cinquième située dans la Gaule, se composait de l'ancienne Septimanie comprenant Narbonne, Carcassonne, Béziers, Agde, Maguelonne et Nîmes. Les petits Etats chrétiens des Pyrénées étaient, on le voit, bien resserrés,

Un alcaïde commandait dans chaque place forte, les cadis remplissaient les fonctions de juges, les moschawares recueillaient les impôts. Les chrétiens soumis relevaient des magistrats de leur nation sous la direction de leurs comtes qui n'avaient perdu que le pouvoir politique.

Les discordes des Arabes favorisaient les efforts des chrétiens des Pyrénées. Alphonse de Biscaye se rendit maître d'Astorga. Garcia Ximenez, roi de Sobrarbe avançait peu à peu dans les rochers et les ravins, mais il n'osait pas encore assiéger les villes de quelqu'importance.

Vaïffre d'Aquitaine et les Vasco-Cantabres réunirent leurs guerriers pour envahir la Septimanie pendant que l'Emir Abd-al-Rhaman était retenu en Espagne. Ils s'emparèrent de Narbonne qu'ils pillèrent. Mais Youssouf ayant envoyé des troupes, ils se replièrent vers la Garonne sans autre avantage qu'un butin assez riche, il est vrai.

Quelques années après, Pepin fut plus heureux, il s'empara de toute la Septimanie. Le siége de Narbonne le retint toutefois six ans. Les garnisons arabes de Maguelonne, Nismes et Béziers s'y étaient retirées et formaient avec celle que la ville possédait déjà une force de résistance formidable. On croit même que le roi aurait été forcé d'abandonner le siége si les Visigoths qui demeuraient dans la ville ne s'étaient entendus avec lui, à la condition de garder leurs lois et leur liberté. Ils attaquèrent la troupe et ouvrirent les portes à Pepin.

Les populations du Roussillon et de Conflans reconnurent Pepin aux conditions obtenues par les Visigoths de Narbonne. Pepin s'empara d'Elne et de Caucolibéris. Traversant ensuite les Pyrénées, il envahit la Catalogne et contraignit Soliman, gouverneur de Gironne et de Narbonne, à faire la paix.

La Cerdagne restait encore aux Arabes.

Les Sobrarbais pleuraient la mort de Garcia Ximenez qui leur fut enlevé à l'âge de soixante et dix ans vers (758) après un règne de quarante-deux ans. Il laissait un fils nommé Garcia Inigo qui reçut sa couronne et son épée et fut acclamé par les seigneurs sobrarbais. Alphonse de Biscaye, héritier de Pélage, avait précédé Garcia Ximenez dans la tombe ; son fils Fruela lui succéda, il en était digne et avait hérité de son courage. Ses Etats comprenaient la Galice, les Asturies et une partie du Léon et de la Biscaye.

Les Vascons, on le voit, étaient dès lors séparés des Arabes par les valeureux chrétiens des deux royaumes des Pyrénées sur le versant espagnol, ils furent en conséquence forcés de diriger sur d'autres points, les excursions qui leur procuraient les vivres dont ils manquaient. Nous les verrons s'unir tantôt aux Novempopulaniens contre les Franks, tantôt aux Asturiens contre les Arabes. Cependant il leur arrivera d'inquiéter même aussi les chrétiens, et pour preuve Fruela dût marcher contre eux dès le début de son règne. Un traité de paix mit fin à la rupture, cette paix fut consolidée par le mariage de Fruela qui épousa Munca d'une illustre famille d'origine basque.

Vaïffre attaqué à l'improviste par Pepin consentit à lui rendre hommage, mais prépara secrètement sa revanche de cette soumission forcée, il réunit une armée composée en partie de nombreuses bandes basques, et parcourut en dévastateur les Etats de Pepin au nord de la Loire (762) Il rapporta un immense butin. L'année suivante Pepin se vengea en ravageant le centre des provinces de Vaïffre et rentra dans son royaume chargé de dépouilles. Ces invasions réciproques se renouvelèrent plusieurs fois. Il semble que l'exemple que donnaient les Mahométans en Espagne inspiraient les chrétiens devenus leurs voisins. Le pillage et l'incendie était toute la politique des deux Princes. Aussi est-ce dans le centre et le Nord de la France que se retrace l'histoire du peuple basque intrépide et rusé, léger, avide d'aventures et de dangers. Toujours, à la suite de Vaïffre, ils reviennent de ces expéditions chargés de butin et lorsque Pepin, à son tour, va ravager les Etats de Vaïffre les Basques résistent au roi frank dans les places fortes dont ils forment les garnisons. Pepin ayant pris Bourbon Larchambault, l'incendie et fait prisonniers les Basques qui la défendaient. Clermont résiste héroïquement mais finit par succomber et nos montagnards sont massacrés. Pepin se conduisit moins inhumainement à Bourges où les Basques après avoir, par leur valeur, prolongé le siége au-delà de ce qui paraissait possible, le vainqueur rendit hommage à leur bravoure en leur laissant la liberté, toutefois il retint leurs femmes. Pepin trouva encore les Basques à Thouars qu'il assiégea. Les montagnards avaient conservé la tactique de Sertorius et toujours il brillaient dans la guerre d'embuscades et d'escarmouches, dans les attaques partielles que les guerillas navarraises rappellent encore. Par contre ils n'aimaient pas les batailles rangées ; on les vit lâcher pied au milieu de l'action dans une grande rencontre près de la Dordogne entre Pepin et Vaïffre en entraînant ainsi la défaite de ce dernier.

La guerre entre ces deux princes n'était qu'une alternative de victoires et de désastres pour chacun de ces compétiteurs. Pepin se vengeait quelquefois. Remistan général aquitain, ayant été fait prisonnier près d'Angoulême, fut pendu des mains même des comtes franks. Le roi frank après avoir abattu son ennemi tourna sa fureur contre les Basques, mais il reconnut bien vite qu'ils étaient invincibles dans leurs montagnes. Il chercha dès lors, à les détacher de Vaïffre en leur rappelant que Loup II, leur duc, avait été assassiné sur l'ordre de Hunold, père de Vaïffre. A demi entraînés, ils eurent l'air de se soumettre ; mais en conservant à peu près toute leur indépendance. Privés de leur appui, les seigneurs aquitains se rendirent successivement. Vaïffre n'eut d'autre ressource que la fuite, mais il fut assassiné par Varaton, émissaire de son ennemi. Presque toute sa famille était déjà tombée au pouvoir de Pepin à l'exception de Loup, fils de Vaïffre, et de Hunold, son père, âgé de soixante et dix ans qui vivait retiré dans un monastère de l'île de Rhé.

Ainsi succomba l'Aquitaine. La Vasconie resta indépendante sous le gouvernement de ses ducs.

Pepin mourut le 12 septembre 768, laissant deux fils

Carloman et Charlemagne. Le premier eût en partage les provinces du Levant jusqu'aux Pyrénées, de la Garonne à la Méditerranée. Charlemagne eut le Couchant avec la Vasconie des montagnes entre la Garonne et l'Océan.

Le vieux moine Hunold à la nouvelle de la mort tragique de son fils Vaïffre quitta le cloître, reprit l'épée et vint se mettre à la tête des nombreux mécontents aquitains. La Vasconie, plaine et montagne, fut entrainée d'autant plus facilement qu'elle avait pour duc Loup, fils de Halton, neveu de Hunold.

Charlemagne courut attaquer les révoltés dont l'armée était réunie dans les montagnes entre la Dordogne et la Garonne. Les Franks avaient appris à connaitre ce pays accidenté. Les Vascons et les Aquitains furent délogés de leurs positions et Hunold se réfugia auprès de son neveu Loup, mais celui-ci ne voulut pas s'exposer à une invasion pour la cause d'un oncle assassin de son père, il livra Hunold et sa femme, qui, elle aussi, avait abandonné le cloître pour partager les périls de son époux. Au moyen de cette faiblesse, Loup resta indépendant. Hunold parvint à s'échapper et alla se joindre aux Lombards qui faisaient la guerre au roi frank. Loup II, fils de Vaïffre, avait l'ambition et l'audace de son père, l'Aquitaine l'acclama. Charlemagne était à peine rentré dans ses Etats que le jeune duc souleva toute la Gaule Méridionale. Il attaqua d'abord son cousin Loup duc des Vascons, et il amena facilement les montagnards à son parti, contre leur chef qui avait livré Hunold et qui, de plus avait laissé accabler Vaïffre sans lui prêter aucun secours. La faiblesse dont il avait fait preuve devant le roi frank achevait de le déconsidérer dans l'esprit des Basques. Le duc des Vascons fut donc abandonné et Loup d'Aquitaine le remplaça.

Charlemagne résolut toutefois d'aller attaquer ce compétiteur chez les Basques même, dans ces montagnes où les ducs d'Aquitaine trouvaient à toute occasion de vaillants et audacieux guerriers toujours disposés aux combats. Appelé en Espagne par l'arabe Soliman, walid du bassin de l'Ebre, révolté contre l'émir de Cordoue, il réunit une armée très nombreuse et la dirigea sur l'Espagne, moitié par les Pyrénées orientales, moitié par la Vasconie. Cette seconde partie de l'armée était composée de Franks, de Bourguignons et de Bavarois sous les ordres des fameux chevaliers de la Table-Ronde, commandés par Charlemagne en personne (778). Loup aurait eu tout à redouter s'il se fut opposé au passage de cette armée, l'Aquitaine et toute la plaine eussent été ravagées, il pouvait même en être dépossédé. Prudemment il fit quelques avances au roi et lui proposa de lui ouvrir les gorges qui conduisent à Pampelune. Charlemagne pressé d'atteindre l'Espagne, et considérant la résistance meurtrière que pourraient lui opposer les Basques dans ces dangereux défilés, accepta les conditions de Loup.

L'armée franke passa donc, bien que péniblement et lentement, les gorges étroites de Baygorry et d'Ibaneta, et parvint ainsi à Pampelune par la vallée de Roncevaux.

Un cri de vengeance du massacre de Poitiers avait

retenti dans toute l'Espagne, une multitude innombrable d'Arabes attirés par l'espoir de prendre une revanche éclatante, vint opposer un obstacle insurmontable à l'exécution du plan arrêté et des propositions de Soliman. Charlemagne, pressé, repoussé, battu peut-être, dut retourner sur ses pas. Peut-être soupçonna-t-il alors que les propositions qui lui avaient été faites cachaient un piége dont il devait éviter les suites, mais comme il avait divulgué son projet de réunir les Pyrénées y compris la vallée de l'Ebre à ses Etats des Gaules, il ne trouva tout autour de lui que des ennemis résolus.

Pampelune éprouva les premiers effets de sa colère. Les murailles furent démantelées. Un pacte d'alliance avait été conclu entre les Basques, le roi des Asturies, celui de Sobrarbe, Murillo, seigneur d'Aragon, et la Vasconie novempopulanienne, tous avaient juré de ne subir jamais le joug des Germains. Les confédérés laissèrent Charlemagne et son armée atteindre les gorges de Roncevaux. Là se trouvait Loup II qu'exaltait le désir de laver, dans le sang des Franks, l'humiliation du serment qu'il avait prêté ; il dirigeait l'embuscade et laissa à dessein passer l'avant-garde de Charlemagne.

Je laisse parler Eginhard :

« Tandis que l'armée des Franks, engagée dans un
« étroit défilé, était obligée, par la nature du terrain,
« de marcher sur une ligne longue et resserrée, les
« Gascons qui s'étaient embusqués sur la crête de la
« montagne, (car l'épaisseur des forêts, dont ces lieux
« sont couverts, favorise les embuscades), descendent

« et se précipitent tout à coup sur la queue des bagages
« et sur les troupes d'arrière-garde, chargées de couvrir
« tout ce qui précédait; ils les culbutent au fond de la
« vallée. Ce fut là que s'engagea un combat opiniâtre
« dans lequel tous les Franks périrent jusqu'au dernier.
« Les Gascons après avoir pillé ces bagages, profitèrent
« de la nuit qui était survenue, pour se disperser rapi-
« dement. Ils durent en cette rencontre, tout leur succès
« à la disposition des lieux où se passa l'action qui
« restera célèbre; les Franks, au contraire, pesamment
« armés et placés dans une situation défavorable, lut-
« tèrent avec trop de désavantage. Eginhard, maître
« d'hôtel du roi, Anselme, comte du palais, et Roland,
« préfet des marches de Bretagne, périrent dans ce
« combat. Il ne fut pas possible dans le moment de
« tirer vengeance de cet échec; car après ce coup de
« main, l'ennemi se dispersa si bien qu'on ne put re-
« cueillir aucun renseignement sur les lieux où il aurait
« fallu le chercher. »

D'autres auteurs ajoutent des détails. Il est avéré que les masses de rochers et de troncs d'arbres que les Basques précipitaient des hauteurs avaient jeté un désordre épouvantable parmi les Franks entraînés en grand nombre dans la rivière rapide, puis les montagnards se précipitant en jetant leur étrange et terrible cri de l'*irrinzina,* armés du bident, du javelot et de la hache achevèrent la défaite de l'ennemi ; toutefois la défense avait été rude et opiniâtre. Roland et quelques autres chevaliers étaient là, mais comment résister à l'attaque des montagnards à qui la disposition des lieux était si favorable et décuplait la violence et les forces. Les Basques victorieux au milieu de cet affreux carnage, de cette épouvantable confusion de chariots renversés entonnèrent avec plus d'enthousiasme que jamais leur chant de triomphe.

Aujourd'hui encore, les pâtres de Roncevaux montrent fièrement le tombeau des douze pairs de France, bien que ces preux n'y dorment pas tous du dernier sommeil; la tradition a amplifié, l'orgueil du vainqueur aidant.

Le mont Altabiscar domine le célèbre vallon, les forêts encadrent le vaste pâturage au bas du mont. Le monastère de Roncevaux silencieux comme tout ce qui l'entoure laisse voir, au centre de la prairie, une croix gothique en pierre, mais tout à coup parfois, un chant d'un grand effet interrompt le silence; c'est un pâtre qui chante en gardant son troupeau, il chante ce que chantaient ses pères : l'*Altabizar cantua*, le chant de la victoire célèbre.

Les grottes de Bédaillac renferment au milieu des stalactites la chaire d'où le prêtre prononça l'oraison funèbre du valeureux Roland ; le monastère de Roncevaux possède la masse d'armes, le gantelet et la barre de fer qu'il lançait aux rangs serrés des ennemis. Du haut de St. Bertrand de Comminges il jeta son épée sur les rochers qui dominent le château de Barbazan, mais la voix s'éteindrait à dire ce qu'il a fait et tout ce qu'on lui prête. On montre au voyageur le pré et la brèche de Roland. L'antre de l'enchanteur Merlin s'ouvrait dans la Barousse ; Pinabel précipita Bradamante dans la grotte de cette vallée. On montre encore au monastère de Roncevaux les pantoufles rouges et les guêtres de soie cramoisies que l'Évêque Turpin laissa à Roncevaux, mais l'on n'est pas forcé de croire à ces reliques, il est même permis de ne les vénérer pas.

Les fiers Espagnols dans leurs innombrables romances ont été bien plus loin que nous pour notre preux Roland en vantant les exploits de leur Bernard del Carpio qui combattit à Roncevaux.

Selon Eginhard, Charlemagne « l'empereur à la barbe florie » ne voulut ou ne put pas se venger de ce désastre. Il laissa les fils de Loup, Adalric et Loup Sanche succéder à leur père, et tout en respectant leur indépendance il chercha seulement à faire obtenir la plus grande partie de la Vasconie au second moins audacieux que le fier et indomptable Adalric.

A la suite de ce remarquable événement il y eut dans les plaines de l'Ebre une émigration considérable d'Arabes et de Visigoths compromis dans la révolte de Soliman, presque tous se réfugièrent dans les Pyrénées. Quelques-uns pénétrèrent jusques dans l'Aquitaine. Il est probable que le séjour d'un chef nommé Mira, dans le fort Mirambel, aujourd'hui Lourdes remonte à cette époque. Charlemagne le fit assiéger. Forcé de capituler, Mira reçut le baptême lui et ses chevaliers; avec le baptême on lui donna le nom de *Lordes*, origine du nom de Lourdes que portent aujourd'hui la ville et le château.

Les Arabes tentèrent souvent d'attaquer les Basques dans leurs montagnes, les Berbers qui s'y étaient réfugiés les inquiétaient, et fournirent souvent l'occasion de ces attaques. Mais les difficultés du pays et la valeur des Basques firent toujours échouer ces expéditions. Cependant Abd-al-Rhaman parvint à s'emparer de Saragosse et de Pampelune.

Charlemagne ne crut pas devoir fermer plus longtemps les yeux sur la part qu'Adalric avait prise au désastre de Roncevaux, il le fit citer devant le Plaid d'Aquitaine qui le renvoya absous et le félicita de sa conduite. Charlemagne réunit alors une diète à Worms et cita Adalric à y comparaître. Il fut condamné à l'exil et Loup fut mis en possession de ses Etats. Mais l'exilé parvint à rentrer dans les montagnes où il fut accueilli avec enthousiasme.

En Espagne Al-Hicham avait succédé à son père Abd-Al-Rhaman, il attaqua en même temps la Septimanie et les Asturies. Son armée parcourut la province gauloise sans trouver de résistance et revint à Cordoue avec un butin considérable. Dans les Asturies le roi Bermudo ne put empêcher les infidèles de ravager les vallées d'Astorga et de Luke ; il perdit même une grande bataille. Hicham publia la guerre sainte (792) ; son armée jeta l'épouvante et le ravage dans la Vasconie septentrionale jusqu'à la Bidassoa.

Garcia Asnar le Fortuné venait de succéder à Garcia Inigo, roi de Sobrarbe ; il soutenait vigoureusement les Vascons et les Asturiens. Il attendit dans une embuscade les Arabes qui revenaient victorieux de leur expédition dans les Asturies et renouvela à leurs dépens la déroute de Roncevaux.

Les Arabes firent alors la paix avec Alphonse et coururent se venger dans les Pyrénées orientales où ils reprirent Gironne et poussèrent jusqu'à Narbonne dont ils massacrèrent la population. Ils se retirèrent chargés d'un butin énorme qui leur servit, dit-on, à construire la célèbre mosquée de Cordoue aux 300 colonnes romaines dont les matériaux provenant des murailles démantelées de Narbonne, furent transportés disent les auteurs arabes, par les habitants de cette ville échappés au massacre.

Les Arabes se disposaient à traiter de même Carcassonne, mais le duc Guillaume les arrêta près de la rivière d'Orbieu. La bataille fut sanglante ; la terre était couverte des morts des deux partis. Les Arabes étaient sur le point de remporter la victoire lorsque Guillaume ayant provoqué le général en chef ennemi le tua de sa main. Ces duels entre chefs étaient fréquents à cette époque de combats. Les Arabes consternés de la mort de leur chef battirent en retraite, retournèrent en Espagne, et perdirent bientôt leurs conquêtes. Narbonne fut reprise, Gironne retomba au pouvoir des chrétiens, l'armée arabe qui venait au secours de cette ville fut dispersée.

Les walid de Huesca, Llerida, Pampelune reconnurent le roi d'Aquitaine pour suzerain, celui de Barcelonne alla en personne faire acte de soumission et de suzeraineté auprès de Charlemagne.

Bientôt après Soliman envoyé par Al-Hakem vint rendre le courage à tous ces walid qui s'empressèrent de rompre avec le roi frank. Al-Hakem reprit ensuite

Gironne et porta le ravage dans la Septimanie jusqu'à Narbonne. Partout les Chrétiens furent massacrés, les villages et les moissons incendiés.

Ces désastres furent l'occasion d'une ligue entre les rois et les ducs des deux versants des Pyrénées. Bahloul chef arabe de la Cerdagne, fidèle au serment qu'il avait prêté à Charlemagne, entra dans cette confédération et promit de livrer ses places. Une armée considérable marcha sur Barcelonne qui résista sept mois avant de capituler. Les habitants arabes passèrent en Andalousie, il ne resta que les chrétiens qui ouvrirent les portes de la ville. Le visigoth Bera en eut le gouvernement. Il fonda le comté Catalan sous la suzeraineté du roi d'Aquitaine.

Les Almogavars d'Andorre se distinguèrent par leur valeur, dans cette campagne ; pour les récompenser, Louis en passant à Urgel confirma tous les privilèges dont cette contrée n'a cessé de jouir.

Toute la plaine de l'Ebre restait aux Chrétiens. Asnar le Fortuné, roi de Sobrarbe, gagna la bataille d'Aloaste pendant laquelle périt Abd-al-Rhaman, et celle d'Ocharem qui valut aux montagnards de Roncal le titre perpétuel d'Hidalgos. Les Arabes furent chassés des vallées de Ribagorza et de Jacca. Asnar le Fortuné fortifia la ville de Pampelune, qu'il prit pour capitale et siège de son royaume agrandi, dont le nom basque de Navarre remplaça alors celui de Sobrarbe. Les montagnards des Pyrénées occidentales et centrales ne devaient leurs succès qu'à leur seul courage.

Le Christianisme n'avait pas succombé au milieu de

tant de désastres, à peine les succès des chrétiens contre les Arabes furent-ils obtenus qu'on le vit relever les églises détruites, rétablir les évêchés et en ériger de nouveaux. Les religieux Bénédictins accoururent choisissant pour s'établir les plus épaisses forêts, et se livrant avec ardeur à leur œuvre admirable de défrichement et de civilisation.

Les prières ardentes de tous ces religieux et de tant d'âmes ferventes avaient contribué largement aux succès des armes des chrétiens. Le ciel souffre la violence de la prière.

Les hommes les plus distingués, les plus instruits fuyaient le monde bouleversé par des guerres continuelles, ils se retiraient dans les ruines des monastères ou des églises, obtenaient des concessions territoriales, fondaient de nouveaux monastères, recherchaient et conservaient les chef-d'œuvres littéraires, les chroniques échappées aux ravages des barbares, assainissaient les régions marécageuses, fertilisaient les terrains incultes, ils sauvèrent la société, qui retombait dans la plus affreuse barbarie. Gloire à eux, honnis soient leurs impies détracteurs et persécuteurs.

CHAPITRE IX

SOMMAIRE :

Le système féodal apparait. — Biens communaux. — Donations de terres en toute propriété. — La féodalité se constitue. — Auréole, duc de Vasconie. — Louis le Débonnaire échappe à une embuscade à Roncevaux. — Une armée Aquitaine massacrée à Roncevaux. — Inigo le Hardi, roi de Navarre. — Les Vascons lui imposent un fuero.

Adalric continuait à gouverner les Basques, valeureux et fier il en était aimé. Loup Sanche avait plus de peine à maintenir ses sujets. Le comté de Fezensac s'était révolté contre le vicomte qu'il lui avait donné, il ne voulut pas même aller combattre l'insurrection. La plus grande confusion régnait partout ; le système féodal apparaissait.

Les vallées pyrénéennes, couvertes encore de nos jours de pâturages et de forêts, attestent l'état communal et pastoral du sol et de la population. Avant Charlemagne les habitants des deux versants jouissaient d'une entière liberté individuelle et en commun du sol entier. Les chefs qu'ils élisaient vivaient comme eux et au milieu d'eux de la même vie, sans autre pouvoir que celui qui leur était concédé par leurs concitoyens. Tout le midi de ces montagnes était divisé en petits cantons indépendants, chaque canton était gouverné par un notable élu qui ne devint que peu à peu seigneur héréditaire.

Avant les Romains, dit M. Dareste, dans les Gaules chaque portion du territoire appartenait à une tribu, à un clan, à une communauté, à une famille, mais les pâturages, les eaux, les bois restaient indivis ; une certaine étendue des champs faisait seule l'objet d'une répartition entre les familles.

Les biens indivis formaient donc les biens communaux. Mais à la fin de la première race, les Gaulois commencèrent à faire des donations en toute propriété imitant ainsi les concessions militaires des Romains.

Avec les vastes terrains incultes les rois récompensaient les leudes et les guerriers. Ceux qui ne recevaient pas de terres vivaient sur celles des rois ou des chefs et le plus souvent dans l'intérieur de leurs demeures. Clovis par exemple, pour récompenser l'église de Reims, lui donna toute la terre que saint Rémi pourrait parcourir à cheval pendant qu'il prendrait lui-même son sommeil de midi. Ces générosités n'étaient prises évidemment que sur des terrains communs.

Au milieu de l'indépendance absolue, le système féodal introduisit petit à petit une certaine solidarité et cohésion par l'adoption ou l'échange volontaire de droits et de devoirs mutuels.

Ces droits, beaucoup plus élastiques et incertains que notre jurisprudence, laissaient toute latitude aux intéressés de s'imposer les charges et les obligations que bon leur semblait sous la légère exigence d'un bien petit nombre de principes généraux,

La féodalité mal appréciée de nos jours, n'était que le résultat d'engagements contractés librement par les parties. Ne sachant ni lire ni écrire, les contractants seigneurs et vassaux consacraient ces engagements par la foi jurée sur l'Evangile, le Christ, le saint patron du lieu; cette garantie suffisait. La religion chrétienne était vivace, la foi (la fé) était sacrée. De ce mot fé découle le droit féodal tout entier. Le féal, les féaux, le féodal, les féodaux, les fiefs.

La féodalité était donc le principe le plus sacré, le plus respectable, le plus civilisateur; il reposait sur la parole donnée qui, de nos jours encore où tout s'altère, fait que le soldat meurt pour son drapeau, le négociant pour sa signature, le citoyen pour son serment, le joueur lui-même pour sa dette.

Au milieu des invasions, les chefs pour protéger les habitants, pour résister et se faire respecter construisirent des châteaux sur les hauteurs presque inaccessibles. Puis ils cherchèrent à éviter les chances d'une réélection et les populations dans la crainte des invasions laissèrent établir une continuité de pouvoir dont elles voyaient les avantages sans en prévoir les inconvénients. Les bases du régime féodal ainsi posées suivront leur cours progressif, jusques dans le treizième siècle.

Les comtés de Comminges, de Bigorre et de Vasconie, formaient le centre du pays basque qui s'étendait du Béarn à l'Océan; quoiqu'électifs, ces comtés se transmettaient souvent de père en fils. Les Vicomtes également révocables venaient ensuite, les villes dépourvues de vicomtes étaient sous la juridiction des viguiers.

Adalguier gouvernait la Vasconie au temps de Charlemagne, il résidait à Jacca. Il fut remplacé par Auréole qui, au moyen d'une guerre de guerrillas contre les Arabes, finit par se rendre maître d'une principauté où les châtelets ou castellars étaient en grand nombre. Les garnisons de ces petites forteresses défendaient la frontière.

Adalric ayant fomenté une insurrection dans la région de Dax, força le roi d'Aquitaine à marcher contre lui. Tout fut mis à feu et à sang, les insurgés durent se soumettre. Louis le Débonnaire franchit alors les Pyrénées par le col de Roncevaux. Malgré ses précautions et son peu de bagages il faillit périr avec son armée, comme il était arrivé à l'armée de Charlemagne, mais un provocateur téméraire trop pressé, découvrit le piège et les Aquitains parvinrent à s'emparer des femmes et des enfants qui leur servirent d'ôtages. Retenus par ce moyen les Basques ne secondèrent pas Adalric dans son attaque, il périt dans la mêlée avec son fils Centule.

Trop jeune, Skimin autre fils d'Adalric ne pouvait encore lui succéder. Les Vascons reconnurent alors Louis le Débonnaire, mais ce roi d'Aquitaine se contenta de donner investiture à Skimin et à Loup III fils mineur de Centule.

L'histoire a toujours présenté Charles Martel et Eudon comme les sauveurs de la chrétienté. Il me semble que les courageuses et intrépides populations des Pyrénées ont coopéré plus encore à ce résultat. Après leurs grandes défaites de Toulouse et de Poitiers, les Arabes n'auraient pas manqué de franchir de nouveau les montagnes et d'écraser les Gaules s'ils n'avaient été forcés de diviser leurs forces et de lutter contre les hardis montagnards qui ne cessaient de les harceler au point de les amener à compter avec eux. Dès lors les Chrétiens prennent l'offensive, les Arabes sont réduits à se défendre.

Louis le Débonnaire avait succédé à Charlemagne son père (814), à peine sur le trône il eut à réduire Skimin fils d'Adalric qu'il fit enlever en lui dressant une embûche, on croit même qu'il le fit mourir (815). Les Vascons furieux proclamèrent duc Garcimire, et soulevèrent même les cantons de la Basse Vascogne (816). Pendant trois ans ce fut une suite continuelle de combats, d'embuscades, de victoires et de défaites alternatives.

Garcimire fut tué dans une grande bataille gagnée par les Aquitains, ses enfants passèrent en Navarre et se mirent à la tête de quelques bandes de montagnards. Voulant absolument anéantir la race d'Adalric, Louis attaqua de nouveau les Vascons, fit Centule prisonnier et le condamna à un exil perpétuel. L'exilé se réfugia près d'Alphonse le Chaste dans les Asturies, où il eut un commandement.

Totillus, gallo-romain, fut nommé duc de la haute et de la basse Vasconie, mais les montagnards ne l'acceptèrent pas, ils se donnèrent des chefs, probablement les deux fils de Centule : Loup Donat, comte de Bigorre, et Centule Loup, vicomte de Béarn.

Les Aquitains et Asnar le Fortuné, roi de Navarre, réunirent une armée destinée à opérer contre les vallées de l'Ebre. Elle atteignit Pampelune ; mais, au retour, des tribus vasconnes réunies aux Arabes les attendaient au col de Roncevaux et l'armée aquitaine fut surprise et massacrée. Ebbes, général aquitain, fut remis au roi de Cordoue ; Asnar recouvra la liberté sur sa promesse de combattre les Franks. Ce fut sa dernière entreprise, il mourut en 836.

Donat Loup mourut en 826. Inigo le Hardi (Arriskat) lui succéda. Sa renommée bien méritée et la nécessité de repousser les Arabes firent que d'un commun accord les Navarrais lui offrirent la couronne (829). Inigo fut sacré dans le monastère de St-Victorien de Sobrarbe, il fonda la maison de Navarre qui donna des rois à tous les États chrétiens d'Espagne.

Mais les Vascons étaient trop indépendants pour abandonner leurs priviléges, ils lièrent le roi par un fuero et le soumirent lui et ses successeurs :

1° A jurer le respect et le maintien de leurs droits ;

2° A ne prendre aucune décision sans leur assentiment ;

3° A ne faire ni la guerre, ni la paix, ni tout autre acte important sans l'avis des douze Ricos hombres.

Et le roi jura sur la croix.

La magistrature suprême du Justicia fut instituée. Inigo le Hardi en recevant la couronne reconnut l'autorité de ce juge, arbitre entre la nation et lui.

La noblesse avait droit de s'insurger contre le roi qui enfreindrait les lois, jusqu'à la décision du Justicia.

Ce fonctionnaire suprême était pris dans la moyenne noblesse, il était assisté de cinq assesseurs. Le Justicia recevait le serment des rois à leur avénement au trône ;

assis sur un siège élevé et la tête couverte, il faisait approcher le monarque qui, la tête découverte, à genoux, la main étendue sur le crucifix et sur l'Evangile jurait de maintenir les libertés publiques. Après quoi, le Justicia lui disait solennellement « Nous qui valons « autant que vous, nous vous faisons notre roi, afin « que vous gardiez nos Fueros et nos libertés, sinon, « non !

Inigo le Hardi devenu roi de Sobrarbo-Navarre céda le Bigorre à son frère Datan Donat, sous réserve de l'hommage pour lui et ses successeurs.

Inigo fit la guerre à Charles le Chauve et aux Arabes et défendit l'indépendance Basque contre ces deux ennemis.

CHAPITRE X

SOMMAIRE :

Invasion des Normands.— Charles le Chauve fait un traité de paix avec Sancho Sanchez, duc de Gascogne.— Mouza, walid de Saragosse. — Sancho Garcia s'empare de Pampelune.— Les Basques du Roncal anoblis.— Nouvelles conquêtes de Sancho.—Il cède le trône à son fils Garcia III et se retire dans un monastère.— Il apprend la défaite d'Ordoño par les Arabes et reprend les armes.— Il est tué en duel.

Les Normands, ces sauvages adorateurs d'Odin, sortis de la Norwège et du Danemark d'où la faim les chassait, vinrent fondre sur le midi de l'Europe et l'épouvanter en dépassant les ravages et la cruauté des Vandales et des Suèves, des Huns et des Visigoths, des Bourguignons et des Franks. Ces barbares couverts de peaux d'ours blancs, de rennes et de phoques portaient de longs poignards emmanchés d'arêtes de poisson, d'énormes lances, des haches et des épées en forme d'estoc. Ils avaient ravagé l'embouchure du Rhin, de l'Escaut, de la Somme et de la Seine. En 844, une de leurs flottes pénétra dans la Gironde et attaqua Bordeaux, Totillus les arrêta. Une partie de leur armée trouvant ce siége trop long se répandit dans la haute Gascogne, Eauze, Bazas, Lectoure, Aire, les contrées voisines, les monastères, les églises furent pillés et détruits de fond en comble; les vieillards et les prêtres furent égorgés; les hommes, les jeunes femmes et les enfants réduits en captivité.

Les défenseurs de Dax se portèrent au-devant de ces terribles ennemis, mais trop inférieurs en nombre, ils furent taillés en pièces. Dax fut emportée et ce qui y restait d'habitants fut égorgé ou attaché à des cordes et emmené en esclavage.

Sapurdum eut le même sort et ne fut reconstruite que longtemps après sous le nom de Bayonne. Benearnum fut rasée, ainsi que la colline sur laquelle cette ville était située.

Les Normands continuèrent le long des Pyrénées la destruction et les massacres. Tarbes essaya de se défendre, les béliers abattirent les murailles, les habitants furent massacrés, à part un petit nombre qui parvint à s'échapper.

Toutes les populations qui avaient le temps de fuir se réfugiaient dans les Pyrénées. Réunis aux montagnards ces pauvres gens contemplaient des hauteurs les longues traînées de feu qui marquaient le passage des barbares. Se rappelant enfin le courageux Missolin entraînant leurs ancêtres et anéantissant les envahisseurs, leur valeur se ranima, ils s'armèrent et coururent attaquer les Normands en entonnant le chant de guerre de Missolin dont ils portaient la statue équestre en tête de leur colonne. Ils atteignirent près de Vic l'ennemi exalté de la prise de Tarbes et chargé d'un riche butin, ils se ruèrent sur lui et en firent un horrible carnage.

D'autres détachements parcouraient la basse Vascogne. Totillus rassemble les habitants dispersés dans les bois, encouragés par l'exemple des Bigorrais; cette armée se jette sur les pirates qui déjà chargeaient leur butin dans leurs barques amarrées sur la Garonne et les anéantit.

Plusieurs autres invasions des Normands auront lieu, mais elles ne dépasseront pas Toulouse.

Les Basques, les Vascons et les Navarrais étaient en révolte contre Charles le Chauve. Toute la contrée de Pampelune et la vallée de Soule étaient sous les armes pour garder les défilés (850). Le roi de Navarre, comte de Bigorre, Inigo II dirigea cette guerre de l'Indépendance avec l'appui de Sancho Sanchez fils de Loup Sanche, neveu d'Adalric.

Charles le Chauve partit à la tête de son armée pour réduire cette insurrection; mais, sur les lieux, il comprit l'impossibilité de l'entreprise et se retira, après avoir conclu une espèce de traité de paix avec Sancho Sanchez, duc de Gascogne.

Les maux causés à la France par les ravages des Normands favorisèrent l'indépendance des races pyrénéennes. La féodalité devenait homogène et se fortifiait à l'Est des Pyrénées; au nord et au sud elle ne cessait de combattre les Franks et les Arabes et d'augmenter peu à peu ses conquêtes. En 852, Mohamet tenta une attaque générale des montagnes, mais l'armée qui entra dans les Asturies commandée par Mouza, walid de Saragosse, fut complètement battue.

Mouza ayant été destitué souleva les populations chrétiennes de Huesca, Saragosse, Tudela et se rendit maître de ces trois places. Attaqué par Orduño, roi des Asturies, il fut battu mais resta maître de Saragosse.

Du côté de la France, les Seigneurs profitèrent de la faiblesse des souverains et se déclarèrent comme partout indépendants ; en 870, tout lien de vasselage cessa brusquement dans la partie pyrénéenne de la Gascogne.

Les Vascons de la plaine demandèrent un duc, aux Espagnols ; ceux-ci leur envoyèrent Sanche Mittarra petit-fils de Loup Centule qui, battu par Louis le Débonnaire, s'était retiré dans les Asturies. Sanche devait son surnom de Mittarra (terreur, fléau) à sa valeur bien prouvée contre les Arabes.

L'hérédité se propageait dans les familles seigneuriales et la propriété des fiefs devenait partout un droit que Charles le Chauve légalisa, en France, par une charte célèbre.

L'élément religieux, la sainteté et le zèle des Pontifes et du clergé en général ainsi que le dévouement des personnages éminents par leur science et leurs vertus qui fondaient des monastères et s'y enfermaient, contribuèrent plus encore à la bonne organisation de la société renaissante.

L'apôtre saint Jacques Zébédée était venu prêcher l'Evangile en Espagne où il avait eu de grands succès surtout à Saragosse. Retourné en Judée, il y était mort ; sept de ses disciples étaient venu ensevelir ses cendres près d'Iria Flavia dans la Galice. On ignora longtemps l'existence de ce tombeau. Il fut découvert par l'évêque d'Iria Flavia, Théodomir, dans une petite chapelle presque souterraine et cachée par des ronces et des plantes grimpantes.

La nouvelle de cette découverte précieuse se répandit rapidement, le roi Alphonse fit bâtir une église sur le tombeau; le siége d'Iria Flavia y fut transporté. Peu à peu la ville *d'el Padron* (le Patron), ou St-Jacques de Compostelle, s'éleva autour de cette église et devint un lieu de pèlerinage célèbre.

Les Galiciens venaient en foule jurer sur ce tombeau de mourir en combattant les Arabes et ils tenaient parole tout en donnant la mort à un grand nombre d'infidèles.

Les différentes manières d'écrire les noms des premiers rois de Navarre et le silence de l'histoire sur ces temps reculés jettent une grande confusion même dans la chronologie. Garcia, Semeno ou Emeno (Ximenez); Eneco (Inigo) sont des noms gascons et aquitains. Eginhard écrit *Garmand* pour Garcia. Garcimir est le même nom que Garcia augmenté de la terminaison gothique *Mir ;* dans le Bigorre *Garsi* ou *Garsion* remplaçait Garcia.

Inigo Arriscat (le Hardi) roi de Navarre avait eu, de Ximène Ximenez Inigo qui, de sa femme Nuña, eut deux fils: Inigo Ximenez (ou Eneco Semenonis) et Garcia Ximenez. Inigo succéda à son père, il épousa Anech qui lui donna Garcia Inigo son successeur (850).

L'Aragon avait été détaché du royaume de Sobrarbe-Navarre pour faire l'apanage d'Asnar. Garcia Inigo voulut réunir cette province à ses Etats; il y parvint en épousant Uraque fille d'Asnar, et ses successeurs maintinrent cette réunion par de nouvelles alliances jusqu'au moment où l'Aragon se détacha encore pour prendre le titre de Royaume.

Ces mariages en maintenant les liens de parenté procuraient aussi les moyens de combattre les Maures avec plus de vigueur et de succès.

Sancho Garcia aidé d'Asnar comte d'Aragon son beau-père, remporta sur les Maures la bataille d'Olcaña dans laquelle Asnar perdit la vie. L'année suivante une victoire plus importante lui livra Pampelune. Les Basques du Val Roncal prirent une si glorieuse part à cette guerre que Sancho Garcia leur accorda des titres de noblesse. Ce roi mourut à Graos. Garcia Sancho II lui succéda (1095).

Le Maure Hachim, en révolte contre le calife de Cordoue, vint mettre le siége devant Pampelune. Le roi de Navarre était allé au secours du duc de Gascogne contre une nouvelle invasion des Normands. Les neiges et les glaces mettaient obstacle à son retour. Pampelune résistait encore contre toute attente, Sancho fit alors entourer les jambes de ses soldats d'*abarcas* (guêtres de peau) et bravant les neiges et les glaces vint se précipiter sur les Maures qu'il mit en déroute et força à lever le siége (907).

L'année suivante, ligué avec Centule II vicomte de Béarn, il envahit l'Alava prit des châteaux auprès de Saragosse et s'empara aussi de Cantabria et de Milagro.

Sancho profitant des guerres intestines des Arabes, qui les affaiblissaient, passa l'Ebre (913) et s'empara de Logroño, de Calahorra, Tudela, Agreda et Tarragone. Mais Almudaffar, vainqueur des fils d'Hachim, reprit plusieurs de ces places. Ordoño roi de Léon fit invasion sur les terres arabes du Tage et tint en échec Almudaffar; Sancho en profita et occupa définitivement tout le pays entre l'Ebre, l'Aragon et le Callego, boulevard important pour la défense de ses frontières.

Sancho Abarca céda le trône à son fils Garcia III et se retira dans le cloitre de Legra.

Ordoño perdit une bataille contre Abd-al-Rhaman, non loin du Douro. Une armée considérable d'Infidèles marcha contre la Navarre et s'empara de plusieurs villes importantes. En apprenant ces défaites le moine Abarca quitta l'habit religieux et sa retraite de Legra, reprit les armes et rejoignit son fils. Toutes les populations des Pyrénées furent appelées à la guerre sainte. Ordoño amena ses troupes. Les armées Chrétiennes réunies rencontrèrent les Arabes à la Junquera près de Salinos de Oro; le choc fut terrible et sanglant, la victoire longtemps disputée resta aux Arabes. Ordoño se retira dans ses Etats; Sancho et Garcia sous les murs de Pampelune et dans la ville de Mues dont Abd-al-Rhaman s'empara et massacra tous les défenseurs (929). Il n'osa pas cependant attaquer Pampelune.

De nombreux détachements arabes franchirent les Pyrénées vers Jacca et descendirent dans le Béarn dont les habitants surpris n'osèrent résister et s'enfuirent dans les hautes montagnes emportant leurs richesses et leurs récoltes. L'hiver approchait, les envahisseurs reprirent le chemin de l'Espagne, mais les Navarrais les attendaient dans les défilés de Roncal et de l'Aragon où ils les assaillirent et les mirent en pièces. Garcia reprit tout ce que les Arabes lui avaient enlevé et même plusieurs places de la Rioja. Nagera résistait, mais Ordoño vint à son secours et la ville fut prise d'assaut.

Ordoño épousa Dona Sancha, sœur de Garcia. Le roi de Navarre fit construire plusieurs forteresses et fonda Hizurum (St-Sébastien) en lui donnant les fueros dont cette ville n'a cessé de jouir.

Abd-al-Rhaman revint attaquer Pampelune, s'en empara, la détruisit en partie, démolit la cathédrale et une autre église que Sancho aimait de prédilection ; cette malheureuse ville était souvent prise et reprise.

Après une glorieuse carrière, Sancho Abarca fut tué en duel par le comte de Castille. Garcia III, son successeur, était surnommé le Trembleur parce que, au moment de revêtir ses armes, il était sous l'empire d'un ébranlement nerveux qui ne l'empêchait pas de faire bientôt après des prodiges de valeur dans la mêlée.

Voulant se venger du meurtrier de son père, il prit le prétexte d'entretenir le comte de Castille sur le mariage de sa sœur, et lui donna rendez-vous, mais le comte découvrit le piége et prit la fuite. Garcia fit ravager les frontières de son comté, mais il tomba dans une embuscade et resta plus d'un an prisonnier en Castille. En recouvrant sa liberté, loin de pouvoir donner suite à cette querelle, il dut se joindre aussitôt à Ramiro, roi de Léon, pour arrêter une invasion arabe (934).

Abd-al-Rhaman par cette nouvelle attaque avait pour but de lutter contre la ligue formidable des Beni-Hachims révoltés et ligués avec les rois de Léon, d'Aragon et de Navarre. Les Chrétiens malgré leur infériorité numérique furent vainqueurs dans une sanglante bataille. Garcia dut rentrer aussitôt en Navarre d'où il était absent depuis plus d'un an. Ramiro renforcé par de nouvelles troupes de Léon marcha sur Saragosse dont le gouverneur Abajahia se soumit et devint son tributaire et son vassal.

Abd-al-Rhaman voulait se venger de ses défaites, il s'empara de Calatayud, qui appartenait aux Beni-Hachim révoltés, et d'une trentaine de forteresses, entra en Navarre et marcha contre les Beni-Hachim de Saragosse, il se rendit maître de cette ville après un long siége. Toutefois reconnaissant et le mérite et la grande influence dont jouissait Mohamet, il crut devoir le ménager. Il lui pardonna sa rébellion et lui laissa même le commandement de Saragosse.

Le calife de Cordoue entreprit bientôt une nouvelle expédition qu'il appela pompeusement « La campagne de la puissance suprême » (939). Son armée comptait cent cinquante mille hommes, ce qui ne l'empêcha pas de subir une défaite des plus sanglantes que lui infligea près de Simancas Don Ramiro à la tête d'une armée de Biscayens, de Léonais et de Navarrais. Huit mille Arabes restèrent sur le champ de bataille. Cette victoire livra Zamora aux rois de Léon et de Navarre. Abd-al-Rhaman mourut en 961.

Fermons maintenant les yeux sur les longues et terribles querelles des rois chrétiens, cédant à des sentiments de jalousie et recourant à l'assistance du calife de Cordoue, leur mortel ennemi charmé de les voir ainsi user leurs forces contre eux-mêmes.

Nous dirons toutefois que le roi de Navarre se vengea sur le comte de Castille de la mort de son père et de sa captivité en lui faisant subir une défaite à Olcaña et en l'emmenant à son tour prisonnier à Pampelune (960). Mais bientôt il lui rendit généreusement la liberté.

Le comte de Castille rentré dans ses Etats refusa de reconnaître la suzeraineté du roi de Léon et les historiens font remonter à ce prince l'époque de l'indépendance castillane.

Garcia de Navarre mourut en 969. Son fils Sancho III lui succéda et fut plus tard surnommé le Grand. Sa femme Elvire lui avait apporté en dot la Castille, de plus l'Aragon était incorporé à la Navarre depuis Sancho II. Ses Etats ainsi agrandis lui facilitèrent une lutte plus énergique contre les Arabes.

CHAPITRE XI

SOMMAIRE :

Al Mansour.— Ses conquêtes.— Sa mort.— Sancho partage son royaume entre ses quatre fils.— Ils se font la guerre.— Le Cid.— Ramiro est tué dans une bataille.— Sancho lui succède.— Il est assassiné.— Les rois d'Aragon et de Castille se partagent la Navarre.— Ligue des Etats chrétiens contre l'émir de Séville.— Victoires de l'Emir.— Sancho blessé meurt au siége de Huesca.— Prise de cette ville qui devient capitale de l'Aragon.— La féodalité s'établit.— Chartes.— Conciles mixtes. — Actions civilisatrices des Ordres religieux. — Benoît d'Amiane.

Al-Hakem avait succédé au kalife Abd-al-Rhaman, il céda le trône au célèbre Al Mansour. Ce terrible adversaire après différentes attaques s'empara de Léon en 984 et resta maître d'une partie de cette contrée et de la Castille. En 986 il prit et détruisit Osma, Alcoba, Atrenza ; Sancho de Navarre se trouva dans la nécessité de se retirer sur Pampelune.

Al Mansour, pour sa cinquante-deuxième expédition, appela tous les Arabes et les Berbères en état de porter les armes. Les Chrétiens suspendirent alors leurs discordes et Sancho III se réunit à eux. Les Basques des montagnes étaient toujours présents lorsqu'il s'agissait de faire la guerre. Sancho de Navarre et Alphonse V roi de Léon à la tête de l'armée rencontrèrent les

Arabes sous les murs de Calatanasor (le fort des aigles). Les bataillons carrés des Espagnols résistèrent immobiles aux attaques répétées de la cavalerie arabe. La nuit venue, Al Mansour, blessé et effrayé du nombre des Arabes qui gisaient sur le champ de bataille, ordonna la retraite et repassa le Douro, porté sur une litière. Au désespoir de la perte de cette bataille il arracha les appareils posés sur ses blessures et laissa échapper tout son sang (1002). Ainsi périt ce guerrier qui avait juré de s'emparer de tout ce que les Chrétiens possédaient encore dans la Péninsule et les Pyrénées.

Sancho le Grand sut profiter de la victoire de Calatanasor et peu à peu le champ de bataille des Espagnols s'éloignait de l'Ebre et se rapprochait du centre de l'Espagne.

Nous voudrions ne nous occuper que des Basques et des faits dans lesquels ils sont intervenus activement. Nous dirons cependant que Sancho le Grand partagea son royaume entre ses quatre fils. Garcia IV eut la Navarre, Gonzalve le Sobrarbe, Ferdinand la Castille, l'Aragon échut à son fils naturel Ramiro.

Sancho avait suivi toute sa vie le système d'annexion et s'il y renonça pour ses fils, la raison en est qu'il avait compris les divisions et les querelles qui en résulteraient après lui. Il avait reconnu aussi les antagonismes de races, de mœurs, de jalousies nationales. Les Navarrais, les Castillans et les Aragonais étaient trois peuples bien différents, tenant à leur individualisme avec une opiniâtreté insurmontable. Les Navarrais ou Vasco-Cantabres étaient toujours ces Euskariens dont l'origine se perdait dans la profondeur des temps, et qui repoussaient comme étrangers tous ceux qui ne parlaient pas leur langue; ils s'alliaient volontiers pour faire la guerre dans un intérêt commun, mais ils n'adoptèrent jamais les mœurs et les coutumes des autres peuples. Les Aragonais descendaient des montagnards celtibères qui, réfugiés entre la Sègre et l'Arga lors de l'invasion romaine, s'y étaient maintenus entièrement libres. Les Castillans enfin méprisaient les montagnards pauvres pâtres, couverts de peaux d'animaux.

Dès que les envahisseurs eurent été chassés des plaines de l'Ebre, les haines nationales se rallumèrent. Les Basques furent toujours en lutte contre les Castillans et les Aragonais.

La Navarre était assez étendue et assez forte. Pampelune, Olite, Sanguesa, Estella et Tudela étaient les chefs lieux de ses cinq mérindades, il y avait encore Viane et Lombier au nord, St-Jean-pied-de-port et St-Palais dans le pays Basque et le Labour, elle touchait ainsi au nord le Béarn, la Gascogne et le Bigorre.

Les quatre frères furent longtemps en guerre les uns contre les autres. Ramiro adoptant le système politique de son père voulait s'annexer la Navarre et égaler la puissance de son frère Ferdinand de Castille ; mais, battu par Garcia IV, son armée fut massacrée. Il tourna dès lors ses efforts contre les Arabes et s'empara de quelques places peu importantes. Il attaqua ensuite les Arabes tributaires du roi de Castille à qui ils réclamèrent des secours. Ferdinand chargea l'infant Sancho d'aller les défendre. Le célèbre Cid Ruis Dias de Bivar, le héros chrétien de l'Espagne, commença la carrière des armes dans cette guerre en soutenant les Infidèles contre le roi chrétien d'Aragon. Ramiro fut tué dans une bataille devant Graos. Les Arabes écorchèrent son cadavre sur le champ de bataille sous les yeux des Castillans. Ses restes furent déposés à Saint-Jean de la Peña, sépulture des rois d'Aragon.

Ramiro laissait deux fils. Sancho l'ainé fut proclamé roi, son frère Sanchez reçut en apanage le fief des quatre vallées. Sancho IV fut assassiné en poursuivant un sanglier, son frère le frappa par derrière et le lança dans un précipice. Les Navarrais indignés repoussèrent le meurtrier et la Navarre fut partagée entre Sancho II d'Aragon et le roi de Castille. Sancho eut la partie élevée entre l'Ebre et les Pyrénées et le roi de Castille la plaine de l'Ebre, la Rioja et la Biscaye.

Sancho II d'Aragon réunit ses forces à celles d'Alphonse de Castille et à celles de Raymond Bérenger III, comte de Barcelone. L'armée chrétienne attaqua l'émir de Séville. Une sanglante bataille eut lieu le 12 octobre 1086 dans la plaine de Jalaca et le lendemain dans la plaine de Serralias, mais les Arabes furent vainqueurs et reprirent les territoires de Saragosse, Llerida, Balbastro, Tortose, Calatayud, Tudela, Faga, Daroca, Medina et Guadalajarra.

L'année suivante, Alphonse de Castille attaqua l'émir de Séville et Sancho II d'Aragon avec ses montagnards assiégea Huesca, mais l'armée arabe survint et une bataille se livra dans la vallée de Cinca. Les Arabes furent battus et se réfugièrent à Huesca dont Sancho poussa le siège. Il fut blessé mortellement en faisant une reconnaissance. Il voulut rester sur le champ de bataille fit appeler ses fils Père (Pedro) et Alphonse, leur fit jurer de continuer le siège et de ne pas ensevelir son corps avant que la croix ne brillât sur la mosquée. Ses fils ayant juré d'accomplir ses volontés, il arracha le fer de ses blessures comme Epaminondas et rendit le dernier soupir. Les Arabes avaient reçu d'Afrique des renforts considérables et vinrent pour secourir Huesca, mais Pedro marcha contr'eux et les battit à Alcoraza (1096), Huesca ouvrit ses portes et devint capitale de l'Aragon.

Les chrétiens des Pyrénées excités par cette importante conquête s'emparèrent rapidement de toutes les places que les Arabes possédaient encore dans la vallée de l'Ebre.

Nous avons vu la féodalité s'établir peu à peu. Les hommes remarquables par leur valeur ou leurs richesses étaient élus chefs par acclamation, petit à petit ils transmirent leurs titres et leur autorité à leurs enfants, puis ils bâtirent des châteaux-forts pour se défendre contre les seigneurs voisins en même temps qu'ils défendaient les habitants de la seigneurie. Les contrées furent bientôt hérissées de ces forteresses et la féodalité pyrénéenne se trouvait ainsi préservée contre les Arabes au midi, contre les Franks au nord. Les ducs de Gascogne conservaient encore la suzeraineté du Labour, de Soûle et du Béarn que les Basques déclaraient ne pas reconnaître de supérieur et ne dépendre que de Dieu. Les comtes de Comminges et de Béarn dès le dixième siècle dataient leurs actes de l'an de N.S. Jésus Christ, jamais du règne des rois Franks. L'indépendance des princes espagnols de Sobrarbe, de la Navarre, de l'Aragon dont les Etats se formaient peu à peu par les conquêtes sur les Arabes ne reconnaissaient pas de suzeraineté et prenaient, dès la formation de leurs Etats, le titre de Royaume.

Quelquefois les Seigneurs pressuraient les populations; de là, nécessité de réglementer les droits réciproques, ce qui fit naître les chartes et les conventions (1041). Le comte de Bigorre constata par écrit les coutumes de ses domaines. Le comte Raymond Béranger de Barcelone promulgua les usages de Catalogne en 1068. La charte d'Oloron donnée par Centule IV en 1080 était plus étendue que les fors de Béarn, et le Concile mixte de Touloujes en Roussillon, en décrétant la trêve de Dieu, arrêta au nom du Très-Haut les violences et les barbaries que les menaces de l'Eglise n'avaient pu empêcher.

Sur ces bases établies tout le long des Pyrénées fut fondée la législation civile et politique en Europe. Elles servirent d'exemple aux chartes de l'Angleterre et des Pays-Bas.

Au milieu de ces efforts d'ordre et de civilisation les Comtes, Vicomtes, Barons, rois des Etats Pyrénéens si souvent désunis entr'eux se réunissaient et marchaient d'accord dès qu'il s'agissait de repousser les Arabes ou d'aller les attaquer et leur enlever des villes et des provinces. Ces expéditions guerrières terminées, les querelles, les violences, les usurpations renaissaient entre les princes chrétiens, chez qui cependant le sentiment religieux reprenait tôt ou tard son empire. C'est alors que furent institués les conciles mixtes et les fondations religieuses. Les évèques, les seigneurs ou riches hommes, souvent les bourgeois des cités composaient ces chambres nationales convoquées dans toutes les grandes occasions.

Cette ligue du bien public s'étendit en se fortifiant.

Les conciles mixtes les plus remarquables furent ceux de 1080 et de 1091, ils réunirent les évèques, les comtes, un grand nombre de seigneurs, des centurions illustres et nobles, des bourgeois de cités et des citoyens et chevaliers de province, désignés nominativement. La participation des laïques à ces assemblées est irréfutable.

Les questions de dogme étaient seules réservées aux conciles purement ecclésiastiques.

La religion avait dans ces temps de trouble et de désordre le privilége d'adoucir et de civiliser. Tombés actuellement dans une dégradation morale et politique, plus déplorable encore, nous serons bien forcés de recourir comme dans ces siècles reculés à la religion divine et à ses dogmes régénérateurs et nous y reviendrons certainement.

Mais à l'époque lointaine dont nous venons de parler l'homme de guerre ne s'occupait que de batailles, de conquêtes, il dédaignait d'utiliser la terre ; pour cela il appelait les religieux, les Bénédictins, il leur donnait les forêts, les landes par lui conquises et ces hommes de Dieu les fertilisaient, y attiraient des habitants, leur construisaient des églises et ainsi les provinces se couvraient de moissons et de villages.

Si ces établissements religieux possédaient des

richesses elles leur avaient été très volontairement données, elles étaient bien acquises d'ailleurs au prix du travail le plus rude des moines qui faisaient participer à son produit les populations nombreuses qu'ils comblaient de bienfaits de tout genre, et cependant ces monastères devaient se mettre à l'abri des déprédations et des violences derrière des murailles, comme de nos jours dans le Levant, ce qui a fait dire à l'un de nos poëtes :

Séjour d'un Dieu de paix, dans un siècle de guerre
Ces remparts, ces créneaux présentaient à la terre
La citadelle de la Foi...

Avant le douzième siècle les abbayes fondées par et pour les solitaires évitaient les populations. Mais ensuite voyant le bien qu'elles pouvaient faire à la société nouvelle elles attirèrent la bourgeoisie par le droit d'asile, la sécurité, l'instruction, le travail industriel, les sciences et les arts dont elles avaient gardé le dépôt et le sentiment. Les villages, les villes même s'élevaient autour d'elles. Le travail anobli par l'exemple des religieux fut encouragé par ses heureux résultats. Si nous retombons dans la Barbarie vers laquelle nous marchons à grand pas, semble-t-il, nous retrouverons l'Eglise reléguée on ne sait où mais vivante, et autour d'elle la société renaissante.

Benoit d'Aniane, comte de Maguelone, guerrier du temps de Pepin et de Charlemagne, puis abbé d'un monastère, fonda l'abbaye d'Aniane dans une terre de son patrimoine. Louis le Débonnaire l'établit chef et supérieur de tous les monastères de ses Etats. Il donnait des leçons et des exemples, labourant et moissonnant avec ses frères. Un jour il refusa les serfs que les gentilshommes lui offraient ; avant de les accueillir, il exigeait qu'ils leur rendissent la liberté.

Plus tard les agglomérations amenant le relâchement des mœurs, et se trouvant aux prises avec les hérésies et le scepticisme, les religieux prêchèrent et écrivirent contre l'erreur.

On les vit même s'armer pour défendre les remparts des villes contre les ennemis.

CHAPITRE XII

SOMMAIRE :

Les Croisades.— Don Pedro et le Cid s'emparent de Valence.— Croisade contre les Arabes de la Péninsule.— Alphonse d'Aragon épouse Uraca. — Ses victoires.— Prise de Saragosse.— Expédition audacieuse d'Alphonse.— Mort de Gaston IV. — Son fils Centule V lui succède.— Mort d'Alphonse d'Aragon.— Son testament n'est pas exécuté.— Le moine Ramiro lui succède.

Tout à coup retentit le grand cri « *Dieu le veut* » poussé au concile de Clermont (1094). Ce cri se répéta dans les Pyrénées et les montagnards s'armèrent. Sur les ordres du Pape ceux du versant espagnol marchèrent contre les Arabes de Valence, de Grenade, de Saragosse de Cordoue. Ceux du Nord suivirent Pierre l'Ermite et Godefroy de Bouillon sous la conduite de Raymond de St-Gilles, comte de Toulouse.

Gaston IV donna une charte au pays de Soule et de Morlaas et bientôt à tout le Béarn. Après avoir combattu les infidèles sous les murs de Jérusalem et dans les plaines d'Ascalon, ce héros chrétien consacra les dernières années de sa vie à combattre les Arabes d'Espagne avec Alphonse de Castille, avec Ramiro et Pedro. Dès que les gentilshommes des Pyrénées furent revenus de la première croisade ils entraînèrent de nouveau les populations guerrières de l'Ebre et suivirent Gaston IV et les autres princes dans leur expédition contre les Maures.

Pedro, roi d'Aragon, aida le Cid à s'emparer de Valence, il fit bâtir des églises, fonda des monastères et encouragea l'agriculture, puis il rentra dans son royaume pour lever une nouvelle armée.

Le pape Pascal II publia une croisade contre les Arabes de la Péninsule qui ne cessèrent plus d'être harcelés. Tous les Espagnols prirent la croix et Pedro marcha sur Balbastro. L'émir de Saragosse tenta de secourir cette place mais il fut vaincu à Castellar sur le Vero et l'armée Infidèle battit en retraite. Balbastro fut prise ainsi que San Esteban, Littera et Tamarit. Pedro s'approchait de Saragosse et de Lérida ; mais il mourut en 1104 sans enfants. Son frère Alphonse lui succéda.

Je ne dois pas omettre de citer tous ces efforts des rois d'Aragon, de Castille et de Léon contre les Arabes ; les Basques y prenant toujours une part active, entraînés par leur caractère belliqueux et leur patriotisme à se trouver à toutes les batailles contre les envahisseurs de leur ancienne patrie.

Alphonse roi d'Aragon, et d'une partie de la Navarre, avait épousé en 1109 dona Uraca fille et héritière d'Alphonse IV roi de Castille, de Léon, des Asturies. A peine ce mariage était-il célébré que le roi de Castille mourut à 74 ans, sa fille Uraca femme d'Alphonse d'Aragon prit les rênes du royaume que lui laissait son père.

Alphonse alla mettre le siège devant Tudela, battit

l'émir de Saragosse Al-Mustain qui venait au secours de cette place. Le roi fut forcé d'interrompre ce siége rappelé dans ses Etats par la conduite et l'ambition de sa femme Uraca. La guerre civile éclata, les deux partis en vinrent aux mains près de Sepulveda (1110). Alphonse fut vainqueur, mais une armée arabe s'approchait ; Alphonse marcha contre elle et remporta une grande victoire (1141). Les Arabes se retirèrent et firent irruption dans les Etats du comte de Barcelone qu'ils ravagèrent, sans toutefois se rendre maîtres d'aucune place.

Aussitôt la guerre recommença entre l'Aragon et la Castille. Alphonse enveloppé par les Castillans parvint à grand'peine à rentrer en Aragon.

Les Arabes, enhardis par cette guerre civile des Espagnols, menaçaient Tolède, la Catalogne et la Provence. Alphonse d'Aragon les contint. Gaston IV accourut à son secours ; la France même lui envoya de preux chevaliers sous le commandement du comte de Perche. Alphonse reprit alors le siége de Tudela et emporta cette ville d'assaut (1114). Il donna cette place et le pays environnant à titre de fiefs au comte de Perche pour reconnaître sa vaillante assistance.

Le siége de Tarragone fut entrepris, mais l'arabe Abdalla-ben-Medzeli le fit lever. L'année suivante Gaston IV revint au secours des Aragonais qu'il trouva réunis sous les murs de Saragosse dont ils avaient repris le siége. L'armée assiégeante se précipita sur les troupes de l'almoravide Tenim et les battit. Des corps nombreux de montagnards rendaient de grands services à l'armée Chrétienne comme guérillas, ils enlevaient les fourrageurs ennemis et massacraient les Arabes qui s'écartaient de l'armée de Tenim. Les feux des Atalayas attirèrent d'autres chevaliers de tous les points des Pyrénées; Comminges et Carcassonne procurèrent aussi des renforts. Avec cette armée Alphonse livra bataille à Tenim à Cutandea et mit son armée en déroute. La famine força l'émir de Saragosse à capituler (1118). Il obtint que les Maures conserveraient leurs biens, leur culte, leurs magistrats et leurs lois; la place fut livrée aux chrétiens et devint la capitale du roi d'Aragon; les habitants chrétiens eurent le privilége de petite noblesse. Il y avait quatre cents ans que Saragosse était au pouvoir des Arabes. Le comte de Comminges, le béarnais Auger de Miramont, Centule II de Bigorre et le vicomte de Lavedan eurent le titre de Rico hombre et quelques fiefs en Aragon. Le vaillant Gaston de Béarn reçut avec le titre de Rico hombre le quartier mozarabe de Notre-Dame del Pilar en fief et le chapitre de cette église fut assujetti à rendre les honneurs funèbres à tous les Béarnais qui mourraient dans un rayon de cinq lieues. L'évêque de Pampelune, qui s'était signalé par sa valeur, fit construire dans la ville l'église de St-Michel des Navarrais et reçut d'Alphonse la ville d'Estella et l'église de la Madeleine de Tudela.

Majorque était rentrée au pouvoir des chrétiens en 1116. Il en fut de même des villes de Calatayud, Darroca et Tarragone. Alphonse pour assurer sa conquête fonda Montréal près de Calatayud.

Les Arabes avaient établi partout d'admirables canaux

d'irrigation qui portaient la fertilité et dont on voit encore de beaux restes et d'heureux effets.

Les deux races Arabe et Chrétienne restèrent en relations amicales presque jusqu'à la fin du moyen-âge. Même pendant ces guerres de plusieurs siècles entre les Espagnols et les Arabes on ne luttait pas seulement de rage mais aussi de générosité. Chrétiens et Musulmans étaient mus par des sentiments tout chevaleresques et cherchaient à se surpasser en grandeur d'âme. Ce n'est qu'à la fin de cette longue guerre alors que les Chrétiens sont de nouveau maîtres de l'Espagne qu'apparait brusquement le déchainement de vengeances impitoyables; en 1517 un décret royal chassera de la Péninsule jusqu'au dernier Maure qui devra tout abandonner.

Toute la chaîne des Pyrénées gravitait de plus en plus autour des deux Etats de Barcelone et d'Aragon.

En juillet 1125 le chevaleresque et audacieux Alphonse d'Aragon entreprit une expédition qui paraitrait fabuleuse si l'histoire ne l'affirmait. Suivi de quatre mille chevaliers seulement il tenta d'enlever les deux capitales arabes de Valence et de Grenade, en traversant toute l'Espagne. Il passe devant Valence sans chercher à s'emparer d'aucune des places ennemies qu'il laisse derrière lui et assiége Grenade, mais cette place résiste et les pluies forcent les Aragonais à lever le siége. Alors au lieu de battre en retraite ils marchent en avant jusqu'à la Méditerranée qui les arrête. Harcelés alors par les nombreuses milices d'Aba tahir Tenim, ils atteignent Lyrena au sud de Grenade. Les Almoravides les y attendaient et mettent en déroute l'avant-garde d'Alphonse

Le gros de la troupe n'étant pas ébranlé poursuit sa route jusqu'à la mer entre Almeria et Malaga. Là, le roi d'Aragon s'amuse à pêcher ; il avait devant lui l'Afrique musulmane et derrière lui 150 lieues de pays ennemi à traverser. Après ce trait d'audace il gagne Cadix et revient en Aragon au milieu de l'hiver dont les rigueurs lui enlevaient plus de soldats que les Arabes n'en avaient tué.

Si les Castillans et les Léonais suspendant leurs querelles avaient réuni leurs milices à la petite troupe d'Alphonse cette expédition aurait pu avoir d'heureux résultats ; mais, dans les conditions que nous venons d'exposer, les Aragonais malgré leur bravoure et le génie d'Alphonse, n'y gagnèrent que beaucoup de gloire.

Après avoir apaisé des querelles dans le Bigorre et le Comminges, Alphonse et Gaston attaquèrent les Maures à Aranzuel. Les infidèles étaient commandés par douze émirs. Alphonse le Batailleur mit en déroute l'armée ennemie, les Maures furent repoussés encore plus vers le midi de l'Espagne.

Gaston IV s'était à peine reposé qu'Alphonse l'infatigable batailleur le rappela. Ayant le pressentiment de sa fin prochaine, Gaston mit le pouvoir entre les mains de sa femme Talèze et de son fils Centule, et rejoignit Alphonse sur la Bidassoa où il rétablissait Irun en lui donnant une charte. Après avoir contribué à plusieurs victoires sur les Maures il tomba mortellement frappé sur le champ de bataille à côté de l'évêque d'Huesca qui succombait aussi. Le corps de Gaston fut déposé à Notre-Dame del Pilar à Saragosse où ses éperons et son cor de guerre sont conservés dans le trésor, son fils Centule V lui succéda.

La mort d'Uraca (1126) mit fin aux querelles intestines en Castille. Alphonse renonça à ses droits sur ce royaume et ne retint que la province navarraise de Rioja. Il remit les places que ses troupes occupaient en Castille à son beau-fils Raymondez, dès lors la Castille et l'Aragon firent de nouveau deux Etats séparés.

Alphonse d'Aragon réunit, bientôt après, une armée à laquelle vinrent se joindre une foule de chevaliers et de guerriers pyrénéens avides de combats. Mesquinenza au confluent de la Sègre et de l'Ebre fut emportée d'assaut. L'armée assiégea ensuite Fraga à l'entrée d'une gorge de la Cinca ; cette place, située au sommet d'un rocher résista à plusieurs assauts. Il s'agissait de chasser définitivement les Maures du bassin de l'Ebre et du confluent de la Sègre et de la Cinca.

Les Maures du midi envoyèrent des renforts considérables. Le walid de Lerida fit une sortie et l'armée chrétienne se trouva cernée par trois armées ennemies. Le roi d'Aragon et les chevaliers jurèrent de mourir ou de vaincre et s'élançant avec impétuosité sur les Maures ils les mirent deux fois en fuite. Fraga proposa alors de capituler, mais Alphonse exigeant la reddition pure et simple, les Maures désespérés attirèrent les chrétiens dans une embuscade où le carnage fut affreux. Alphonse éperdu de douleur voulait partager le sort de ses malheureux compagnons en se jetant dans la mêlée, il en fut empêché ; mais, en allant chercher des renforts, il tomba dans une autre embuscade et fut tué en combattant entouré des cadavres de ses trois cents compagnons (7 septembre 1134).

Ainsi périt ce grand roi d'Aragon. Après avoir régné trente ans, il ne laissait point d'enfant de son déplorable mariage avec Uraca. Il avait fait de singulières dispositions testamentaires en divisant son royaume en trois parts : l'une pour le salut de son père, de sa mère et le sien ; l'autre pour le soulagement des pauvres et pour les chevaliers de Jérusalem ; la troisième pour les Templiers.

Les Ricos hombres d'Aragon et de Navarre ne pouvaient consentir à l'exécution du testament d'Alphonse le Batailleur.

Le clergé, la noblesse et les députés se réunirent à Jacca, ville plus au centre que la capitale. L'orgueil excessif de Pedro Datarès, descendant de Ramiro Ier, fit craindre son despotisme et les voix se portèrent sur le moine Ramiro frère du feu roi qui était alors au cloître de St-Pons.

Il fut élu, le Pape le releva de ses vœux et lui permit de se marier. Les Aragonais l'acclamèrent, mais les Navarrais montagnards, ces fiers Basques ne voulaient pas d'un moine. Toujours animés du désir de recouvrer leur nationalité, ils se réunirent à Pampelune et décidèrent leur séparation de l'Aragon et le rétablissement du royaume de Navarre. Ils prirent pour roi Garcia Ramiro petit-fils de Sancho IV assassiné par son frère en 1076. La monarchie Navarraise était interrompue depuis 58 ans.

La déroute de Fraga (bataille de Campo d'Oliente).

avait vu périr tous les souverains légitimes des Pyrénées occidentales et même leurs descendants directs.

Ces changements de dynastie dans les Pyrénées excitèrent l'ambition du roi de Castille et du comte de Catalogne. La guerre se ralluma entre les Etats chrétiens, elle eut pour résultat la suprématie de la Castille. Dès lors Don Alphonse Raimondez prit le titre d'Empereur des Espagnes.

L'historien Sandoval dit que Ramiro roi d'Aragon voulait contester à Garcia le trône de Navarre. Six arbitres furent nommés, trois Navarrais et trois Aragonais, ils décidèrent que le roi Garcia serait capitaine général des armées des deux royaumes et que l'ex-moine Ramiro serait chargé du gouvernement civil et de l'administration de la justice. Ramiro se rendit à Pampelune et signa cette étrange convention en promettant à Garcia de réunir l'Aragon à ses Etats s'il mourait sans enfants.

Garcia institua les douze maisons nobles de Navarre. Il épousa Marguerite, fille du comte de Perche.

Ramiro appela les Templiers et leur accorda des privilèges extraordinaires. Puis, profitant de la remise de ses vœux il prit en mariage Agnès fille unique du duc d'Aquitaine Guillaume IX dont il n'eut qu'une fille nommée Petronella (1136) qui faillit mettre en feu les Etats pyrénéens. Ramiro avait promis la main de cette princesse à l'infant de Castille ; les Aragonais mirent opposition à ce mariage qui menaçait leur indépendance.

Les Cortès se réunirent à Huesca, l'opposition devint

si violente que, selon un ancien document, Ramiro fit massacrer l'assemblée toute entière. Ce qui est plus certain, c'est que Petronella fut déclarée reine présomptive et que son mariage avec l'infant de Castille n'eut pas lieu.

Garcia IV était furieux de se voir ainsi frustré de l'héritage de l'Aragon, il demanda le secours du Portugal et la guerre éclata (1136).

Les Maures profitèrent de ces troubles dans les Etats chrétiens, et de plus les Pirates ravagèrent les frontières du Roussillon, et enlevèrent beaucoup de prisonniers. Ceux d'Almeria et de Majorque exerçaient les mêmes ravages sur les côtes.

Les Maures étaient expulsés des vallées des Pyrénées il ne leur restait sur la rive gauche de l'Ebre que Lerida, Tortose et Fraga. Alphonse avec l'aide des Catalans et des Aragonais attaqua d'abord Saïf-al-Dawla des Beni-Yahoud qui s'était établi dans l'Aragon oriental et gagna une bataille décisive qui coûta la vie à ce roi maure (1145). L'armée confédérée assiégea ensuite Almeria par terre et par mer, et la resserra au point que les aigles seuls pouvaient y entrer, disaient les Arabes. La ville tomba au pouvoir des Chrétiens (1147).

Raymond Bérenger, roi d'Aragon-Catalogne, s'empara ensuite de Tortosa à l'embouchure de l'Ebre (1148). L'année suivante il prit Lerida et Fraga.

CHAPITRE XIII

SOMMAIRE :

Les Arabes chassés du Nord de l'Espagne. — Les Anglais maîtres de la Guyenne assiègent Bayonne. — Relâchement des mœurs. — Brigandage. — Milice armée pour sa répression. — Ordres religieux fondés dans le même but. — Chevaliers de Saint-Georges d'Alsasua. — Les rois de Castille et d'Aragon attaquent la Navarre. — Trêve. — Les Fueros. — La communauté. — Etat social. — Monnaies des pays Basques. — Les hermandads. — République d'Andorre. — Installation des rois de Navarre. — L'armée permanente en Navarre. — L'Aragon et la Castille attaquent la Navarre. — Le roi de Maroc envahit la Castille. — Sancho veut épouser la fille de Miramolin, roi de Maroc. — Refus qu'il essuie. — Il rejoint l'armée des rois chrétiens. — Bataille de las Navas de Tolosa. — Sancho s'y couvre de gloire.

Après quatre siècles de luttes héroïques incessantes, le plateau Pyrénéen était repris aux Arabes et la guerre se transportait au Sud de l'Espagne. Nous n'en suivrons pas les phases, nous nous bornerons à citer brièvement quelques faits principaux.

Les luttes sanglantes ne discontinuaient pas entre les Etats Pyrénéens, que l'Aragon-Catalogne parvint à ranger sous sa suzeraineté. En même temps un nouvel ennemi venait attaquer les Pyrénées vasconnes.

Les Anglais, maîtres de la Guyenne, vinrent assiéger Dax (1176), sous la conduite de Richard Plantagenet, ils la prirent en six jours. Le comte Pierre et son beau-père faits prisonniers se rachetèrent au moyen d'une forte rançon et recommencèrent la lutte bientôt après. Dax avait été reprise, mais, assiégée de nouveau, les habitants cédant aux suggestions des Anglais, se révoltèrent et lui livrèrent les deux comtes. Centule obtint sa liberté sous caution, mais dut céder aux Anglais les forts de Seleimont et de Montbrun. Richard vint ensuite assiéger Bayonne et s'en empara (1193).

Les pirates de la Mauritanie ne cessaient de leur côté de ravager les côtes d'Espagne. Les villes maritimes s'unirent, elles établirent des croisières à l'entrée des ports (1165).

Les luttes continuelles avaient laissé s'étendre le relâchement des mœurs; à sa suite la polygamie tendait à pénétrer dans les institutions. Les seigneurs répudiaient leurs femmes et convolaient à de nouveaux mariages. Bernard IV, comte de Comminges, répudia successivement ses trois premières femmes Béatrice de Bigorre, Courtois de Labarthe et Marie de Montpellier.

Le peuple démoralisé à l'exemple des grands se livrait au pillage. Les montagnards de Lebraga et du Béarn descendaient chaque année de leurs gorges improductives, pour ravager le bas Bigorre. Les comtes élevèrent des forts pour défendre le pays. Les habitants eux-mêmes furent autorisés à établir des fortifications autour des bourgs. Les choses en vinrent au point que les seigneurs se mirent à rançonner leurs vassaux et les voyageurs. Partout guerres civiles et guerres entre les Etats; assassinats et brigandages entre les seigneurs. Ces désordres préludaient aux bouleversements du treizième siècle.

Alphonse II, roi d'Aragon, porta tous ses efforts à préserver son royaume de ces calamités. Il protégea les troubadours, il se fit troubadour lui-même; il honora la chevalerie, il attira autour de lui les rimeurs provençaux les plus célèbres. Il fit poursuivre les brigands avec beaucoup de rigueur et prit les paysans et les bourgeois sous son patronage. L'agriculture et le commerce furent encouragés par des règlements utiles. L'institution de paix et trêve fut confiée aux soins des évêques. Le roi réunit les seigneurs, leur fit jurer de défendre les voyageurs, les religieux, les templiers et les cultivateurs, il déclara les biens et les animaux de ces derniers insaisissables et fit revivre la trêve de Dieu dans toute sa force.

En 1204, le roi de Navarre créa une milice armée pour la répression du brigandage. Cette milice fut établie en Castille sous le nom de Santa Hermandad, elle prit celui de Miquelets en Navarre.

Des ordres religieux furent institués sous cette même pensée de répression du banditisme. Pedro Fernandez de Fuente Escalada de l'évêché d'Astorga, chef d'une troupe de Léonais prenant enfin horreur de ses excès, entraîna ses complices dans son repentir; ils se transformèrent en congrégation et l'ordre des chevaliers de Saint-Jacques s'éleva à côté de celui de Calatrava (1160).

Le roi d'Aragon, Pedro II, voulut continuer la poursuite des Arabes commencée par son père Alphonse II. Voyant les grands services que l'ordre de Calatrava avait rendus, il créa celui des chevaliers de Saint-

Georges d'Alsasua; à cet effet, il donna à Jean de Almenara, à Martin Vidal et à leurs successeurs, les plaines d'Alsasua, près de Tortose, avec mission de repousser les attaques des Maures de l'Andalousie (1201). Avant de marcher contre les Infidèles, le roi fit alliance avec Alphonse le Magnanime, et ces deux monarques attaquèrent le royaume de Navarre et Léon. Ils s'emparèrent de l'Alava, du Guipuscoa et de la Biscaye. Les villes de la haute Navarre résistèrent. Le roi Sancho était à Séville, il eut le temps de revenir au milieu de ses fidèles Navarrais avant que le démembrement de ses Etats fut consommé. Sa présence rendit aux Basques leur ardeur et leur audace. De toutes parts ils coururent aux armes. Diego de Biscaye vint à leur aide et les Castillans furent chassés de toutes leurs conquêtes. La médiation du clergé amena une trêve de trois ans.

Le onzième siècle avait réglementé codifié les anciennes traditions sur les coutumes, les usages, les fueros des vallées et des villes. Ce mot *Fuero* vient de l'ancien terme espagnol Foroua qui· signifie : clos, enceinte, place publique ; c'était dans l'origine le Forum romain où l'on se réunissait pour traiter des affaires communes.

Nous avons vu Alphonse le Batailleur publier le fuero de Sobrarbe en 1171. Sancho le Sage réordonna les divers fueros particuliers des vals et des villes (1179 à 1194).

Dans toutes les vallées la base sociale était la communauté des forêts, des pâturages et des eaux. L'alimentation publique reposait sur le bétail. Les immenses biens communaux devinrent terres royales lorsque les rois électifs de la Navarre personnifièrent la nationalité, la communauté. Les rois disposèrent alors de ces biens communaux au nom de la nation soit pour récompenser de vaillants guerriers, soit pour des établissements religieux qui fertilisaient et moralisaient le pays, soit pour des fondations de villes ou de bourgs, mais les droits des anciens usages étaient réservés à titre d'affouage, de glandage, d'herbage, de boscage; ces concessions de terrains se faisaient surtout dans les contrées enlevées aux Maures. Les fueros obligeant les souverains à répartir les biens recouvrés entre les Infanzones et les Villanos qui avaient aidé à les reprendre et qui devaient les défendre contre de nouvelles attaques; on comprend que la propriété particulière était alors bien restreinte. La vaine pâture était la richesse des habitants.

Chaque *Case* était possédée en franc alleu. Une famille formait une *Casade*. Plusieurs casades réunies composaient une *Besiau* (voisinage); elles exploitaient en commun une certaine étendue de terres, de pâturages, de forêts, ce qu'on appelait la *Montaña* en Navarre.

Ces Cases ou Casals provenaient suivant un article du fuero de Navarre de ce que tout pâtre ayant le droit de conduire ses troupeaux dans les biens communaux avait également celui de défricher, labourer, cultiver l'étendue qu'il voulait; il en était propriétaire pourvu qu'il eût continué la culture pendant plus de trois ans consécutifs, sinon la terre revenait à la communauté. Les coutumes des quatre vallées disent que tout habitant pourra posséder jardins et lieux d'habitations en divers endroits, et choisir où il lui plaira le lieu de sa résidence.

Les paysans se divisaient en francaux, questaux et ceyssaux.

La Casade était la famille patriarcale, puis venait la *Besiau* (ou voisinage, le bourg). La Besiau se réunissait au son de la cloche. Pour les affaires graves elle était convoquée trois jours d'avance. Tout Besi qui ne répondait pas à l'appel, payait une amende en nature, soit un quart de vin au bénéfice des membres du Conseil ou un quart de cire au bénéfice de l'église. Les votes avaient lieu jusques dans le XVIIIe siècle au moyen de grains de millet noir.

Les réunions convoquées par les Jurats (Casals ou Consuls), quelquefois, par le seigneur, avaient lieu sous l'ormeau, l'auvent de l'église ou le prat besiau (champ de foire communal). On y discutait, on y décidait toute chose d'intérêt public, on y nommait les officiers et les représentants. Les besis et besies, chefs de famille, faisant partie du besiage, avaient seuls droit de participer à ces comices. Plus tard ce droit fut restreint aux capsdoustaou et aux caps casales (chefs de maisons importantes).

J'ai dit que les besis et besies faisaient partie de ces comices, ce qui signifie que les femmes jouissaient des mêmes droits civils et politiques que les hommes. Noble, elle héritait de la seigneurie de son père comme les mâles. Devant les tribunaux, la femme pouvait défendre, non sa propre cause, mais celle de son père, de sa mère et de ses proches légitimement empêchés.

Le bourg était ainsi organisé en Navarre où les Hijosdalgos, los francos, villanos ou labradores, les Maures et les Juifs avaient des Conseils particuliers qui devinrent plus tards les Ayuntamientos. Ils nommaient leurs alcades, leurs regidors et autres magistrats. Chaque localité fixait elle-même le nombre de ses Jurats. Les Conseils, d'après les fueros, réglaient tout ce qui concernait le pain, la pêche, les pâturages, la viande ; ils infligeaient des peines correctionnelles.

Les coutumes de Bayonne affectaient par préciput la maison appelée Lar au premier enfant, garçon ou fille, peu importait que le défunt ne laissat aucun autre bien. Dans le Labour, le Soule, le pays de Dax « en biens « nobles ou en biens ruraux avitins, le premier enfant « de loyal mariage succédait à ses père et mère, soit « fils ou fille ». Cependant les pères étaient libres de transmettre l'héritage du manoir à celui de leurs enfants qu'ils en jugeaient plus digne. Les propriétaires de maisons (Echagonna) avaient seuls le droit de voter et de discuter les affaires publiques. Les capitalistes étaient réputés étrangers.

Après le besi et la besie, membres de la besiau, venait l'habitant d'origine étrangère qui n'était pas encore admis au nombre des besis. Au dernier rang se trouvaient les étrangers, toujours en petit nombre, établis depuis peu dans la besiau.

Les vallées du pays basque, sur les deux versants pyrénéens, conservèrent toujours leur souveraineté absolue. La liberté y régna sans cesse et s'y maintint sans altération. En regard de la fierté vigilante et belliqueuse des Basques, les mœurs pastorales répandaient un caractère touchant et naïf sur cette organisation qui rappelait les bergers d'Arcadie ou les pasteurs de l'Atlas.

Dans le pays Basque tout habitant était rigoureusement tenu de conserver chaque année pour l'année suivante le quart de la récolte nouvelle.

Les produits du sol étaient la monnaie courante en usage dans le payement des impôts et des transactions. Chaque animal, selon sa grosseur ou son âge, avait une valeur monétaire, comme tout produit l'avait également. Un certain nombre de grains de froment représentait le liard et la petite monnaie. Le meurtre d'un homme se payait trois vaches ou trente sols. Le Navarrais pouvait répudier sa femme en remettant un bœuf.

Dans le Bigorre, le roturier avait droit d'assaillir la maison du gentilhomme qui aurait enlevé ses bêtes à cornes.

Les progrès du luxe et de la courtoisie chevaleresque altérèrent bien peu ces mœurs pastorales. Les somptueux seigneurs des cours de Foix et de Béarn à la fin du quatorzième siècle, se déguisèrent en bergers et en laboureurs pour aller à la rencontre du roi Charles VI, en conduisant des troupeaux de bœufs et de moutons ornés de colliers et de clochettes d'argent, pour donner une haute idée des productions de leurs montagnes.

Ces petits clans, si jaloux de leurs droits, ne se faisaient aucun scrupule d'attenter à ceux des clans voisins où le vol, le meurtre même ne constituait, leur semblait-il, aucun délit. Le voleur ou le meurtrier n'avait d'autre souci que d'assurer son impunité au moyen du droit d'asile en regagnant le territoire natal. Le berger de la montagne était l'ennemi de ceux de la plaine. Les pasteurs d'Ossau s'arrogeaient le droit de rançonner les Béarnais les armes à la main.

Les gorges de Lanz daro denguy, de Salazar, de Bastan, la vallée de Lana, près d'Estella, celle de Romanzano, près de Sanguesa, étaient de véritables républiques qui s'étendaient des provinces basques, encore libres aujourd'hui jusqu'au petit clan d'Andorre. Sancho le Fort, accorda aux montagnards de Salazar de ne pouvoir être poursuivis dans leurs montagnes pour quelque méfait que ce fut, à la condition d'une rente annuelle de 4500 sols.

Au XIIe et au XIIIe siècles, les vallées commencèrent à traiter avec les seigneurs et les rois afin d'obtenir leur arbitrage dans leurs contestations; la guerre y étant devenue à peu près permanente de vallée à vallée. La population s'étant accrue considérablement, les vallées poussaient leurs troupeaux les unes chez les autres, on se disputait des forêts, des pâturages; de sanglantes querelles en résultaient.

L'intervention arbitrale des seigneurs et des souverains mettait fin aux rixes survenues, mais ne les prévenait pas. Alors furent créés les hermandads entre diverses communes qui s'engageaient réciproquement à poursuivre les violateurs des trêves et conventions.

Peu à peu, en reconnaissance des efforts des chefs et des monarques à maintenir la paix et la sécurité dans leurs vallées, les habitants s'engagèrent à payer certaines redevances, comme la petite république d'Andorre en paye encore une à la France. Cette république de six à sept mille âmes est restée un curieux témoin de ce qu'étaient les anciennes vallées libres; elle comprend six paroisses, Amlar, San Julian de Lorca, Encamps, Canillo, Massana, Ordino, divisées chacune en une douzaine d'annexes ou petits bourgs. La partie montagneuse est entièrement communale, chaque paroisse y a sa part appelée *quart*. Un commissaire de quart surveille les aménagements et l'exploitation. La partie superflue est affermée l'été aux bergers d'Urgel et l'excédant des coupes de bois est vendu au bénéfice de la vallée. Les fonds provenant de ces fermages et des ventes se versent dans la caisse publique pour payer 960 fr. à la France, 450 fr. à l'évêque d'Urgel, l'entretien de la casa de la valle, le salaire au concierge, les repas publics et autres frais.

Les champs en culture, qui seuls forment les propriétés individuelles, ne suffisent pas à l'alimentation locale; en conséquence, l'exportation des céréales est absolument interdite. Le produit des dîmes et redevances ne peut être exporté, il est vendu et consommé dans la vallée. Cette république, si indépendante, n'admet pas, on le voit, la liberté commerciale. Il est bien d'autres libertés que certains républicains de grands Etats, parvenus au pouvoir, n'admettent pas pour autrui; mais ne nous occupons que de la république lilliputienne d'Andorre. Les électeurs comprennent : les propriétaires, les chefs de famille et les notables; on le voit, cette république si petite est plus sage qu'une grande. Les électeurs d'Andorre, dis-je, élisent le Conseil général composé de 24 membres nommés consuls. Le Conseil est renouvelé annuellement par moitié. Les douze nouveaux ont la direction de l'administration active, les douze anciens se bornent à donner leur avis et sont appelés Conseillers.

Ce grand Conseil est dirigé par un syndic général nommé à vie, mais qui peut être destitué pour cause majeure.

Le Syndic, président, convoque les Consuls, leur soumet ses propositions et fait exécuter les décisions votées à la majorité des voix. En entrant en fonctions les employés prêtent serment entre ses mains. Il est responsable et rend chaque année compte de sa gestion.

Le Syndic jure devant les Consuls d'observer et de faire respecter les lois. Les Consuls peuvent l'accuser et le destituer s'il manque à ses obligations.

Cette bien petite nation dirige encore ses destinées beaucoup mieux que ne le font de grands empires. Il n'en est pas ainsi pour l'administration de la justice. Actuellement le chef du gouvernement français, comme le faisait autrefois le Comte, nomme pour Viguier à vie un magistrat du tribunal de Foix. L'évêque d'Urgel nomme aussi le sien qu'il est obligé de choisir parmi les notables Andorrans. Leur nomination n'est définitive qu'après leur réception officielle par le Conseil général dans la Casa de la vallée. Après les discours de réception du Viguier et du Syndic, ce dernier remet une liste de six candidats parmi lesquels le viguier choisit un bayle, juge des causes civiles qui, pour ses émoluments prélève quinze pour cent de la valeur des objets en litige. Un dîner d'apparat aux frais de la vallée termine la cérémonie.

Le pouvoir du viguier est réservé pour les causes criminelles.

Les affaires civiles de la compétence des bayles sont susceptibles d'appel devant un juge unique nommé à vie alternativement par la France et par l'évêque d'Urgel et choisi parmi les avocats résidant hors de la vallée.

Les fonctionnaires ont toujours pour costume la culotte de drap gris, la ceinture et le gilet de laine rouge, la cravate noire, les bas de laine bleue, les souliers à boucle, le surtout de drap noir doublé de cramoisi, le bonnet rouge surmonté du tricorne noir.

Toutes les fonctions publiques sont gratuites dans l'Andorre. Les frais de justice, d'enregistrement, de mutation sont inconnus.

Andorre n'a point d'armée. Quand un danger survient, tout le monde prend les armes. Le service militaire est gratuit, sauf la garde des malfaiteurs qui est payée sur les biens de ceux-ci. Cette république n'est pas coûteuse, toutes n'ont pas cet avantage ; il est vrai qu'Andorre ne présente rien qui puisse tenter les incapacités cupides, les avocats pauvres ou sans cause, ni encore les médecins trop peu occupés. J'ai cru devoir parler de cette république modèle qui reste sans imitateurs.

En Navarre, le roi passait la nuit qui précédait son installation, dans la cathédrale. Après avoir entendu la messe où il communiait, il promettait sur la croix et sur les évangiles, d'observer les *fueros*, puis il ceignait lui-même l'épée et les Ricos hombres l'élevaient sur un écu en criant : Réal, réal, réal ! Les barons le portaient ensuite sur le pavoi, dans les rues de la ville, au sacre des acclamations populaires. Les Ricos hombres lui baisaient la main.

Les rois de Navarre organisèrent les troupes permanentes dès la fin du douzième siècle en payant des rentes fixes à des Ricos hombres et à des chevaliers à la charge d'entretenir un certain nombre d'hommes, toujours sous les armes dans les villes où ils commandaient.

Les rois d'Aragon et de Castille se préparaient à résister à un nouvel effort des Maures. Sancho, roi de Navarre et Bayonne, ne pouvait encore oublier ses griefs contre ses deux voisins, et refusait de joindre ses troupes aux leurs. Il se trouvait même lié en quelque sorte avec les Infidèles, il rechercha leur alliance afin d'arriver, au moyen de leur secours, à se venger des deux rois chrétiens. Pour consolider cette alliance il demanda en mariage la fille de Miramolin, roi de Maroc, qui, se croyant assuré de la neutralité de Sancho, envahit la Castille.

Irrités des rapports d'amitié de Sancho avec les Maures, les rois d'Aragon et de Castille, attaquèrent la Navarre dans la pensée de la partager entre eux, mais Sancho résista, et, plus que jamais décidé à conclure son mariage, il se rendit en Afrique pour faire la demande, mais il se trouva que Miramolin venait de mourir, et il ne reçut du successeur que des réponses évasives; Sancho prévit un refus positif et rentra précipitamment en Espagne pour défendre ses Etats contre les deux rois coalisés qui, déjà, s'étaient emparés de l'Alava et du Guipuscoa et assiégeaient Victoria (1201). Il parvint à faire la paix avec ses deux ennemis que les Maures inquiétaient. L'attaque des Infidèles fut formidable en effet, et les deux rois ayant réuni leurs armées à Cuenza, reçurent le renfort de plus de cinquante mille Français, Provençaux et Bourguignons. Cette belle armée se mit en marche, elle était suivie de soixante et dix milles charrettes de vivres (1212).

Les Espagnols se rendirent maîtres de Calatrava, mais s'étant engagés à ne pas livrer la place au pillage, les étrangers, qui, sans doute, comptaient sur cette proie, se retirèrent presque tous et rentrèrent en France sous le prétexte qu'ils ne pouvaient supporter la chaleur excessive; il est beaucoup plus probable que le motif de leur retraite venait du désappointement de ne pouvoir piller Calatrava.

Le roi de Navarre et Bayonne, trop irrité d'abord contre les rois coalisés, avait refusé de se joindre à eux; mais, vivement froissé de l'affront que venait de lui infliger le roi de Maroc en refusant de lui donner en mariage la fille de Miramolin, ce héros chrétien étouffa ses ressentiments contre les rois de Castille et d'Aragon en voyant le danger que faisait courir à toute l'Espagne chrétienne l'attaque des Maures. Il se mit à la tête de quarante mille hommes et rejoignit les rois d'Aragon et de Castille vers Allanos. Il comblait ainsi le vide qu'avait laissé la défection des étrangers. Parmi les chevaliers navarrais qui avaient suivi le roi, on remarquait : don Almoravid d'Agoncillon, don Pedro Martinez Lete, don Pedro Garcia et don Gomez Garcia porte-étendard. L'armée chrétienne étant arrivée sur le plateau de las Navas de Tolosa se trouva en face des Musulmans dont les forces s'élevaient à cent soixante mille combattants.

L'armée chrétienne se rangea en bataille, le roi de Castille commandait le centre, Sancho le Fort de Navarre l'aile droite et Pedro II d'Aragon l'aile gauche.

Les chevaliers de Calatrava, ceux de St-Jacques, les templiers de Monzon, un grand nombre d'abbés, de prélats et de religieux se trouvaient dans l'armée d'Aragon que les chevaliers et barons avaient refusé de suivre à cette guerre pour se venger de la violation de leurs priviléges. La haute noblesse de Catalogne et du Roussillon avait amené un grand nombre d'hommes d'armes et compensait ainsi l'absence des nobles aragonais.

Les Basques et tous les Etats Pyrénéens étaient glorieusement représentés à cette célèbre bataille dont l'histoire d'Espagne donne les détails. Elle se livra le 16 juillet 1212. Les Maures laissèrent quatre-vingt mille cadavres sur le terrain, les Chrétiens ayant juré sous peine de mort qu'ils ne feraient aucun prisonnier. Les Espagnols, les Maures même citaient alors avec un enthousiasme, dont les siècles suivants ont conservé le souvenir, les noms du roi de Navarre et Bayonne, d'Alphonse de Castille, de Ximenez Coronel qui fut chargé de la première attaque. Mais Sancho de Navarre dépassa tous les autres preux en enfonçant le premier les chaines qui défendaient la colline d'El-Akad où se trouvait l'Emir avec sa troupe d'élite. Les troubadours ont chanté la vaillance du héros chrétien, ils ont chanté aussi celle des Catalans et leur fougue irrésistible sous leurs chefs Garcias Romeu et Asnar Pardo.

Cette victoire qui fut l'annonce de la délivrance définitive de toute l'Espagne resserra pour quelques années l'union des peuples et des princes qui s'étaient si vaillamment signalés contre les Infidèles envahisseurs. Le roi Alphonse dans son admiration de la valeur que Sancho le Fort avait montré dans cette bataille mémorable lui restitua les quinze places qui lui avaient été enlevées sur la rive droite de l'Ebre. C'était toute une province réunie à ses Etats. Sancho déposa dans la cathédrale et dans son palais de Pampelune les chaines de fer de Miramolin qu'on y voit encore, et ce glorieux trophée remplit depuis lors en entier l'écu des armes parlantes de Navarre.

Cette union des princes surtout en Aragon et dans le nord des Pyrénées leur permettra d'anéantir la dangereuse et envahissante puissance de Simon de Montfort et des croisés contre les Albigeois, croisade qui fut l'occasion de la fortune de ce partisan.

CHAPITRE XIV

SOMMAIRE :

Guerre contre Simon de Montfort. — Discordes de Pampelune. — Traité entre Sancho le Fort et don Jayme d'Aragon. — Mort de Sancho le Fort. — Thibaut IV comte de Champagne lui succède. — Il part pour la Terre-Sainte. — Sa mort. — Son fils Thibaut lui succède. — Il part pour la croisade dirigée par saint Louis, roi de France. — Sa mort. — Son frère Henri le Gros lui succède. — Philippe le Long. — Charles le Bel. — Jeanne, fille de Louis le Hutin, est proclamée reine. — Les Juifs en Navarre. — Ils sont massacrés. — Changement dans le For de la Navarre. — Mort de la reine. — Louis le Hutin lui succède. — Valeur des Sanguessans. — L'ordre des Templiers est supprimé. — Mort de Louis le Hutin. — Philippe le Long lui succède. — Sa mort. — Son frère Charles lui succède. — Croisade contre les Maures d'Espagne. — Le roi est tué à la bataille de Xerez. — Charles II est proclamé roi. — Il est surnommé le Mauvais. — Sa cruauté. — Il aspire à la couronne de France.

Après la mort de Pedro d'Aragon tué à la bataille de Muret contre Simon de Montfort victorieux, les Etats Pyrénéens, la première stupeur que cet événement avait causé étant passée, furieux de la mort des héros aragonais s'armèrent contre le vainqueur. Les Basques accoururent en foule et une armée nombreuse vint ravager les possessions de Simon de Montfort en réclamant le jeune roi Jacques d'Aragon qu'il retenait prisonnier. Simon refusa de se dessaisir de cet ôtage et la guerre continua; mais le cardinal de Bénevent intervint et Simon n'osant résister à son injonction impérative lui remit le jeune captif alors âgé de six ans. La noblesse aragonaise vint le recevoir à Narbonne des mains du cardinal.

La Navarre attirait l'attention de Jayme roi d'Aragon Sancho VII le Fort touchait à sa fin et ne devait laisser aucun héritier direct. Les discordes intestines s'élevaient. Pampelune, peuplée de trois catégories distinctes, était en proie à la guerre civile, chacune des trois catégories occupait un quartier séparé entouré de murailles, gouverné par des jurats sous ses propres lois et avec des revenus particuliers. Le quartier de St-Saturnin avait été créé par Alphonse le Batailleur qui l'avait peuplé de Français; St-Nicolas et la Navarrerie étaient les noms des deux autres quartiers.

Sancho le Fort à son retour de la bataille de las Navas de Tolosa trouva sa capitale livrée aux horreurs des discordes intestines. Il appela et réunit les Jurats des trois quartiers et rétablit, de concert avec eux, des conventions très sages qu'ils s'engagèrent à observer pendant vingt ans; mais les fureurs populaires ne s'apaisent pas si facilement et le quartier Saint-Michel nouvellement créé vint former une quatrième faction et fournir un surcroît de désolants excès.

L'Évêque et les Ricos hombres parvinrent cependant à apaiser ces troubles et à faire jurer aux habitants des quatre quartiers réunis l'oubli de leur haine et la paix.

Le roi d'Aragon, de son côté, avait à lutter contre le soulèvement de plusieurs seigneurs Aragonais et Catalans. Ces conflits portèrent les rois Sancho le Fort et

Don Jayme d'Aragon à s'unir pour se prêter un mutuel appui. Ils se rendirent l'un et l'autre à Tudela et promirent :

1° Que Sancho n'accueillerait pas les factieux d'Aragon ;

2° Qu'il avancerait à Jayme de bonne amitié (por amor) 14,286 maravedis sur cinq châteaux ;

3° Que Sancho prendrait possession de Peñasesena et de Peñaredonda pour les fortifier et y tenir garnison;

4° Clause bien plus étrange, Sancho étant très âgé et Jayme dans la première jeunesse ; il fut statué que le survivant succèderait à l'autre dans toutes ses possessions, à l'exclusion des héritiers naturels. Sancho n'ayant point d'enfants sa succession devait revenir au fils de sa sœur Thibaut de Champagne.

Les barons navarrais préférant la domination aragonaise à celle d'un prince français signèrent cette convention avec empressement et rendirent hommage au roi Jayme.

Sancho dévoré par un cancer et désolé de voir la dynastie navarraise s'éteindre après cinq siècles d'existence directe, expira le 7 avril 1234 au château de Tudela ; depuis qu'il s'y était retiré le peuple ne l'appelait plus Sancho le Fort, mais Sancho le Reclus. Il fut enterré au monastère de Roncevaux, auprès des rois de la première race.

Les états de Navarre craignant d'attirer sur le royaume les armes de la France et peut-être de la Castille s'ils exécutaient la convention entre le roi défunt et don Jayme, qu'avaient signée les barons, prièrent le roi, d'Aragon de relever les barons navarrais de toute obligation envers lui et de renoncer à ses prétentions. Don Jayme accéda à cette demande des états de Navarre. Il réfléchit que décidé comme il l'était à arracher le royaume de Valence aux Arabes, il en serait empêché par la guerre civile que ne manquerait pas de faire éclater sa revendication de la Navarre.

Thibaut IV le Posthume trouvère musicien, comte de Champagne, fut proclamé roi à Pampelune le 8 mai 1234. Cette ville devint la capitale et le séjour des rois de Navarre.

Don Jayme s'empara effectivement de Valence en 1237. Le royaume comprenait alors plus du tiers de la Péninsule.

Thibaut s'efforça de faire oublier aux Navarrais son origine française, il répandait des bienfaits, favorisait l'agriculture, repeuplait les vallées que la guerre avait ravagées, attirait une population champenoise dont le dévouement lui serait assuré et compenserait la fidélité douteuse des indigènes. Mais bientôt détourné de ces sages mesures administratives, il partit pour la Terre-Sainte où se dirigeait une nouvelle croisade. Il était accompagné de quelques seigneurs navarrais et d'une foule de pèlerins français, bretons et allemands. Sa femme Marguerite de Bourbon resta en Navarre à titre de régente. Pierre Ximenez, évêque de Pampelune, fut nommé chancelier du royaume.

Les discordes des chrétiens paralysèrent les effets de la nouvelle croisade, et Thibaut revint en Navarre pour y trouver la révolte et la discorde. Désespérant de les vaincre à main armée le roi-poëte recourut à des moyens plus doux et plus sûrs. Il parvint à dissoudre la coalition en donnant aux uns des fiefs, aux autres des bénéfices et la révolte fut apaisée. Il mourut bientôt après (le 8 juillet 1253) laissant deux fils Thibaut II et Henri. Thibaut succéda sous la régence de sa mère. Il eut à lutter contre les rois d'Aragon et de Castille et contre l'esprit de révolte dans ses propres Etats. Il parvint cependant à affermir son autorité et son trône. C'est alors qu'il partit pour la Croisade en Orient à la suite de saint Louis, roi de France, qui mourut à Tunis. Thibaut eut bientôt après le même sort. Il mourut à Trapani (1270) et sa femme aux iles d'Hyères (1271). Henri exerçait les fonctions de vice-roi. La révolte des seigneurs ayant forcé sa mère à rentrer en France, il fut acclamé roi à Pampelune. Atteint d'une maladie grave et sentant approcher sa fin il réunit les Etats, leur fit reconnaitre sa fille Jeanne âgée de trois ans et mourut bientôt après (1274).

La nation le considéra comme le véritable fondateur de la seconde dynastie et adopta sa fille comme enfant de la Navarre. Blanche d'Artois, sa mère et sa tutrice, emmena furtivement la jeune reine en France, pour la soustraire aux intrigues des Etats voisins; elle la recommanda au roi de France Philippe le Hardi qui la fiança à son fils Philippe le Bel et nomma le chevalier Eustache de Beaumarchais pour gouverner la Navarre en le chargeant d'aller remplacer don Pedro de Montegut, élu gouverneur par les Navarrais. Les Basques du bourg de la Navarrerie d'accord avec les révoltés des provinces voulaient aussi renverser don Pedro. Celui-ci résistait vaillamment, mais ne pouvant contenir les hommes de son parti, le quartier St-Saturnin fut assailli, saccagé et tous les habitants massacrés, même les enfants à la mamelle. La fureur était si horrible que don Pedro ayant voulu arrêter le carnage fut impitoyablement égorgé par ces forcenés.

Philippe le Hardi, arrivé à Sauveterre, fut forcé, par le manque de vivres, à licencier son armée. Robert d'Artois continua l'expédition et assiégea le bourg de la Navarrerie qui demanda à capituler, mais les Français voulant venger le massacre de St-Saturnin s'emparèrent de la ville et passèrent les habitants au fil de l'épée. Quelques gentilshommes qui étaient parvenus à se soustraire furent décapités les jours suivants. Les biens de toutes ces victimes servirent à dédommager les Français échappés au carnage de St-Saturnin.

La reine légitime, fiancée à Philippe le Bel, fut mise sous la protection de la France.

Les efforts que faisait l'Aragon pour s'emparer de la Navarre décidèrent Philippe le Hardi à hâter le mariage de son fils avec la princesse Jeanne de Navarre, et il fut célébré à Paris le 15 août 1284.

Les Basques ne se soumirent nullement et les Guipuscoans profitant de ce que Mortaing au retour d'une expédition contre les Castillans qui avaient envahi leur province s'était engagé dans les gorges de *Betelu* et des *dos hermanas* s'élancèrent, au nombre de huit cent sous les ordres de don Gilles Donaz, seigneur de Larrea, des hauteurs de Beotibar et écrasèrent l'armée de Mortaing sous les rochers qu'ils firent tomber sur elle. Six mille hommes et cinquante-cinq chevaliers jonchèrent la vallée de leurs cadavres (1235). Le butin fut estimé plus de cent mille livres. Cette victoire est célébrée par les Basques comme celle de Roncevaux. Toujours les mêmes en toute occasion, les descendants des Euskariens témoignaient de leur indépendance tout en paraissant appartenir au royaume de Navarre et en prenant une part active et glorieuse à toutes les guerres que cet Etat avait à soutenir.

Charles gouverna la Navarre sans jamais y paraître, mais avec la plus grande loyauté, la plus grande justice. Il mourut à Vincennes en 1327. Ce fut en vain que le gouverneur français soutint que la couronne de Navarre revenait à Philippe de Valois ; les Navarrais s'écrièrent que le fuero ne reconnaissait pas la loi salique de France. Les Etats furent convoqués pour reconnaître Philippe de Valois et lui prêter serment. La nation se souleva aussitôt, les Ricos hombres, les Jurats et le clergé réunis à Puente la Reina prononcèrent la déchéance de Philippe et acclamèrent Jeanne fille unique de Louis le Hutin, femme de Philippe le Bon, comte d'Evreux. Isabelle reine d'Angleterre et la duchesse de Bourgogne, filles de Philippe le Long, exposèrent leurs prétentions ; mais les Etats assemblés à Pampelune déclarèrent que les deux derniers rois avaient usurpé la couronne et maintinrent la descendance directe de Louis le Hutin.

Les Etats envoyèrent le décret de proclamation à la comtesse d'Evreux. Jeanne et son époux quittèrent le comté de Normandie et se fixèrent en Navarre.

Philippe de Valois, considérant les difficultés d'une guerre dans les Pyrénées contre ces populations belliqueuses qui déjà s'y préparaient et prenaient les armes, renonça au trône de Navarre en faveur de sa cousine (1328). Toutefois il prit possession du Bigorre qui aurait dû se réunir à la Navarre, il se l'attacha par des bienfaits.

Jeanne et Philippe le Bon à leur entrée à Pampelune furent reçus avec un enthousiasme unanime. Mais toutefois les Navarrais ne manquèrent pas de revendiquer leurs anciens droits constitutionnels violés par les rois de France.

Pressés de monter sur le trône, les nouveaux souverains jurèrent qu'il ne serait pas frappé d'autres monnaies que celles de Navarre, que les étrangers seraient repoussés de toute charge publique, que le royaume ne serait vendu ni engagé pour quelque cause que ce fut, que leur premier enfant mâle serait couronné roi de Navarre dès sa naissance ; qu'ils n'auraient droit qu'à cent mille écus d'or de rente ; que toute contravention à l'une des susdites clauses les rendrait déchus du trône de Navarre, et enfin que s'ils mouraient sans enfant la Navarre rentrerait dans la plénitude de sa liberté et choisirait sans aucune intervention étrangère le prince qui lui conviendrait.

Les nouveaux souverains avaient juré mais ils ne tardèrent pas à trouver ces conditions trop onéreuses. Cependant ils s'efforcèrent à bien gouverner et à s'attacher ces Basques toujours inquiets et disposés à prendre les armes. Tous leurs efforts ne purent empêcher un soulèvement dirigé non contre le trône, il est vrai, mais contre les juifs, accusés de chercher à obtenir des princes une protection contraire aux intérêts du royaume.

Je crois devoir indiquer qu'elle était en Navarre la condition de ce peuple déicide sans nationalité, répandu sur toute la surface de la terre, et portant partout le poids de son crime. Le sang du Sauveur retombe évidemment sur lui et sur ses enfants comme il en a accepté la sentence, formulée par lui-même, en demandant la mort de l'Homme-Dieu.

Dans le douzième et le treizième siècle, les Juifs étaient comptés dans la population du royaume à côté des Maures et des étrangers reconnus. En 1170, Sancho le Sage avait admis ceux de Tudela dans l'enceinte du château avec autorisation de vendre leurs maisons, et l'exemption de toute charge à la condition qu'ils entretiendraient les fortifications de leur nouveau quartier, que leur juge serait nommé par le roi, qu'en prêtant serment ils jureraient dix fois au lieu d'une, qu'ils auraient un cimetière particulier. *Le Fuero de Sobrarbe* exemptait leurs biens de toutes dismes comme ceux des Maures à moins qu'ils ne les eussent acquis des chrétiens. En 1234, Grégoire IX ordonna qu'ils portassent un vêtement particulier. Il leur était permis d'avoir autant de femmes qu'ils pouvaient en nourrir, mais ils ne pouvaient en renvoyer une sans les renvoyer toutes.

Les Juifs poussèrent si loin l'usure que le pape Adrien par une bulle de 1256 autorisa le roi de Navarre à confisquer les biens qu'ils avaient acquis par le cumul des intérêts. Les sommes devaient être rendues aux personnes lésées, ou employées à des legs pieux. Philippe le Bel exigea que les Juifs d'Estella donnassent à leurs débiteurs la faculté de se libérer dans l'espace de dix ans (1277) et que ceux de tout le royaume se contentassent du remboursement du capital (1280).

Mais la haine populaire les poursuivait toujours, excitée plus encore par la protection dont ils jouissaient. A Estella les habitants prirent les armes et massacrèrent tous les Juifs qui leur tombèrent sous la main, puis le massacre s'étendit sur tous les points du royaume et souvent même il fut dirigé par les alcades et les jurats. Cette horrible exécution devint si générale qu'il fut impossible au roi Philippe le Bon de punir les coupables, il se borna à faire payer l'amende due à la couronne pour les homicides ordinaires, puis il s'empara des biens des victimes sans héritiers directs.

On croit que la moitié des Juifs du royaume périt dans ce massacre au nombre de mille ou douze cents.

Ces horreurs s'étendirent sur toute l'Europe. Les Pastouraux, espèce d'illuminés du nord de la France se disposaient à aller conquérir la Terre-Sainte, ils envoyèrent une de leur bande en Languedoc pour y exterminer les Juifs ; ils en avaient déjà fait périr un grand nombre quand une partie des survivants parvint à se réfugier au château royal de Verdun sur la Garonne. Les Pastouraux les y assiégèrent, les Juifs désespérant de résister à l'assaut, cinq cents d'entr'eux se coupèrent la gorge pour ne pas tomber au pouvoir des exterminateurs. Le roi fit attaquer les Pastouraux près de

Carcassonne, ils furent mis en déroute, tous ceux qui furent pris, au nombre de plusieurs centaines, furent pendus aux arbres des chemins.

Mais nous ne devons pas tracer ici l'histoire des Juifs dont le sort s'est considérablement adouci partout, bien qu'une certaine répulsion les tienne toujours à part, si ce n'est toutefois ceux que l'auréole d'une grande fortune entoure, dans ce siècle matérialiste, de la haute considération que donne la richesse. Leur nombre s'est tellement accru ainsi que leurs succès et leur ambition, que mêlés à la secte des francs-maçons, qu'ils dominent, il est à espérer que leurs succès même qui les aveuglent et leur livrent le pouvoir, lasseront les nations et amèneront la réaction que leurs excès appellent.

Peu de temps après que Jeanne et Philippe de Navarre eurent reçu la couronne, ils tentèrent de raffermir leur pouvoir en supprimant certaines clauses du Fuero qu'ils avaient juré d'observer. Ils exigèrent des droits de douane sur les fers exportés de France. Les Cinco Villas du Bastan protestèrent (1320).

Au retour de Philippe en Navarre après la bataille de Cassel, les Etats réclamèrent auprès de la reine l'entière exécution des promesses jurées à son couronnement. Les mécontents organisèrent des guerrillas qui parcoururent le pays refusant de reconnaitre l'autorité du mari de la reine. Il est propable que le roi n'obtint pas des Etats réunis à Pampelune en 1331, les pouvoirs pour détruire les rebelles, car il eut recours à un coup d'Etat et viola la constitution de 1328, en formant un nouveau conseil de douze membres qui substitua le nouveau for de Navarre à l'ancien for de Sobrarbe, sous lequel il faut le reconnaître, gouverner était difficile.

Malgré l'article de la Constitution jurée qui excluait tout étranger des charges publiques, il confia le gouvernement de la Navarre au français Henri Solibert (1331). En même temps il cherchait à dédommager la nation de la perte de ses priviléges en obtenant la restitution de l'Alava, de Bureda, de la Rioja, du Guipuscoa et de quelques autres contrées conquises par la Castille. Le mariage de la seconde fille du roi avec Pedro, fils d'Alphonse roi d'Aragon, procura la paix entre les deux Etats et amena l'échange de quelques places.

Cependant Jeanne et Philippe s'obstinaient à rester en France, et les Navarrais dans leur fierté s'irritaient de voir le gouvernement confié à des étrangers.

La reine Jeanne mourut à Paris le 3 avril 1305 laissant plusieurs enfants entr'autres Louis le Hutin, Philippe le Long et Charles le Bel qui tous les trois régneront sur la Navarre et sur la France. Les Etats de Navarre en apprenant la mort de la reine Jeanne se réunirent à Pampelune et proclamèrent sans opposition Louis le Hutin alors âgé de quatorze ans. Arnaud de Poyane, évêque de Pampelune accompagné de don Fortunio Almoravit et de plusieurs gentilshommes, se rendit en France pour lui porter l'acte de sa proclamation et le prier de venir en Navarre recevoir la couronne. Les guerres de Flandre retinrent le jeune roi; il ne put se rendre que deux ans plus tard (1er octobre 1307) à Pampelune où il prêta serment et reçut celui de ses sujets.

Il visita chaque mérindat où il jura l'observation des fuéros et des priviléges particuliers. Il brisa sans délai le parti de l'opposition en employant habilement la rigueur et les bienfaits. Fortunio Almoravit, qui avait porté à Louis l'acte de sa proclamation organisait lui-même un parti redoutable contre les princes français. Louis le fit arrêter à Estella ainsi que Martin Ximenez d'Aymar, et éloigna de la Navarre trois cents gentilshommes suspects en leur donnant des fiefs avantageux dans la Champagne et dans la Brie. L'Aragon profitait toujours des agitations qu'amenait un changement de souverain en Navarre. Jacques II vint assiéger Petilla. Les Franco-Navarrais accoururent au secours de la place ; les habitants de Sanguessa se joignirent à eux et Jacques II fut forcé de se retirer. Pour se venger de cet échec il envoya de nouvelles troupes qui pillèrent la Navarre jusqu'à Olite, mais arrivées sur l'Aragon au gué de Saint Andrian les Sanguessans se jetèrent sur elles, les mirent en déroute et prirent l'étendard royal d'Aragon qu'ils envoyèrent triomphalement en France à Louis le Hutin. En récompense de leur valeur le roi Louis leur accorda quelques priviléges et joignit à leurs armes l'écu d'Aragon portant d'argent aux quatre pals de gueules avec la légende *La que nunca faltó,* (Celle qui ne fit jamais défaut).

C'est à cette époque que l'ordre des Templiers fut détruit ; nous n'entrerons pas dans les horribles détails de la fin tragique de ces chevaliers. Ceux de la commanderie de Montréal en Navarre qui possédaient cette ville depuis 1120 subirent sans résistance l'arrêt de dispersion, ainsi que ceux de Ribaforada près de Tudela. Les chevaliers de Montesa et de Calatrava s'établirent dans les commanderies et chapelles enlevées à l'ordre supprimé.

Philippe le Bel roi de France mourut à Fontainebleau le 29 novembre 1313; la Navarre cessa alors d'avoir un roi particulier. Louis le Hutin succédait à son père au trône de France, mais il mourut peu d'années après et Philippe le Long son frère devint roi de France et de Navarre.

Louis le Hutin n'avait laissé de son premier mariage qu'une fille nommée Jeanne. Les lois navarraises l'appelaient à succéder à son père, mais Philippe le Long avait su écarter toutes les protestations et s'étant rendu à Pampelune avec son frère Charles il parvint à s'y faire proclamer. Quelques seigneurs navarrais persistèrent dans leurs protestations entr'autres don Carlos de Viana et Juan de Jaso seigneur de Xavier; ils traitaient Philippe le Long d'usurpateur et lui causèrent de nombreux embarras au milieu de ces populations qui repoussaient la loi salique et se voyaient incorporer à un Etat étranger.

Le règne de Philippe le Long dura peu; ce monarque mourut en 1321 ne laissant que trois filles mariées cause de nouvelles difficultés car la loi salique les expulsait du trône de France et les lois navarraises les appelaient au contraire à la succession de leur père. Mais Charles le Bel que nous avons vu suivre son frère et assister à son couronnement à Pampelune s'était fait de nombreux partisans.

Retenu en France il parvint cependant à décider

les Etats de Navarre à lui jurer fidélité et à recevoir son serment par simple délégation. Le gouverneur Alphonse Robray et le doyen de Chartres Juan Paté firent admettre cette dérogation aux *Fueros*, dérogation qui tendait à faire de la Navarre une province ou vice-royauté française. Les Navarrais protestèrent, les municipalités joignirent leur refus à ceux des Etats et le règne de Charles le Bel fut toléré mais non reconnu.

Le pape Benoit publia une nouvelle croisade contre les Maures d'Espagne. Les rois d'Aragon et de Castille se mirent aussitôt en campagne, celui de Navarre alors en France revint à la hâte, presque tous les seigneurs pyrénéens se rendirent à son appel. Son armée étant réunie il se mit à sa tête et se rendit à Tolède suivi de Gaston IX de Béarn, son ami et compagnon d'armes, avec ses Gascons, ses Catalans et les gens de Foix. Ce prince voulait prendre part à ce grand effort de l'Espagne chrétienne pour chasser le roi de Maroc Albohacin et enlever Algésiras boulevard des infidèles. Cette place fut assiégée par les quatre princes, des prodiges de valeur des assiégeants et des assiégés signalèrent ce siège. La ville comme le camp des chrétiens établi à Xérez, étaient encombrés de blessés à chaque nouvel assaut.

Le roi de Grenade comprenait le danger que lui faisait courir cette attaque des rois chrétiens, il vint à la tête d'une armée nombreuse au secours de la place assiégée. La position des Espagnols était critique. Les assiégés firent une sortie désespérée de concert avec le roi de Grenade qui de son côté attaqua l'armée chrétienne. La bataille devint générale et rougit la plaine de Xérez. Les Chrétiens remportèrent une victoire complète mais chèrement achetée. Gaston IX et le roi de Navarre furent blessés à mort (1343). Le premier fut transporté à Séville où il mourut le 7 juin. Le roi de Navarre resta à Xérez et ne lui survécut que peu de jours. Les restes de Gaston furent transportés à Balbonne, auprès de ceux des comtes de Foix ; ceux de Navarre furent déposés à Ste-Marie de Pampelune. Gaston Phébus succéda à Gaston IX, et Charles le Mauvais monta sur le trône de son père en Navarre.

Les sciences étaient négligées en Navarre, aux treizième et quatorzième siècles on ne s'y occupait que de décrets et de Fueros. Le petit nombre de ceux qui désiraient acquérir des connaissances allaient aux écoles de France ou d'Allemagne. Les Conseillers du Roi étaient plus versés dans l'art de la guerre que dans la science du droit, ils ignoraient les lois si bien qu'en 1391 le roi leur ordonna de suivre des cours de droit chez des professeurs particuliers. Don Carlos donnait cent florins la première année et quatre-vingt chacune des quatre années suivantes pour le cours de droit que Garcia Ximenez Cailludo suivait chez l'abbé de Aybar. En 1400 la seule école élémentaire pour toute la Navarre était à Sanguesa ; on n'y étudiait que la grammaire. En 1407 la ville de Lombier ne put obtenir d'en fonder une seconde, la reine Léonor s'y opposa en vertu des priviléges de celle de Saragosse.

Philippe de Navarre était mort à Xérez des blessures qu'il avait reçues à la bataille de ce nom contre les Maures. Jeanne ne lui survécut pas longtemps, elle mourut en 1349 ; son fils aîné Charles II fut proclamé roi à 17 ans. Il fut surnommé le Mauvais et non sans motif, il ne mérita que trop ce surnom. Il ne se rendit qu'en mai 1350 à Pampelune. Les trois ordres le reçurent dans la chambre dite Merveilleuse, conservée encore à côté du cloître de la cathédrale. Il prononça le serment et après son couronnement les gentilshommes le promenèrent sur un bouclier dans les rues de sa capitale.

Il se montra bientôt politique adroit et tenace, calculateur ambitieux, vindicatif et violent. Au lieu de chercher à s'attirer l'affection et le dévouement par la clémence, il fit saisir les principaux chefs du dernier soulèvement, fit poignarder les uns et exécuter les autres à la pointe de Miluce, au-dessous de Pampelune. Il fit alliance avec Pedro IV d'Aragon, son beau-frère, et se rendit à Burgos pour conclure un traité de paix avec Pierre le Cruel de Castille.

Nous avons dit la cruauté de Charles le Mauvais ; ce fut aussi le caractère des princes des Etats voisins. Il semblait que les rois se liguaient pour combattre et renverser le système féodal.

Charles le Mauvais eut pourtant pendant son règne des moments de gloire et de grandeur.

Le roi de Castille, Pierre le Cruel, faisait la guerre aux Maures en Andalousie ; les rois de Navarre et d'Aragon coururent joindre leurs troupes aux siennes. Gaston Phébus de Béarn, âgé de 15 ans, faisait ses premières armes sous Charles le Mauvais. Sa brillante conduite dans cette guerre lui valut « les éperons de

« chevalier et lui donna autant de gloire que seigneur « qui y fut » dit Froissard. Il demanda et obtint la main d'Agnès fille de Charles II.

Au retour de cette expédition, Charles le Mauvais ne s'arrêta pas en Navarre ; il y laissa pour gouverneur son frère don Louis et Garcia Dianiz et se rendit en France (1352) pour y jouer un rôle funeste dans les troubles de ce royaume.

Ne sachant se contenter de la couronne de Navarre, il aspirait au trône de France. Pour s'en rapprocher il demanda la main de Jeanne, fille ainée du roi Jean qui venait de succéder à Philippe de Valois mort en 1349. Ce mariage eut lieu en 1353. Jean ajouta à la dot de sa fille le gouvernement du Languedoc que Charles ambitionnait secrètement.

La Navarre longtemps opprimée par les rois de France qui avaient méconnu ses lois et ses fueros entrait facilement dans les projets de Charles le Mauvais contre le pays qu'elle haïssait. Les Navarrais le regardaient comme le vengeur des expéditions de Philippe le Hardi, du massacre de la Navarrerie, de l'usurpation de Philippe le Bel et de ses petits-fils. Le Mauvais voulait ou parvenir au trône de France en y attisant la guerre civile, ou s'il ne pouvait obtenir la couronne, faire au pays tout le mal possible par la trahison, la guerre civile et les alliances avec ses ennemis extérieurs.

C'est en suivant ce plan avec une ardeur sanguinaire qu'il a mérité le surnom qui le livre à l'exécration de la postérité tout en obtenant des Navarrais, ces Basques batailleurs et vindicatifs, non seulement le dévouement le plus empressé pour combattre la France détestée mais encore l'attachement affectueux qu'ils lui prouvèrent en reconnaissance de ce qu'il faisait avec tant d'énergie pour la grandeur et la prospérité de leur patrie.

Charles d'Espagne lui contestait le comté de Brie; il le fit assassiner. Condamné à mort pour ce crime les prières de la reine Jeanne firent commuer sa peine; il fut emprisonné au Louvre (1351). Déjà il avait perdu le gouvernement du Languedoc à la suite d'une fausse mesure. Gaston Phébus son compagnon d'armes lors de la guerre contre les Maures se rendit à Paris et demanda sa grâce; mais ayant répondu à la demande de son serment de vasselage que le Béarn avait toujours été terre libre et ne relevait que de Dieu, il fut enfermé lui-même au Châtelet. La guerre qui éclata entre l'Angleterre et la France lui fit rendre la liberté (1326). On avait besoin de lui pour l'opposer au prince de Galles sur la frontière de la Guyenne. Il obtint alors la délivrance du roi de Navarre et la cession du Bigorre.

CHAPITRE XV

SOMMAIRE :

Bayonne accepte la domination Anglaise. — Gaston Phébus et Jean d'Armagnac. — Charles le Mauvais ravage la Normandie.— Sa captivité à Arleu. — Il est délivré par cinq gentilshommes Navarrais. — Il se met à la tête des révoltés de Paris. — Gaston résiste aux Anglais en Guyenne — Paix de Brétigny avec l'Angleterre. — Charles le Mauvais traite aussi avec la France.— Il se ligue avec Pierre le Cruel contre le roi d'Aragon. — Double assassinat arrêté entr'eux mais dont l'un échoue. — Les populations basques de la Castille se rallient à la Navarre. — Les Basques découvrent Terre-Neuve. — Emigration des Basques en Amérique. — Révolte en Gascogne et en Guyenne contre les Anglais. — Mort de Jeanne femme de Charles le Mauvais. — Il marie sa fille ainée à don Henri. — Il fait reconnaître son fils Charles pour héritier présomptif. — Charles le Mauvais et le roi de Castille rivalisent de fourberie. — Cruauté de Gaston envers son fils dont il cause la mort.— Complot contre sa vie ; il use de clémence. — Repentir de Charles le Mauvais. — Sédition à Pampelune. — Mort de Charles le Mauvais.

L'Angleterre se consolidait dans la Gascogne. Bayonne même, la ville Basque, acceptait sa domination et bien plus, elle avait demandé en 1316 à être réunie à la Grande-Bretagne. Elle possédait un vaste territoire. République puissante, placée sous la protection anglaise, elle fournissait dans les guerres contre la France vingt vaisseaux et dix galères sous le commandement de ses maires qui prenaient alors le titre d'amiraux.

Gaston Phébus fut chargé de tenir en échec ce point important d'où les Anglais pouvaient tirer un secours considérable.

Jean d'Armagnac eut le gouvernement du Languedoc.

Le roi de France ne pouvait confier plus mal la défense de ses intérêts. Gaston Phébus et Jean d'Armagnac, implacables adversaires, au lieu de se réunir pour repousser les Anglais recommencèrent leur querelle. Jean d'Armagnac assaillit le pays de Foix, il assiégea Montesquiou Valvestre, fidèle alliée du comte de Foix-Béarn. La ville se défendit vaillamment et supporta la famine. Les bourgeois fiers de la devise de leur suzerain : « *Touches-y si tu l'oses*; mais ne pouvant plus lutter mirent le feu à leur ville, s'ouvrirent un passage à travers le camp ennemi et se réfugièrent au mas d'azil. Le comte d'Armagnac ne trouva que des ruines.

Mais laissons ces deux félons se faire la guerre (1355) et laisser passer les Anglais qui vinrent ravager la basse Gascogne, le Languedoc et le Roussillon et ne s'arrêtèrent que devant Narbonne que le vicomte Aymeric défendit avec tant de courage que l'Anglais dut battre en retraite. Charles le Mauvais voulut de son côté agir contre la France. Les Basques l'y poussaient vivement. Rentré en Navarre en 1356, il leva dix mille hommes les mena à Bayonne, équipa la flotte communale, la conduisit à Cherbourg et ravagea la Normandie gouvernée par le Dauphin Charles. Mais l'armée envoyée par le roi Jean de France le fit prisonnier, il fut enfermé dans la citadelle d'Arleu. La Navarre consternée fit les offres les plus généreuses et les efforts les plus énergiques pour la délivrance du captif sans pouvoir l'obtenir. Cinq gentilshommes se dévouèrent alors, ils partirent secrètement pour la Picardie, pénétrèrent dans la prison, égorgèrent le gardien, délivrèrent Charles et le conduisirent à Amiens où il fut reçu comme en triomphe (1357). L'histoire a conservé le nom de ces cinq Ricos hombres courageux, Philippe, frère du roi, Rodrigo de Uriz, Corbeiran de Lehet, Carlos de Artieda, le baron de Garro et Fernand de Ayains ; leur action et le succès furent très applaudis et célébrés en Navarre. Leurs noms et la relation de leur exploit furent inscrits sur le registre de la chambre des comptes (en Arbol de la fama) pour passer à la postérité, comme les emblèmes du courage patriotique.

Charles le Mauvais resta en France pour se venger, ce qui lui était facile pendant que les Anglais la démembraient et qu'elle était déchirée par les guerres civiles. Il devint le chef des révoltés de Paris (1358-1359). Il éprouvait la joie la plus vive que son âme vindicative put goûter. Les Anglais triomphaient de toute part. Le roi Jean était tombé en leur pouvoir avec ses plus illustres gentilshommes.

Ils trouvèrent heureusement une énergique résistance dans la Guyenne. Gaston ne pouvait suivre Charles le Mauvais dans sa haine contre la France, il prouva qu'il était invincible quand il défendait ses possessions de Marsan et du Béarn.

Pendant l'absence de Charles le Mauvais, don Louis gouvernait la Navarre avec la plus grande sagesse et la plus grande prudence.

La paix de Brétigny cédait à l'Angleterre la Gascogne et le Bigorre, mais le comte de Foix les revendiquait ; le roi Jean lui en avait donné l'investiture. Le prince de Galles invoquant son traité avec le roi de France somma Gaston de lui rendre hommage pour le Béarn, mais le comte, fier en face de l'Anglais comme il l'avait été devant le roi de France, lui fit la même réponse que le Béarn ne relevait que de Dieu. Gaston était d'autant plus fort dans ses places bien gardées et ses montagnes avec une population dévouée, ennemie du joug étranger que les Etats de Béarn venaient pour la première fois et bien librement de voter des subsides de deux livres par feu, dans l'éventualité de la guerre. « Et tant volon-
« tiers le payent ses gens, dit Froissard, que c'est
« merveilleux, car parmi ce, il n'est anglais, ni français,
« ni pillard, qui leur fassent tort d'un denier et ait
« toute sa terre ainsi sauvée. »

Je n'ai pu retenir ma plume, je l'ai laissée tracer ces quelques lignes sur les malheurs de ma patrie, cependant je n'ose continuer car ses malheurs vont grandir encore. La France se relèvera, il est vrai, mais je dois me borner à présenter quelques traits de l'histoire de la Navarre dans lesquels les Basques sont intervenus plus particulièrement. Je n'ai donc pu dire la part immense que Charles le Mauvais avait prise à toutes les calamités qui accablèrent le roi Jean et son royaume de France. D'ailleurs cette triste histoire est connue.

Après dix années de révoltes, de trahisons et de luttes, les revers atteignaient le Mauvais, la fortune l'abandonnait. La France avait payé de son or, de beaucoup d'or pour l'époque la rançon de son roi, qu'elle aimait, les révolutionnaires ne l'avaient pas encore pervertie. L'Angleterre lui laissa la paix pour un temps malheureusement trop court, et le Mauvais dut aussi traiter avec son beau-père (1361). A peu près en même temps la reine Jeanne lui donna un fils qui reçut le nom de Carlos. Le Mauvais haï en France, adoré de ses sujets, rentra en Navarre d'où il était absent depuis dix ans. Il s'empressa de récompenser les cinq gentilshommes qui s'étaient chevaleresquement exposés pour le tirer de captivité.

Il fut entraîné par Pierre le Cruel à déclarer la guerre à Pedro IV, roi d'Aragon, dans l'espoir d'agrandir la Navarre du côté de Jacca. On parvint cependant à disposer ces ennemis acharnés à traiter de la paix, mais le roi de Castille exigeait pour première condition la mort du prétendant don Henri Transtamarre, son frère, réfugié en Aragon. On croit que le roi d'Aragon finit par promettre l'extradition de ce prince à la condition qu'on lui livrerait son propre frère Fernand. Charles le Mauvais se chargea de ce double assassinat, mais ayant confié cet odieux projet au chevalier Juan Ramirez, et lui ayant même proposé de l'exécuter sous le prétexte que sa patrie y était grandement intéressée, Ramirez repoussa cette proposition avec horreur. Les instances les plus vives des princes ne purent obtenir de ce loyal chevalier la promesse du silence. Ramirez fit avertir don Henri Transtamare du péril qui le menaçait.

Charles le Mauvais et Pierre le Cruel se réunirent à

Sos et y donnèrent rendez-vous à don Henri, mais celui-ci étant averti se présenta avec si bonne escorte que les deux rois ne purent attenter à sa vie. Don Fernand ne fut pas prévenu et ne put échapper au poignard des assassins.

Une alliance entre le roi de France et le roi d'Aragon menaçait Charles le Mauvais, qui voyant enfin l'impossibilité de se venger de la France et de s'emparer du trône fit supplier Charles V par sa femme Jeanne d'épargner ses possessions. Une trêve de trois mois fut le résultat des démarches de cette princesse et préluda à une paix définitive qu'obtint Charles le Mauvais.

Les populations basques de la Castille cherchaient à se rallier à la Navarre qui représentait la vieille nationalité Vasconne. Elles envoyèrent leur soumission à Charles le Mauvais (1368) à condition de respecter les fueros.

Bayonne restait encore aux Anglais, sa population basque toujours guerrière et aventureuse produisait des marins intrépides.

On voit encore sur les côtes du golfe de Gascogne des restes de tours et de fours. Ces tours servaient aux Basques à découvrir de loin les baleines qui hantaient autrefois les côtes de Guienne. Les fours servaient pour la fonte de la graisse de ces géants des mers. Les Basques ne se bornaient pas à pêcher la baleine près des côtes, ils allaient aussi, dit Cleirac « harponner et « blesser à mort les baleines en pleine mer. » Les grands profits qu'ils en tiraient, ajoute-t-il, les rendit audacieux

à ce point qu'ils équipèrent des navires. De sorte que tout en cherchant « le repaire ordinaire des baleines ils
« ont découvert cent ans avant la navigation de Chris-
« tophe Colomb, le grand et petit banc des morues, les
« terres de Terre-Neuve, le Canada ou Nouvelle-
« France. Et si les Castillans n'avaient pris à tâche de
« dérober la gloire aux Français de la première atteinte
« de l'isle athlantique qu'on nomme Indes occidentales,
« ils advoueraient que le pilote lequel porta la première
« nouvelle à Christophe Colomb et lui donna la
« connaissance et l'adresse de ce monde nouveau, fut
« un de nos Basques terre-neufvier. »

Les Anglais instruits de cette pêche et des grands profits qu'on en tirait chassèrent les Basques des bancs de Terre-Neuve et les réduisirent à la nécessité de pêcher en pleine mer. Bientôt après la *Compagnie du Nord* se forma en Hollande. Cette association prit connaissance des procédés employés par les Basques en flattant leur amour-propre excessif, puis ils les expulsèrent comme avaient fait les Anglais, tout en les embauchant comme matelots. Les flibustiers venaient aussi recruter leurs équipages dans la vallée cantabre des deux versants.

Maintenant, pour suivre leurs goûts d'aventures et d'expéditions lointaines, les Basques émigrent dans l'Amérique du Sud à tel point que la population des Basses-Pyrénées diminue de plus en plus. En 1848 le nombre des émigrants était de 672, pour s'élever d'année en année jusqu'au chiffre de 2,838 en 1854 ; en 1855 il redescendait à 1,949. Sur ce nombre celui des femmes ne dépasse guère le quart. En 1855 le choléra vint ajouter ses ravages au résultat de l'émigration.

La pauvreté est la grande cause de cette dispersion de l'émigration, le Basque est trop fier pour supporter la misère dans son pays; mais, en outre, les dupes forment plus de moitié du chiffre total de cette émigration. D'habiles agents leur persuadent qu'ils trouveront la fortune à Buenos-Ayres, à Montevideo, etc. Mais revenons au point d'où nous nous sommes écartés.

La Navarre ne cessait de s'unir au prince de Galles pour lutter contre la France, elle se lia en 1369 avec l'Aragon contre la Castille dont elle enviait la prospérité.

La Gascogne et la Guyenne se révoltèrent enfin contre les Anglais, mais nous attendrons pour parler de cette guerre que la Navarre y prenne part.

Jeanne, la vertueuse compagne du Mauvais se rendit à Paris pour demander la liberté de ses deux fils Charles et Philippe. Elle réussit, mais à son retour elle tomba malade à Evreux et y mourut. Le Mauvais perdait en elle l'ange qui adoucissait souvent son âme irascible et lui apportait de suaves consolations au milieu des traverses que lui suscitait son caractère violent (1373).

En compensation de la restitution de quelques places réclamées par Henri Transtamare, de Castille, le Mauvais obtint pour son fils Charles la main de Léonor, fille d'Henri.

En 1376, Charles le Mauvais réunit les Cortes à Pampelune et leur fit reconnaître son fils Charles pour héritier présomptif avec substitution sur la tête de l'enfant que Léonor venait de mettre au monde.

Le roi de Navarre cherchait à reprendre à Henri Transtamare les villes qu'il venait de lui céder par un traité en bonne forme. De son côté, le roi de Castille lui rendait fourberie pour fourberie. Il gagna le gouverneur de Tudela qui devait lui livrer cette ville, clef de la Navarre méridionale. Le Mauvais informé de cette trahison appela le gouverneur de Tudela à Pampelune et le fit décapiter (1376). Le Roi de France exerça contre lui une vengeance de même nature. Son fils était allé à Paris préparer une machination ; la trame ayant été découverte Jean fit mettre le jeune prince en prison, et ses complices Dutertre et Delarue furent mis à la torture et décapités (1378).

Charles le Mauvais était méchant et malheureux, ces deux conditions se trouvent providentiellement assez souvent réunies ; ce prince nous en fournit un exemple frappant. Le jeune Gaston de Béarn venait rendre visite à sa mère Agnès, seul membre de la famille de Navarre qui pût apporter quelque consolation au roi depuis la mort de sa femme et dont le fils aîné était retenu prisonnier à Paris. Charles le Mauvais se plaisait à entourer le fils de sa sœur de caresses et de soins. Les gens de la suite du jeune prince, soupçonneux par suite de la mauvaise réputation du Roi et craignant de sa part quelque noir projet de combinaison et de vengeance politiques, remarquèrent au départ de l'enfant que le Roi lui remettait un sachet mystérieux, un philtre pour raviver l'affection de son père pour sa femme, selon les croyances superstitieuses de l'époque.

De retour à Orthez le jeune prince pensant que le philtre ramènerait plus tôt sa mère répandit la poudre sur les aliments de son père qui le surprit pendant cette opération. Persuadé que cette poudre était un poison traîtreusement donné par le Mauvais, le malheureux père fit saisir son fils et sans pitié le fit enfermer dans une tour du château malgré ses cris et ses larmes; puis il convoqua les Etats pour faire prononcer son arrêt de mort. Les députés émus de pitié pour ce jeune prince qu'ils croyaient innocent « L'espoir de tout le cœur du pays » dit Froissard, refusèrent de le condamner. Gaston se laissa fléchir et promit de pardonner, mais le pauvre enfant accablé de douleur refusa toute nourriture et resta couché, décidé à se laisser mourir de faim. Le comte vint le voir un jour pour le supplier de prendre quelque nourriture ; malheureusement, il tenait une arme à la main, le pauvre captif épouvanté ne put ouvrir la bouche. Phébus exaspéré voulut lui desserrer les dents avec la pointe de son poignard, mais dans les efforts qu'il dût faire il le blessa à la gorge et le sang jaillit. Un vieux et fidèle serviteur le reçut dans ses bras et peu d'instants après pleurait sur le cadavre du jeune prince.

Froissard et presque tous les historiens français accusent le Mauvais d'avoir eu l'intention d'empoisonner Gaston. Moret prend sa défense. C'est un mystère qu'on ne peut éclaircir.

Charles le Mauvais pour se venger de ce que la Castille avait voulu lui enlever Tudela par trahison tenta de s'emparer de Logroño de la même manière. Il crut avoir gagné le gouverneur qui feignait d'écouter ses propositions. Mais quand Charles se présenta avec son escorte, l'officier castillan l'attaqua brusquement mit l'escorte en pièces et le Mauvais ne dut la vie qu'à l'agilité de son coursier. Henri Transtamare voulut prendre aussi sa revanche de cette tentative. Il porta ses efforts contre les Anglais fidèles alliés de son antagoniste, traversa la Biscaye, franchit la Bidassoa avec une armée de vingt mille hommes. Il s'empara de Saint-Jean-de-Luz et vint assiéger Bayonne pendant qu'une flotte de deux cents voiles bloquait l'embouchure de l'Adour. Les pluies d'hiver étant survenues et son armée décimée par les maladies se trouvant réduite à douze mille hommes, Henri battit en retraite ; toutefois il fit envahir la Navarre par l'infant de Castille (1378). Les vallées furent ravagées et après avoir incendié Larroguo, Artesona et plusieurs forts, l'infant vint assiéger Pampelune, brûla les archives du royaume conservées au château de Tiabus au sud de Pampelune ; mais ne pouvant prendre cette ville il rentra en Castille après s'être emparé de Viana et d'un butin considérable.

Charles secouru par les Anglais s'était contenté de mettre à l'abri les villes de Tudela, d'Estella, de Saint-Vincent, de Lérin et s'était retiré à Saint-Jean Pied-de-Port, au fond d'une gorge inabordable ; mais, s'il était à l'abri d'une attaque ouverte, il ne l'était pas contre les traitres. Les Seigneurs de Grammont et don Sanche Ramire avaient comploté de le poignarder ; arrêtés avant l'exécution de leur crime, ils furent condamnés.

Le Mauvais ne céda pas, cette fois à son caractère cruel. Grammont subit seulement quelques mois de prison et Ramire Sanche fut enfermé à Tafalla dont il parvint à séduire la garnison picarde, il s'empara même de la citadelle ; mais les habitants dévoués au roi l'attaquèrent et l'obligèrent à se rendre. Cette fois son crime étant de haute trahison contre son pays il fut décapité.

Charles le Mauvais se décida pourtant à demander la paix au roi de Castille, elle fut conclue en 1378. Les conditions en furent ponctuellement exécutées. Les Anglais rentrèrent à Bayonne. Lancastre voulant justifier son titre de roi de Castille établit un hôtel des monnaies et fit frapper des pièces à son effigie.

Charles le Mauvais pleurait la mort de la reine et la captivité de son fils. Le roi de Castille ému de compassion obtint enfin de Charles VI qui venait de monter sur le trône de France (1382) la liberté de l'infant de Navarre. Cet adoucissement à ses chagrins ramena le roi à des sentiments chrétiens, et dès ce moment il devint le soutien des opprimés et l'appui des faibles. Il maria sa fille au duc de Bretagne (1386).

Une insurrection fomentée par un certain Tunillas éclata à Pampelune à l'occasion d'impôts et de la mauvaise administration des finances. Le roi fut épouvanté des excès qui continuèrent pendant plus de 20 jours jusqu'au moment où les Alcades purent saisir Tunillas et quelques autres chefs du désordre. Tous ces coupables furent écartelés (1386).

Charles sous le poids du chagrin, séparé de son fils retenu en Castille, désolé de la perte de la Normandie et de la sédition de Pampelune, toujours entouré d'assassins et dévoré de la lèpre, mourut à cinquante-cinq ans après en avoir régné trente-sept (1387). Dupleix et Favyn le font mourir brûlé dans des draps imprégnés d'eau-de-vie, ou dans un bain de soufre dans lequel on l'aurait mis pour le réchauffer. Moret affirme qu'il expira doucement dans son lit avec la résignation la plus chrétienne.

On a cherché à réhabiliter sa mémoire en faisant remarquer qu'il vécut dans un temps où le crime et la cruauté étaient communs parmi les princes, qui en faisaient un moyen nécessaire à l'exécution des plans de la politique. On fait remarquer aussi que le Mauvais donna à la Navarre la force de lutter contre l'Aragon, la Castille et la France, et procura son agrandissement. Toujours est-il qu'au milieu de tous ces crimes, de toutes ces félonies, de toutes ces trahisons odieuses, il surpassa tous ses émules au point d'être flétri du surnom de Mauvais. Peu importe que ce titre signifie le plus mauvais entre les mauvais ; il lui est resté, laissons l'histoire exercer sa justice.

Son fils, Charles III, revint aussitôt de Castille où il était allé prendre part à l'expédition de son beau-père, en Portugal. Il conclut avec Jean, roi d'Aragon, un traité d'alliance qu'il consolida en lui proposant la main de Jeanne pour son fils Jayme, héritier présomptif. Cette proposition fut acceptée, mais les événements ne permirent pas son exécution.

Au milieu des querelles sanglantes et qui se renouvelaient sans cesse entre les rois et les princes dont nous avons parlé dans les chapitres précédents, les montagnes et leurs vallées jouissaient d'une tranquillité que ne pouvaient troubler profondément des discussions de pâturages, des rixes, des duels au bâton, des vols de bétail. Les mœurs antiques s'y maintenaient sans changement; les coutumes, l'administration y étaient toujours les mêmes. Les grands, les princes, exerçaient le pouvoir dans les basses vallées. Ce pouvoir est comme non avenu pour les pâtres basques, abrités par les défilés, les gorges resserrées et infranchissables de las Dos Hermanas sur Loria; de Biriate sur la Bidassoa, de Cambo sur la Nive; de Mauléon sur le Cesson; d'Aviz sur l'Iratie; de Lombier sur le Salazar; de Salvatierra sur l'Esca.

Les paysans basques se tenaient toujours pour exempts des droits prélevés sur les denrées. Ils appuyaient leurs priviléges sur l'origine de leur établissement près de Bayonne. Ils avaient acheté, en 1106, la terre de Lapurdum ou Laphur d'Ury, alors inculte, pour 3300 florins avec le droit d'y bâtir, chasser, pêcher, sans aucune réserve de vasselage; et dès lors, suivant eux, ils étaient libres de toutes tailles et impôts. Pé de Poyane, maire de Bayonne en 1341, fit abolir la franchise des habitants du Labour, par décision des cent pairs. Un pont sur la Nive à Proudine, dans la commune de Villefranche, servait au passage des Lampourdans et rendait le décret inutile.

Pé de Poyane fait garder le pont, prétendant que l'autorité bayonnaise avait droit aussi loin que s'étendait la marée. Alors les Basques s'attroupent, forcent le passage et massacrent des Bayonnais qui traversaient leur pays pour se rendre en Espagne. Enhardis par l'impunité, les Basques se rendent en grand nombre à la fête patronale de Villefranche, et installent une de leurs compagnies au château de Miot, pour rançonner les voyageurs bayonnais. Pé de Poyane à la tête de la milice, marche alors contre le château de Miot. Protégé par l'obscurité, il fait enfoncer la porte, égorge la garnison basque à l'exception de cinq gentilshommes qu'il entraîne au pont de Proudine. Là, il les fait attacher à des piquets, la tête au niveau des eaux basses, et attend que le flux montant les asphixie, pour prouver aux Basques que la marée dépasse le pont. Les Basques exaspérés de cette atroce exécution formèrent des bandes qui pendant plusieurs années ne cessèrent d'exercer de cruelles représailles.

Plus tard, Bernardezi d'Albret, pris pour arbitre, fit signer aux deux partis, sur l'autel St-Léon, un pardon réciproque. Les Basques conservaient la franchise des denrées, et les Bayonnais avaient à payer quinze mille écus d'or d'amende et quatre mille pour la fondation de dix prébendes consacrées au repos des âmes des cinq gentilshommes noyés au pont de Proudine.

Charles III, dit le Noble, roi de Navarre, fit un traité de paix avec Jean d'Aragon et se fit restituer par le roi de Castille les places que Charles le Mauvais lui avait cédées pour dix ans. Il se montra généreux, ami des lettres, délicat dans ses transactions et d'une moralité dont les souverains de ce temps ne donnaient pas l'exemple aux peuples. Sa femme Léonor écoutant la calomnie, se croyait poursuivie par le poison à la cour du roi, elle le quitta emmenant avec elle ses deux filles chez son frère. Les instances de Charles III ne purent la faire revenir, elle ne laissa qu'avec peine ses deux filles encore en nourrice rejoindre leur père.

Charles III se fit couronner à Pampelune (1390). Élevé sur le pavois, les gentilshommes le promenèrent trois fois autour du chœur de la cathédrale au cri de réal, réal, réal ! La foule était si grande et si serrée que les députés des villes ne purent entrer dans l'église. Ils protestèrent pour sauvegarder leurs droits et dans leur fierté ils gardèrent rancune à la noblesse de la violation d'une égalité garantie par la Constitution.

Cependant la reine Léonor, princesse ambitieuse, ayant suscité des troubles en Castille, à la mort de son frère, fut renvoyée per le nouveau roi Henri, son neveu, à Tudela où l'évêque de Pampelune la reçut au nom de Charles III, qui, bientôt après, suivi d'un grand nombre de prélats et de gentilshommes, vint l'accueillir avec plus d'égards et d'empressement que sa conduite n'en méritait. De retour, avec elle à Pampelune, il réunit les Etats (1391) et fit reconnaitre ses filles pour héritières présomptives de la couronne, d'après les anciens principes d'hérédité qui appelaient les femmes au trône de Navarre à défaut de ligne masculine.

CHAPITRE XVI

SOMMAIRE :

Les sciences occultes. — Superstitions basques. — Don de seconde vue. — Esprits frappeurs. — Le Seigneur de Coaraze. — Orton, esprit frappeur. — Il disparaît pour ne plus revenir.

Les sciences occultes commençaient à se répandre. Introduites en Catalogne par les Arabes, dans le Languedoc par les Italiens. Telle était l'adresse mystérieuse des astrologues et des sorciers que l'archevêque de Narbonne et ses suffragants ne purent en découvrir un seul. Les empoisonnements et les maléfices (Maoudat) se multiplièrent à l'infini à l'aide de leurs criminelles manœuvres. (Don Vaissette).

Le pape Jean XXII et le Concile d'Avignon (1326) interdirent la vente des poisons; malgré cela, Toulouse devint le centre d'une association d'enchanteurs empoisonneurs, qui, à l'aide d'images de cire et de conjurations, se vantaient de pouvoir donner la mort à de grands personnages et aux rois même. (Don Vaissette).

Je ne pense pas avoir tort de rompre la monotonie de mon récit par un aperçu des superstitions basques, si elles se rencontrent encore en grande partie, un peu partout, il faut remarquer cependant que nos Euskariens dépassent les autres peuples sur ce point.

Les Vascons avaient toujours eu une grande réputation d'habileté dans la science des augures et M. Francisque Michel, que je vais souvent laisser parler apprend que le peuple basque est superstitieux presque à l'égal du bas-breton. A certaines croyances que réprouve le bon sens et la religion et qui sont répandues parmi les Français, ce peuple de prétendus esprits forts, les Basques de la Soule et de la Basse Navarre en ajoutent beaucoup d'autres. Les sombres forêts, les rochers gigantesques aux formes bizarres, les grands accidents, les grands spectacles de la nature, font rêver et portent aux excès de l'imagination, l'ignorance les répand partout ensuite.

De treize personnes à table l'une mourra dans l'année, l'éternuement est un mauvais signe qu'il faut aussitôt combattre par un souhait de bonheur. Salière renversée, couteaux en croix ou dont le tranchant est relevé annoncent des querelles. Le cri de la chouette sur une habitation, les hurlements d'un chien dans le voisinage d'un malade, signes de mort prochaine. Heureux au jeu, malheureux en ménage; le vendredi jour funeste pour commencer un voyage ou un travail. La vieille femme à dos vouté, à menton barbu, aux yeux injectés de sang est immanquablement une sorcière. Il faut fuir les gens à barbe rousse. Ce sont là des absurdités que l'on trouve partout à l'état de croyances, même aux temps les plus anciens. Dans le *Satyricon*, Eumolpe ordonne de saluer Giton qui vient d'éternuer trois fois. Pline dit: L'éternuement d'un convive qui fait rapporter un plat sur une table est de mauvais augure. Dans le moyen-âge, Roger, comte de Comminges, refuse de faire hommage au comte de Montfort qu'il avait entendu éternuer une fois. Dobrizhoffer affirme que les sauvages du Brésil craignaient aussi l'éternuement. Rabelais met dans la bouche de l'un de ses personnages : « Regardez ceste chevêche (ce chat-huant) nous sommes « assassinez » Jean de Mung dans le roman de la Rose cite le chat-huant comme

<blockquote>
Prophètes de male aventure
Hideus messagier de dolor.
</blockquote>

Le Basque va plus loin, et s'il est difficile de lui faire croire d'incontestables nouveautés, on ne peut déraciner de son esprit ce que croyaient ses pères, comme par exemple :

L'homme qui le lundi voit à son lever une femme sous sa fenêtre aura dans la semaine sept jours néfastes tissus de ronces et d'orties.

Il nous arrivera malheur si le matin nous rencontrons un prêtre, un moine, une fille.

Qui a bourse bien garnie dans sa poche, en entendant pour la première fois, au printemps, le champ du coucou, peut compter dans tout le cours de l'année sur les faveurs de la fortune.

Sur sept frères l'un doit avoir l'empreinte d'une croix au palais ou sur la langue, ce qui lui communique la vertu de guérir par la succion les morsures des chiens enragés.

Dans le Guipuzcoa, surtout, quand il se trouve sept garçons dans une famille, on donne immanquablement à l'un d'eux l'état de guérisseur. Il a toute la confiance du peuple qui le regarde comme un saint; dans tous les cas, sa profession est lucrative.

Le jour du mariage, pendant la cérémonie, le fiancé doit avoir sur les genoux un pan de la robe ou du tablier de sa fiancée; sans quoi, disent les matrones, les époux encourront le redoutable maléfice de l'*Esteca* soit une inévitable et invincible antipathie à tout jamais.

Si le célébrant oubliait de fermer le Missel après les dernières oraisons de la messe, toutes les sorcières assistant à l'office seraient clouées dans l'église tant que le livre y resterait ouvert.

On est sorcier et sorcière soit par un pacte avec le démon soit par la négligence du parrain et de la marraine pendant la cérémonie du baptême.

Tout village basque possède trois ou quatre sorciers, surtout des sorcières, pauvres vieilles qui ne vivent que d'aumônes. Elles donnent un sort, des maladies à bêtes ou gens, maudissent une maison, etc. Dès qu'elles frappent à une porte on leur fait aussitôt la charité par peur du sort. La mère apprend à son enfant à se garder d'adresser la parole à la sorcière qu'il rencontrerait sur un chemin écarté. Il doit s'éloigner au plus vite, la main droite fermée, le pouce entre l'index et le médium, et répéter sans cesse tant qu'il peut apercevoir la sorcière: *Sorguina pues, pues, pues,* (sorcière loin de moi).

Il n'est pas un Basque de n'importe quelle classe, de

l'éducation même la plus distinguée, qui ne tienne pour remède puissant l'eau dont une vieille sorcière s'est servie pour filer.

Toutes les sorcières du pays, croit-on, se réunissent le samedi soir à l'écart pour se livrer à des infamies et à des danses infernales avec les démons. Selon d'autres personnes elles tiennent conseil sous la présidence d'un roi à qui elles rendent compte de leurs actions dans la semaine, et de qui elles reçoivent les avis ou les reproches, puis l'assemblée (Akhe larria) se sépare. Les sorcières se transforment à volonté, elles traversent les espaces aussi vite que le vent grâce à un onguent dont elles se frottent.

Les Azti, au contraire, ont naturellement le don de guérir et sont bien plus en crédit que messieurs les membres de la Faculté.

En 1857, le roi des sorciers du pays basque était un *azti*, il avait alors quatre-vingts ans, habitait St-Jean-le-Vieux, près de St-Jean-pied-de-Port. Fils et frère d'officiers de santé, il n'avait jamais appris la médecine qu'il pratiquait avec succès et surtout avec profit.

Il guérissait parfois les malades abandonnés des médecins, il est vrai que ceux-ci ne sont pas sorciers. Sa réputation s'étendait au loin, de loin aussi on venait le consulter. Il savait répondre sur toute espèce de choses. Quelques personnes disent qu'il avait toujours dans sa chambre, le diable sous la forme d'un bouc, mais ce sont vraisemblablement de mauvaises langues qui parlent ainsi, puisqu'on n'a pas eu l'honneur de voir le bouc, personne ne pouvant entrer dans la chambre de ce roi.

Il tirait aussi les cartes, ce sorcier capable de tout. Perdait-on un animal, avait-on des bestiaux malades, on accourait vers le sorcier qui indiquait sans hésiter la direction du fugitif, la maladie et le remède. Ce sorcier était fort à son aise et recevait sans cesse, volailles, gibier, agneaux et mille autres bonnes choses.

Vit-il encore, celui de St-Jean-le-Vieux? Je ne le sais, mais puisqu'il est sorcier il a dû s'empêcher de mourir.

Les Basques croient aux loups garous, d'une espèce particulière; malheureux vagabonds, ces loups garous errent la nuit entière, vivent comme des animaux tout en cherchant à faire du mal. Un jeune audacieux alla pour cinquante centimes, chercher dans un champ une pioche oubliée par une femme, un loup garou l'enleva dans les airs, le porta jusqu'au dessus de Saint-Antoine, mais là le pauvre enlevé eut la bonne pensée d'invoquer le saint, et fut ainsi délivré. Je ne sais ce qui arriverait à quiconque oserait, dans le pays, traiter ceci de fable.

Surtout ne niez pas les revenants. On ne les voit pas, on les entend. Le revenant fait du bruit tantôt ici, tantôt là, le plus souvent à la cuisine, non qu'il soit gourmand. Il y remue la vaisselle à faire trembler, de peur qu'elle ne se casse; ou bien il met toutes les pièces, assiettes et autres une à une en rang sur le plancher. Il faut obtenir de parler au revenant (arima erratia) ce n'est pas facile, mais on en vient à bout. Il faut savoir ce qu'il veut. Ordinairement il y a dans le village des experts, on va les consulter secrètement. Ils vous disent tantôt qu'il faut laisser revenir l'âme en peine tant qu'elle voudra, tantôt qu'il faut absolument savoir ce qu'elle désire (errekeritcia). On met en conséquence, sur une table, du papier, une plume et de l'encre, et l'âme en peine fait alors connaître par écrit la cause de sa venue et ce qu'elle demande. On la satisfait et tout est fini, plus de bruit dans la maison, la cuisine reste parfaitement en ordre, la vaisselle aussi, vous pouvez dormir.

Ici, une étoile filante est une âme qui va du purgatoire au ciel; là, c'est l'annonce de la mort de quelqu'un.

La veille de la fête de St-Jean, on met une grosse pierre au milieu des feux allumés à cette occasion, le Bienheureux vient prier, et le lendemain matin on trouve le plus souvent des cheveux qu'il y a laissés, on les conserve précieusement. Ce même jour à minuit sonnant ceux qui ont des plaies vont les laver à la rivière. Si le coq chante alors, c'est qu'il y a un sorcier dans la maison.

Mais l'exposé de ces divagations devient trop long, je le terminerai bientôt par l'histoire du seigneur de Coaraze.

Les Basques peuplent les Pyrénées d'êtres mystérieux et bizarres, lien superstitieux entre les créatures et le monde fantastique. Le plus populaire est le seigneur sauvage (Bassa Jaon) sorte de monstre à face humaine, au fond des noirs abîmes ou dans la sombre profondeur des forêts; il est de très haute taille, sa force est prodigieuse, il est tout couvert d'un poil lisse, il marche un bâton à la main, son agilité dépasse celle du cerf. Le voyageur ou le berger entend-il son nom répété de colline en colline ; c'est *Bassa Jaon* qui le fait entendre. Des hurlements étranges se mêlent-ils au murmure des vents, aux gémissements des forêts, aux éclats de la foudre ; c'est *Bassa Jaon*. Un noir fantôme se dresse au milieu des sapins, illuminé par l'éclair, il s'accroupit sur un vieux tronc d'arbre, il laisse voir ses yeux étincelants au milieu de sa chevelure qui retombe ; c'est *Bassa Jaon*. Vous entendez derrière vous les pas d'un être invisible, leur bruit accompagne celui de vos pas, c'est toujours Bassa Jaon.

Les Basques n'admettent que deux autorités qui puissent motiver leurs croyances : 1° La loi de Dieu (*Jaincoaren-leghia*); 2° Les maximes et traditions de leurs ancêtres (*Erran zaharrac*). Ils ajoutent *Zahar hitzac, zahar hitzac* (dictons vieux, dictons sages), pour cela respect absolu. Tout ce qu'ils ne peuvent expliquer naturellement ou dont ils ne peuvent découvrir la cause est attribué à Dieu ou au démon. Certains faits du passé que la tradition a successivement dénaturés, qu'elle transmet sans en donner les circonstances qui expliqueraient le merveilleux apparent, telle est l'origine des superstitions basques. La religion comme la raison les réprouve.

Les sources d'eaux minérales abondent dans les pays basques, le peuple les entoure d'un culte superstitieux. A Cambo, la veille de la St-Jean, ils arrivent à minuit de tous les points de la contrée et se mettent à danser, après quoi ils courent aux deux fontaines, s'en rendent maitres exclusifs et, malades ou non, tous boivent à l'une ou à l'autre ou à toutes deux. Si après avoir bu il peut ensuite se baigner dans la mer à Biarritz, le dimanche après l'Assomption, le Basque est tranquille, tout le reste de l'année il est à l'abri de n'importe quelle maladie, cet usage viendrait-il de ce que il y a plus de trois cents ans, les Basques se baignaient le matin de la St-Jean et sautaient dans la nuit par dessus le feu d'herbes traditionnel, pour se préserver de certaine maladie à traiter au soufre. Le Concile d'Arles en 452 déclarait sacrilége l'évêque qui ne ferait pas les plus grands efforts pour mettre fin à ces pratiques superstitieuses.

Les maladies épileptiques, les infirmités subites et persistant d'une manière intermittente, proviennent au dire des Basques d'une influence surnaturelle et maligne, *Gaitz emana*. On cherche le coupable et malheur à la personne soupçonnée, elle devra faire disparaître l'effet de ses prétendus maléfices ou perdre la vie sous le bâton ou dans un four chauffé.

De l'Ancre dit que la maladie nommée en France chauche poulet, chauche vieille ou cauchemar, en Espagne *Pesadilla*, provient du contact de quelque sorcière. On voit dans quelques provinces des bouquets de fleurs entretenus aux fenêtres en dehors, c'est un moyen, dit-on, d'empêcher le cauchemar d'entrer dans la maison.

On a beau raisonner les paysans qui croient que la mortalité du bétail dans les épidémies provient des maléfices, des sorts jetés par les sorciers sur la demande d'ennemis, on ne peut les convaincre de l'absurdité de ces croyances. Il a été répondu, en ma présence, en pareil cas : « Vous essayez de nous détourner de nos idées en nous disant que c'est de la superstition, mais que diriez-vous donc, si comme moi, vous aviez vu la vieille X..., malgré son grand âge et sa faiblesse, à cheval sur un bœuf qu'elle a étouffé dans ses mains, ce que l'homme le plus fort ne pourrait faire. Nous avions déjà perdu plusieurs bêtes à cornes, lorsqu'après avoir corrigé consciencieusement la vieille, les bœufs cessèrent de mugir dans nos étables, et la mortalité disparut. » — « Expliquez-moi disait un autre, comment ma sœur est restée malade sans pouvoir sortir du lit, et sans que les médecins pussent comprendre son mal, et que, ayant ouvert le coussin de la malade, nous y avons trouvé comme on nous en avait averti, une figure magique en plumes, que nous fîmes brûler, après quoi la malade fut guérie en moins de rien ».

Me trouvant un jour, quoique indigne, à une réunion des premiers médecins de ma ville natale, ils furent unanimes à convenir que s'ils ne pouvaient faire tout le bien qu'ils voudraient, ni même éviter de se tromper parfois, au moins ils empêchaient en grande partie qu'on ne se livrât aux empiriques, aux charlatans qui font bien pis.

Tous les paysans basques possèdent au complet la science de sorcellerie, la plupart sous prétexte de déjouer les maléfices, et parfois pour employer les recettes magiques au profit de leurs haines et de leurs passions. Baguettes fourchues, herbes mystérieuses, formules magiques, tout ce que l'on trouve enfin dans les vieux livres de magie leur est familier. J'ai vu à Toulouse un Basque acheter une mauvaise et mince brochure in-18 intitulée *le Grand grimoire*, la payer trente francs et l'emporter tout joyeux.

Froissard fait connaître l'état de ces superstitions dans les Pyrénées par le récit suivant. Le don de seconde vue et l'intervention des esprits frappeurs communiquaient au seigneur de Coaraze le secret de voir ce qui se faisait dans toute l'Europe. Les distances n'étaient rien, sa perspicacité les supprimait, il embrassait le monde d'un regard. Il pouvait dire « on s'est battu ce matin en Portugal, en Angleterre ; l'empereur d'Allemagne est mort il y a une heure ; le pape est tombé malade aujourd'hui ». Ce don de révélation provenait, nous dit toujours Froissard, de ce que un clerc de Catalogne ayant gagné contre le seigneur de Coaraze un procès concernant les dîmes de ses terres, le gentilhomme méprisant la décision pontificale, avait expulsé maitre Pierre de son bénéfice et lui avait défendu d'y remettre les pieds. Maitre Pierre fut bien forcé de céder à la violence, mais en promettant à Coaraze de revenir sous une forme contre laquelle le tranchant de son épée serait impuissant.

« Trois mois après vinrent en son chastel de Coaraze,
« là où il se dormait en son lit, messagers invisibles
« qui commencèrent à bûcher et à tempêter tout ce qu'ils
« trouvaient parmi ce chastel, en telle manière que
« il semblait que ils dussent tout abattre et bûchaient
« les coups si grands à l'huys de la chambre du seigneur
« que la dame qui se gisait en son lit en était tout ef-
« frayée. Le chevalier oyait bien tout ce, mais il ne
« sonnait mot, car il ne voulait pas montrer courage

« d'un homme ébahi, et aussi il était hardi assez pour
« attendre toutes aventures... Quand ce vint l'autre
» nuit après suivant, encore vinrent les tempêteurs
« mener plus grand noise que devant et bûcher les
« coups mouts grands à l'huis et aux fenêtres de la
« chambre du chevalier. Le chevalier saillit sus enmy
« son lit, et ne se put ni ne se volt abstenir que il ne
« parlat et ne demandat : — Qui est-ce là qui ainsi
« bûche en ma chambre à cette heure? Tantôt lui fut
« répondu : — Ce suis-je, ce suis-je... — Le cheva-
« lier dit : — Qui t'envoie-ci?... — Il m'y envoie le
« clerc de Casteloigne à qui tu fais grand tort, car tu
« lui tolts les droits de son héritage. Si ne te lairray,
« tant que tu ne lui en auras fais bon compte, et qu'il
« soit content. Dit le chevalier. — Et comment
« t'appelle-t-on, qui es si bon messager? — On
« m'appelle Orton. — Orton, dit le chevalier, le
« service d'un clerc ne te vaut rien ; il te fera trop de
« peine si tu le veux croire ; je te prie, laisse-le en paix
« et me sers, et je t'en saurai gré. »

« Orton fut tantôt conseillé de répondre, car il s'éna-
« moura du chevalier, et dit : — Le voulez-vous? Ouil,
« dit le sire de Coaraze ; mais que tu ne fasses mal à
« personne de céans, je me chevirai bien à toi, et nous
« serons bien d'accord. — Nénnil, dit Orton, je n'ai
« nulle puissance de faire autre mal que de toi réveiller
« et destourber, ou autrui quand on devrait le mieux
« dormir. — Fais ce que je dis, dit le chevalier, nous
« serons bien d'accord, et si laisse ce méchant déses-
« péré clerc, il n'y a rien de bien en lui, fors que

« peine pour toi, et si me sers. — Et puisque tu le veux,
« dit Orton, je le vueuill. »

« Là s'énamoura tellement cil Orton du seigneur
« de Coaraze qu'il le venait voir bien souvent la nuit,
« et quand il le trouvoit dormant il lui hochoit son
« oreiller où il hurtoit grand coup à l'huis aux fenê-
« tres de la chambre et le chevalier quand il étoit
« réveillé lui disoit : — Orton, laisse-moi dormir, je
« t'en prie. — Non feroi, disoit Orton, si t'aurois
« ainçois dit des nouvelles... »

« Et quelles nouvelles dirois tu et de quel pays
« viens tu. — Là disoit Orton : je viens d'Angleterre,
« ou d'Allemagne, ou de Hongrie, ou d'un autre pays,
« et puis je m'en partis hier, et telles choses et telles y
« sont avenues... » Si savoit ainsi le sire de Coaraze
« par Orton tout quand il avenoit par le monde ; et
« maintint celle ruse cinq ou six ans, et ne s'en put
« taire, mais s'en découvrit au comte de Foix. »

Le seigneur de Coaraze, avait singulièrement excité la curiosité de Gaston Phébus, il ne voulut pas n'entendre que la voix de son esprit familier, mais connaître sa forme et son visage. Il le supplia donc de se montrer à lui. Orton lui donna rendez-vous pour le lendemain matin. Coaraze chercha attentivement à voir Orton de ses fenêtres, mais il ne put découvrir que deux longs fétus sur le pavement qui tournaient ensemble et se jouaient... « Et ce étoit-je, dit Orton ; en celle forme là
« m'étois-je mis. — Dit le sire de Coaraze : — Il ne
« me suffit pas ; je te prie que tu te mettes en autre
« forme, telle que je te puisse voir et connoître. —

« Répondit Orton : — Vous ferez tant que vous
« me perdrez et que je me tournerai de vous, car vous
« me requerez trop avant. » — Dit le sire de Coaraze :
« — Non, feras-tu, ne te tourneras point de moi, si je
« t'avois vu une seule fois je ne te voudrois plus jamais
« voir... »

Le lendemain, Coaraze passant sur une galerie aperçut dans la cour une truie excessivement maigre et décharnée. Il fit lancer ses chiens à sa poursuite. La truie poussa un grand cri, lança un regard sur Coaraze, et disparut... Dès ce moment le sommeil du sir de Coaraze ne fut plus troublé, Orton ne se fit plus entendre. Le curieux imprudent avait fait évanouir sa bonne fortune, car désormais il ne pouvait plus porter chaque semaine à Orthez ses nouvelles si fraîches.

CHAPITRE XVII

SOMMAIRE :

Mort tragique de Jean de Barcelone. — Pèlerinage de saint Patrice. — Echecs des Anglais. — Causes des conquêtes anglaises en France. — Le Béarn, le Bigorre, le Comminges ont résisté à cette invasion. — Alphonse d'Aragon accepte l'offre de la reine de Naples. — La reine Blanche de Navarre épouse Jean d'Aragon. — Les Navarrais repoussent les conditions du contrat. — Mort de Charles III de Navarre. — Jean se croit couronné. — Les Navarrais ne reconnaissent que Blanche. Siége et prise de Bayonne sur les Anglais. — Mort de Blanche de Navarre. — Charles, prince de Viana, héritier. — Son père Jean d'Aragon usurpe la royauté. — Guerre entre le père et le fils. — Captivité de Charles. — Révolte des Catalans. — Mort subite de Charles. — La Navarre déchirée par les factions Beaumont et Grammont. — Léonor et Gaston reconnus rois de Navarre. — Mort de Gaston. — Puissance de Ferdinand. — La féodalité est à son terme. — La royauté et la chevalerie.

Jean de Barcelone fut trouvé mort dans la forêt de Foxa où il se livrait au plaisir de la chasse. Cette mort tragique inspira au chambellan Ramon de Perilhos la pensée de faire le pèlerinage du Purgatoire de Saint-Patrice alors célèbre ; pour connaître la destinée éternelle de l'âme du Prince qui, à l'occasion du schisme des deux papes, s'était montré l'adversaire de l'un d'eux. Perilhos raconta comment il eut le bonheur de rencontrer son maître défunt sur la voie du ciel, mais expiant encore quelques injustices. Ce récit, précieux document de la langue romano-catalane du XIV° siècle, inspira peut-être le Dante ; il prouve, dans tous les cas, que le plateau pyrénéen parlait la même langue depuis Barcelone jusqu'à Pampelune et depuis l'embouchure de l'Aude jusqu'à celle de l'Adour, c'est-à-dire tout le plateau à l'exception des provinces Basques.

Je crois devoir donner ici ce fragment précieux :

En devene se que jeu estan am lo Papa, lo sobredig rey don Johan mon natural senhor morie, de la qual mort otro lo voler de Dieu, jeu fori mot doloyrus e trist aytant commégus servidor pot estre de la mort de son senhor. Metey me al cor en aquela hora que jeu anes en lo purgatory de San Patrice et que y entres, per saber, se far se podia, se atrobero mon senhor en Purgatory, u las penas que suffria, e en aysso me emagenay las causas e las razos que avia auzit dire a alcus del Purgatory, e après alcus dias d'aquesta voluntat que jeu abia de anar e de intrar en lo dig purgatory, per via de coffessio parliey am lo Papa disen ly tota ma inten-

Et il advint, que moi étant avec le Pape, le susdit roi Don Juan, mon naturel Seigneur mourut ; de laquelle mort, sauf la volonté de Dieu, je fus très douloureux et triste autant comme tout serviteur peut-être de la mort de son seigneur. Je me mis au cœur à cette heure que j'allasse dans le Purgatoire de Saint-Patrice et que j'y entrasse, pour savoir, si faire se pouvait, si je rencontrerais mon Seigneur en Purgatoire, et les peines qu'il souffrait, et sur ce je me rappelai les choses et les raisons que j'avais entendu dire à quelques-uns du Purgatoire, et après quelques jours de cette volonté que j'avais d'aller et d'entrer dans le dit purgatoire, par voie de confession, j'en parlai au Pape, lui disant toute mon intention, lequel très fort me reprit et me dit, que pour chocio, lo qual mot for me squivet denedet que per res del mon non essayes, e otro so que me dis, mo fe dire a alcus cardenals sos privats e especialmen à dos un era de titolas de Tarascona que era de linatge que lo sobre nom se appela Galmleiho; l'autre cardenale se appelava Josué de San Alena.

se du monde je n'essayasse pas, et outre ce qu'il me dit, il me fit dire par quelques cardinaux ses conseillers, et spécialement par deux; l'un était du titre de Tarragone de haut lignage, et du surnom de Gamielho, l'autre se nommait Josué de Saint-Alena.

« Puis il raconte son voyage en Irlande, ses aventures avant son entrée en Purgatoire. Il termine ainsi :

E aqui jeu viguy lo rei don Johan d'Araguo et vi Frayre Frances Delpueg del ordre dels frayres minores del covent de Girona

E aqui jeu parliey mot am lo rey, mon senhor, lo qual per la gracia de Dieu era en via di Salvatio. La razo perque suffria no voly dire. Bédiré que los grans reys e princeps que son en lo mon se deven, sobre todas causas, gardar que fassan justicia per far plazer ni favor a negus ni a neguna.

Et là je vis le roi Don Juan d'Aragon, et je vis frère François Delpueg, de l'ordre des frères mineurs du couvent de Girone.

Et là je parlai beaucoup avec le roi, mon Seigneur, qui par la grâce de Dieu était en voie de salut. La raison pour laquelle il souffrait je ne veux la dire. Mais je dirai que les grands rois et princes qui sont dans le monde, se doivent, sur toutes choses, garder de faire justice pour faire plaisir ou favoriser aucun ou aucune.

Ce fragment, disent les mémoires de la Société archéologique du Midi, parfaitement compréhensible pour tous les habitants du Plateau Pyrénéen, pourrait être approprié à chaque dialecte successivement avec quelques légers changements de lettres tels que le *v* en *b*, *l* en *t*, quelques *o* en *ou* et autres modifications de prononciation sans importance.

Je reprends mon récit.

Les Anglais venaient d'éprouver quelques échecs dans le Bigorre, leur influence en fut si ébranlée que les Consuls gascons et bayonnais, réunis à Agen traitèrent de leur retour avec l'autorité française. Mais la crainte de ne pouvoir plus vendre leurs laines, leurs draps et leurs vins en Angleterre décida les habitants du Labour à rester Anglais. En récompense, Henri IV roi d'Angleterre leur accorda une foire franche annuelle à Bayonne d'une durée de quinze jours.

On s'étonne que la Grande-Bretagne alors si peu importante fut parvenue à envahir la France et à la réduire presque à sa perte et cependant la raison en est simple. Toute la partie Est de la France ainsi que la Gascogne et la Guyenne n'avaient cessé de défendre leurs franchises municipale et provinciale contre les Germains et les Français même au temps de saint Louis et de Philippe le Bel devenus puissants. Les Anglais surviennent, promettent de seconder cette résistance nationale contre les empiétements des rois Francs, ils sont accueillis comme des libérateurs qui les garantiront des tailles, fouages et toutes exactions vilaines qui offensent leur orgueil et détruisent leurs coutumes antiques. Car la Gaule sous les Romains n'était qu'une réunion de communes indépendantes les unes des autres sous une autorité élective. Les municipes n'avaient avec la direction politique, qu'elle fut gauloise, romaine ou visigothe d'autre relation de dépendance que celle résultant de l'obligation du gouvernement supérieur de protéger la cité, sous la condition que celle-ci fournirait certains subsides toujours votés par les citoyens. La commune restait donc libre de refuser ces subsides en renonçant à la protection du gouvernement politique. Aussi les Anglais venant offrir d'étendre encore les libertés communales trouvèrent la conquête facile puisque non-seulement ils respectaient scrupuleusement les franchises et priviléges acquis mais qu'ils les étendaient même, et ne choisissaient les maires que parmi les officiers municipaux.

Le Béarn, Le Comminges, le Bigorre étaient restés entièrement libres, les fors y avaient été maintenus, c'est pourquoi ces provinces résistèrent victorieusement aux envahisseurs. Le Bigorre leur fut cédé par le traité de Brétigny ; mais, quand ils le perdirent, leur décadence commença et bientôt Bayonne et la Gascogne leur furent enlevées. Arnaud de Barbazan, chevalier bigorrais fit serment de ne pas déposer les armes avant la ruine de la domination anglaise. Il tint parole. Suivi de six chevaliers il combattit un jour près de Blaye un nombre égal de guerriers anglais et remporta sur eux une éclatante victoire. Charles VI lui donna pour ce haut fait un anneau d'or et une épée avec la devise *Ut lapsu graviore ruant*. Plus tard Barbazan méritait le titre de Restaurateur du royaume de France.

Alphonse d'Aragon se laissa entraîner par l'offre séduisante de la reine de Naples de lui transmettre sa couronne s'il prenait sa défense. Avant de quitter l'Espagne et pour assurer son alliance avec la Castille et la Navarre il fit épouser sa sœur dona Maria, au roi de Castille (1418), et son frère Jean obtint la main de la fille du roi de Navarre. Laissant alors la régence du royaume à la reine Marie il fit voile pour l'Italie.

Blanche de Navarre fille de Charles III était veuve de Martin de Sicile. Le roi Fernand voulait la marier à Jean son fils, mais le contrat ne fut signé qu'en 1419 à Olite. Il portait entr'autres clauses que la fille aînée de Charles III étant morte sans enfant, Blanche succéderait à la couronne de Navarre, que Jean héritier présomptif d'Aragon, réunirait les deux couronnes à la mort de Charles III et incorporerait de son chef au royaume de Navarre ce qu'il possédait en Biscaye, Catalogne et Castille.

Les Navarrais, prévoyant que ces conditions amèneraient l'occasion de faire enchaîner la Navarre à l'Aragon et à la Castille, refusèrent de participer au contrat d'Olite, et résolurent de refuser plus tard à Jean la couronne que le vieux roi lui promettait, contrairement à leurs fueros.

Cependant Jean déposa ses titres dans la chambre du Trésor de Pampelune, prit les armes de Navarre écartelées de Castille et d'Aragon, s'intitula infant des deux royaumes et s'installa avec Blanche dans le duché de Pennafield (juin 1420).

Charles III dit le Noble pour ses vertus, sa générosité, son esprit de paix et de justice mourut subitement à Olite le 8 septembre 1425, à l'âge de soixante-quatre ans après 39 ans de règne.

A la nouvelle de sa mort, Blanche qui était à Pennafield envoya aussitôt à don Jean l'étendard royal de Navarre. Jean était alors à Tarazone à l'armée d'Aragon qui devait envahir la Castille. Selon la coutume des rois de Navarre il ne quitta pas sa tente pendant trois jours et fit célébrer un service funèbre. Il sortit ensuite couvert d'armures blanches et d'une cote d'armes en velours, monté sur un genêt d'Espagne, il fit trois fois le tour du camp suivi du roi d'armes d'Aragon criant : Navarre, Navarre pour le roi Jean !

Les feux allumés sur les Atalayas annoncèrent cet événement à toutes les provinces Navarraises et Aragonaises. Il se crut couronné, mais il n'y avait que des Aragonais à Tarazone. Les Navarrais et leur constitution ne reconnaissaient que Blanche de Navarre.

Après avoir fait ensevelir les restes de Charles III dans la cathédrale de Pampelune, Blanche et Jean retournèrent à Pennafield. Les Etats profitant de leur absence, se réunirent à Pampelune. Ils refusèrent de reconnaitre le contrat par lequel le mari de la reine devait prendre le titre de roi, et déclarèrent que son fils Charles IV porterait seul le sceptre après le décès de sa mère (1425). Mais Jean profitant de la royauté de sa femme usurpa le titre de roi et dirigea l'administration malgré les Cortés et le peuple. La Navarre trop faible entre la France et l'Aragon tombait au pouvoir de la famille castillane.

La trêve des Anglais avec Charles VII de France expirait (1448). Le roi nomma Gaston lieutenant-général de Gascogne. Plusieurs seigneurs joignirent leurs troupes aux siennes. Les Anglais avaient déjà pénétré jusqu'à Mauléon dans le Soule. Gaston commença les hostilités par le siége de Mauléon. Les Anglais avaient confié la défense de Bayonne au connétable navarrais Charles de Beaumont. Gaston s'empara de Mauléon (1450) et de quelques autres places. Il fit sa jonction, près de Bordeaux, avec Dunois qui venait de chasser les Anglais d'une grande partie de la Guienne. Bordeaux capitula. L'Angleterre ne possédait plus que Bayonne, Gaston et Dunois l'investirent. Jean de Beaumont, frère du connétable de Navarre, voyant le danger que courait la ville, leva des troupes dans le pays basque, encouragea les habitants à se défendre, entoura de fossés et de palissades les faubourgs de Terride et de Saint-Léon et attendit l'ennemi.

Le 6 août 1451, Gaston attaqua Saint-Léon avec 400 lances, Dunois occupa Mousserolde avec 600. Saint-Léon fut emporté. Les Basques ne cessaient de descendre de leurs montagnes pour harceler les fourrageurs français ; ils massacraient tous ceux qui s'écartaient des camps pour faire des vivres, car la famine faisait souffrir les assiégeants, mais les Biscayens apportèrent des provisions et leurs douze navires occupèrent l'embouchure de l'Adour, fermant ainsi toute retraite aux assiégés. Les

Français reçurent de nouveaux renforts, l'église des Carmes fut prise d'assaut. Les remparts étaient attaqués avec vigueur. Jean de Beaumont se vit dans la nécessité de capituler le 16 août 1451. Les Bayonnais furent forcés d'ouvrir leurs portes à l'ennemi, et de payer cinquante mille écus d'amende; ils perdirent leurs franchises communales les plus importantes. Les bourgeois ne nommeraient plus le maire ; les Echevins et les Jurats seraient réduits au nombre de dix et les conseillers au nombre de vingt-quatre. Il y avait trois cents ans que cette ville basque avait accueilli les Anglais.

La reine Blanche de Navarre était morte en 1441. Elle laissait trois enfants : Charles, prince de Viana, héritier direct ; Blanche épouse séparée du roi de Castille et Léonor femme de Gaston. La reine dans ses dispositions dernières appelait à régner sur la Navarre si Charles mourait sans enfants et après elle Léonor de Béarn. La reine engageait Charles de Viana à ne gouverner que sous le bon plaisir de son père roi d'Aragon.

Charles se soumit et le bon accord se maintint pendant trois ans. Mais Jean d'Aragon épousa Juana Enriquez et les Etats de Navarre insistèrent pour que Charles réclamat la couronne et la renonciation de son père qui, sous le conseil de sa femme, résista d'autant plus que Charles venait de perdre sa femme dont il n'avait pas d'enfant ; soutenu par la nation, Charles prit les armes et mit ses troupes sous le commandement de Louis de Beaumont. Les Grammont, maréchaux héréditaires de Navarre, commandaient l'armée de Jean. Ces deux partis mirent la Navarre à feu et à sang.

Après des alternatives de victoires et de défaites, Charles finit par être vaincu et resta prisonnier. Il fut conduit à Tafalla puis à Mauroy. Les Navarrais réclamèrent sa liberté et finirent par amener Jean à un accommodement.

L'esprit national s'affaiblissait en Navarre, et l'audace des factions allait déchirer le pays. Les Beaumont et les Grammont lutteront les uns contre les autres avec une violence sans égale pendant plus d'un siècle. Les premiers, installés à Pampelune, représenteront la nationalité et le droit légitime. Les seconds soutiendront les prétentions des rois d'Aragon et des comtes de Foix. La guerre continua à désoler la Navarre jusque vers la fin de 1459, époque d'un traité entre Jean et son fils Charles d'après lequel ce dernier garda toute la partie de la Navarre qui s'était déclarée en sa faveur.

Mais bientôt après, Charles ayant fait des démarches pour obtenir l'appui de la Castille qui lui offrait la main d'une infante, l'ambitieuse Jeanne qui le surveillait écrivit au roi d'Aragon en lui dénonçant les projets et les menées de son fils.

Le roi d'Aragon appela le Prince auprès de lui en des termes à éloigner tout soupçon; mais, dès son arrivée, il le fit saisir et emprisonner au château d'Aljaferia.

Les Catalans se révoltèrent en réclamant la délivrance de Charles. Le roi refusa et le fit transférer à Aytona. Les Catalans firent de nouvelles démarches encore inutiles; alors, ne gardant plus de mesures ils nommèrent Charles, comte de Barcelone, et prirent les armes pour le délivrer. Les Navarrais et le roi de Castille se joignirent aux Catalans. Les confédérés s'emparèrent de Llerida. Le roi et la reine d'Aragon effrayés quittèrent Saragosse et se réfugièrent à Morella. La reine alors usa de ruse pour échapper au péril et feignant de se laisser attendrir, elle supplia le roi de pardonner à Charles. Jean eut l'air de céder et la chargea d'aller ouvrir la prison de Morella, et pour mieux apaiser la révolte il nomma son fils lieutenant général de Catalogne où il s'engageait à ne plus reparaître. Jeanne continuant sa fourberie conduisit Charles jusqu'à Villefranche où les Catalans vinrent le recevoir avec les transports de joie d'un vainqueur, son entrée à Barcelone fut un véritable triomphe.

Le parti de Charles l'emportait aussi en Navarre lorsque ce prince mourut presque subitement le 26 septembre 1461 à l'âge de quarante ans. Jeanne sa marâtre fut accusée de l'avoir fait empoisonner.

Ce roi était digne des regrets que les Navarrais et les Catalans témoignèrent. Sa vertu, sa bonté et ses actes le justifiaient. Il aimait les arts et les lettres, il protégeait les savants et les poëtes. Il avait composé des chroniques entr'autres celles des rois de Navarre, et des poésies ; il avait aussi traduit l'Ethique d'Aristote. Il laissa de plus le plan d'un ouvrage de morale générale auquel il voulut faire concourir tous les savants de l'Espagne. Il donna par testament tous ses droits à sa sœur Blanche de Castille, succession difficile qu'il indiquait par *cet os rongé par deux chiens* qu'il avait fait mettre sur ses armes. Ses restes furent déposés dans le monastère de Pobles.

La marâtre conduisit son fils à Llerida pour le faire reconnaitre et se dirigea ensuite vers Barcelone, mais les habitants lui envoyèrent dire de ne pas approcher. Elle y entra cependant aux acclamations de la populace. Mais bientôt la Catalogne se souleva toute entière. L'Aragon resta seul fidèle à Jean. Les Catalans et les Aragonais se haïssaient et s'ils s'étaient unis autrefois contre le danger commun, ils n'oubliaient pas qu'ils tiraient leur origine de deux races ennemies. Les Aragonais provenaient d'Ibériens et de Celtes. Les Catalans descendaient des Visigoths. De nos jours encore leur animosité n'est pas entièrement éteinte.

La Navarre était toujours déchirée par les deux factions des Beaumont et des Grammont. Jean effrayé des progrès des Beaumont voulut apaiser les Navarrais en rappelant Alphonse qu'il remplaça par Léonor de Béarn héritière présomptive. Mais les factions ne désarmèrent pas.

Léonor et Gaston furent reconnus roi de Navarre après la mort de Jean d'Aragon qui avait conservé le titre de roi de Navarre pendant sa vie. Les Beaumont et les Grammont furent condamnés à déposer les armes et à soumettre leurs querelles à des arbitres. Tout paraissait terminé.

Léonor voulait reprendre Pampelune qui était au pouvoir des Beaumont (1471). Deux basques, Jean d'Athonto et Michel d'Ollacarixketa, lui ouvrirent la porte de la Juiverie. Pedro, maréchal de la reine, pénétra dans la ville au milieu de la nuit avec quelques soldats, au cri de Vive la Princesse. Ces cris réveillèrent les

Beaumont qui coururent aux armes s'emparèrent du maréchal et de sa suite et les massacrèrent.

Les Beaumont et les Jurats de Pampelune furent condamnés par la reine à perdre leur fortune et la vie, mais elle ne pouvait les atteindre et ne parvint jamais à occuper sa capitale dont les habitants nommèrent *Porte de la trahison* celle par laquelle les deux basques avaient fait entrer le maréchal.

La reine demanda des secours à Gaston pour venger son affront. Il se mit en route mais arrivé à Roncevaux la mort le surprit, il expira le 8 juin 1472.

Jean d'Aragon voulait mettre un terme à ces discordes il parvint à rattacher les Beaumont au parti de la reine en mariant le comte de Lérin avec Léonor d'Aragon sa fille naturelle. Quelques Navarrais voulurent encore relever le drapeau de la vieille indépendance basque. Ils se retirèrent à Cozedas où ils succombèrent après une héroïque résistance. Avec eux s'éteignit le royaume libre de Navarre qui désormais passera de la domination aragonaise à la domination Béarnaise pour appartenir définitivement ensuite à la Castille et à la France.

Léonor abandonna Pampelune qu'elle ne pouvait plus habiter. Cette ville et la lisière des Pyrénées conservaient leurs antiques passions de liberté. La reine fixa sa résidence au château de Tafalla.

Quelque temps après les rois d'Aragon et de Castille se réunirent à Vitoria pour régler la succession de la Navarre au préjudice de Léonor. Les factions se réveillèrent avec une nouvelle fureur. Les Beaumont attaquèrent les Grammont, les luttes recommencèrent. Au milieu de ces désordres, toujours renouvelés, Jean II mourut à Barcelone le 19 janvier 1479, à l'âge de 82 ans, après 22 ans de règne.

La puissance de Ferdinand allait s'étendre sur la Péninsule. La mort de Jean le rendait maître de tous les domaines de la couronne d'Aragon et d'une fraction de la Navarre. Il avait conquis sur les Maures, Grenade, Cadix et toute l'Andalousie ; son mariage avec Isabelle lui livrait les Castilles, le Léon, les Asturies et le Guipuscoa. Isabelle lui donna un fils le 28 juin 1478 et une fille en 1479. L'Infante de Castille renonça à toute prétention à la couronne et se renferma au couvent de Coïmbre en 1480, laissant Ferdinand possesseur du trône de Castille.

L'époque que nous venons de parcourir, XIIIe, XIVe et XVe siècles, fut la plus bouleversée, la plus désastreuse. La féodalité avait procédé à l'organisation des sociétés, mais tout s'altère entre les mains des hommes et cette féodalité était arrivée à l'heure de sa dissolution.

Les souverains avaient eu un moyen facile de satisfaire l'ambition et l'orgueil des Grands en leur donnant des fiefs, ils le trouveront désormais en leur distribuant des emplois, des traitements élevés, des gouvernements, des titres.

L'exposé des causes et des moyens, en un mot, de la marche des transformations politiques nous écarterait trop du cadre borné de ce récit. Nous avons été entraînés trop souvent déjà à des écarts pour éviter la confusion et suivre le cours du temps dans l'histoire du petit peuple Basque qui ne quittait sa vie pastorale que pour aller guerroyer au service de quiconque l'y appelait ou lorsque ses libertés et ses privilèges étaient menacés.

Peu à peu la fondation de grands centres de population dans les provinces basques, telle que celle de Tolosa en 1256, vinrent modifier en partie les conditions sociales de ce peuple et le forcer, autour des grandes villes, à se livrer à l'agriculture en abandonnant la vie pastorale. Les seigneurs laissaient cultiver leurs terres, ils en retiraient un revenu tout en conservant la propriété.

Les taxes fiscales surchargeaient et inquiétaient les Navarrais ruraux. La noblesse commettait d'énormes exactions qui soulevaient les populations. La royauté intervient, dompte la féodalité, en disperse les membres, supprime les mauvais usages, les exactions, sans diminuer les libertés. Les rois se font aimer des peuples qui préfèrent un gouvernement paternel, à la tyrannie et à la cupidité d'insatiables ambitieux.

Le tiers-état apparaîtra avec le seizième siècle à la place de la féodalité abattue. La royauté trouvera dans la chevalerie d'énergiques défenseurs, des gardiens vigilants. Le chevalier, en recevant le commandement d'une place, jure de la conserver au péril de sa vie. Ces preux accomplissent d'innombrables actes de bravoure et d'héroïques dévouements. En Navarre, en 1391, le roi don Carlos institue l'ordre de chevalerie *del Collar de buena fé*, du Collier de fidélité et bientôt après celui du *Lebrel blanco*, Levrier blanc. Ces chevaliers s'obligeaient à se pourvoir d'armes, de chevaux et à réunir un certain nombre de cavaliers pour un prix convenu d'avance, par exemple soixante livres de rente pour trois cavaliers, cent vingt pour six cavaliers. Mossen Ferrando de Ayans fut payé de ses services en vêtements écarlates et autres objets d'équipement. Il est vrai que le pillage et le brigandage rendaient trop souvent lucrative cette profession de chevalerie.

La Navarre comptait au moins cent châteaux et places de guerre.

CHAPITRE XVIII

SOMMAIRE :

Derniers restes de la féodalité retranchés dans les montagnes. — Effets du luxe et de la civilisation sur les hautes montagnes.— Léonor reine de Navarre.— Sa mort.— François Phébus lui succède.— Madeleine régente. — Mort de François Phébus. — Catherine lui succède.— Son mariage avec Jean d'Albret.— Les Beaumont et les Grammont.— Catherine et Jean couronnés à Pampelune.— Les rois de France et d'Aragon convoitent la Navarre.— Mort de Madeleine.— Le comte de Lérin sauvé par la reine.— Le roi et la reine soutiennent chacun la faction opposée.— Paix entre le roi et le comte de Lérin.— Chagrins domestiques de Jean d'Albret.— Il confie les affaires du royaume au comte de Lérin.— César Borgia.— Sa mort.— Mort du comte de Lérin.— Ferdinand attaque la Navarre et s'en rend maître. — Jean et Catherine quittent la Navarre.

La réunion de tous les Etats espagnols sous le sceptre de Ferdinand fut, après l'invasion des Maures, la révolution la plus notable de la Péninsule. Les Etats pyrénéens protestèrent et prirent souvent les armes ; mais l'absorption devait avoir lieu, elle se concluera. Les invasions, les guerres de races, les Maures et les Franks par leurs menaces répétées faisaient des Pyrénées le refuge des émigrés et des peuples faibles, mais les causes ayant cessé, la paix, le commerce, l'industrie, le besoin de mouvement, de voyages lointains rappelèrent les populations des montagnes dans les basses terres et sur les rives des deux mers. Les Aragonais, les Catalans, les Navarrais se rapprochaient de la Castille et de l'Andalousie. Les populations du versant du Nord inclinaient vers la France.

Les derniers représentants de la féodalité restaient seuls retranchés dans les hautes montagnes.

A mesure que le luxe et la civilisation progressaient, les difficultés des montagnes devenaient des obstacles presque infranchissables. Les seigneurs bardés de fer, les anciens rois vrais chefs de routiers chevauchaient, se jouant des aspérités et des dangers que présentaient les monts élevés, ils traversaient les vallées, escaladaient les rocs sourcilleux, se rendaient d'un versant à l'autre avec la rapidité des cavaliers arabes. Mais ces temps héroïques se sont évanouis. Louis XI ne revêt pas la cuirasse, Charles Quint a repoussé la cotte de mailles. La cour du roi de la Navarre, de ce petit Etat est trop nombreuse, ses bagages sont trop considérables pour ces rudes et âpres sommités; assis ou couché dans une litière on évite commodément les difficultés et les périls. Les plus humbles citoyens s'empresseront d'imiter les Grands.

Vienne l'usage des carrosses, sous Louis XIII, et les Pyrénées seront plus redoutées encore pour devenir des barrières infranchissables sous Louis XIV, bien qu'un mariage ait fait dire à ce grand roi, dénigré par les pygmées du jour, qu'il n'y avait plus de Pyrénées. Et cependant qu'elle était rude encore la mollesse de nos pères sous Louis XIII et sous Louis XIV auprès de celle que nous savourons sans honte, au milieu de nos épouvantables désastres.

Les peuples pasteurs des hautes vallées s'étaient peu à peu laissés entraîner et ne prisaient plus la sobriété et la vie sévère de leurs aïeux.

Léonor, sœur de Ferdinand, déjà gouvernante de Navarre, se trouva élevée au trône par la mort de Jean II. Les Etats réunis à Tudela la couronnèrent et la veuve de Gaston IX put exercer le pouvoir royal. Elle ne l'exerça que peu de temps ; couronnée au mois de janvier 1469, elle expirait trois mois après. Ses restes furent déposés dans le couvent des Cordeliers de Tafalla qu'elle avait fondé.

François Phébus, petit-fils de Léonor, devait lui succéder, mais les obstacles s'accumulaient. Madeleine, mère et tutrice du royal enfant, n'osant pas l'exposer aux dangers que lui feraient courir les factieux qui déchiraient le pays, le laissa à Mazères et se rendit à Pampelune. Elle trouva la guerre civile dans toutes ses fureurs. Les Grammont accusaient Louis de Lérin d'aspirer à la royauté. Il s'était emparé de Pampelune, de Viana et régnait de fait sur la bourgeoisie des Cités et sur les montagnards. Les Grammont sous la conduite de Peralta et de son fils, s'étaient rendus maîtres d'Olite, de Sanguessa, de Tudela et d'Estella. Il ne restait à Phébus que St-Jean-Pied-de-Port et la basse Navarre. Cependant Madeleine fut bien accueillie, mais les factieux ne déposèrent pas les armes. Les haines des Beaumont et des Grammont allaient détruire l'indépendance de la Navarre. Pendant trois ans elle n'eût pour chefs que les factieux en révolte.

Cependant Madeleine amena son fils à Pampelune

(1482) à la tête de trois mille chevaux et Phébus âgé de quinze ans fut sacré roi dans la cathédrale le 3 novembre 1482.

Il parcourut avec sa mère toutes les villes de la Navarre en semant des bienfaits. Puis ce jeune prince, roi de Navarre, souverain de Béarn, duc de Pennafield et de Nemours, comte de Foix et de Bigorre, seigneur de Ribagorce et de Balaguer, vicomte de Castillane, de Marsan, de Gabardon, de Nébouzan et pair de France, laissa sa mère en Navarre avec le titre de princesse de Viana, régente du royaume, tutrice et gouvernante de son très-cher et très-aimé fils, et ce jeune roi, dis-je, rentra à Pau devenu la capitale de ses Etats.

Quinze mois après son couronnement, il s'amusait un jour à jouer de la flûte près d'une fenêtre du château de Pau, quand tout-à-coup il sentit les effets d'un poison si violent qu'il expira après deux heures d'atroces souffrances. On accusa Ferdinand d'avoir voulu se venger du refus du jeune roi d'épouser sa fille cadette, d'autres personnes pensèrent que l'ambition des Beaumont avaient bien pu les porter à commettre ce crime.

Catherine de Navarre succédait naturellement à son frère, elle fut proclamée avec enthousiasme, et les Navarrais lui témoignèrent le dévouement le plus absolu.

La nécessité de donner un appui à la jeune reine au milieu des menaces des factions fit que Madeleine réunit les Etats pour avoir à se prononcer sur les cinq prétendants à la main de Catherine, savoir : le duc d'Alençon, le comte d'Angoulême, Jean d'Albret, le fils du comte de Boulogne et le prince de Tarente. Après de longs débats, Jean d'Albret obtint le plus grand nombre de suffrages. Les Basques voulaient qu'on s'en rapportât à la Régente, mais sommés de se prononcer, il opinèrent contre Jean d'Albret ; il fallait, disaient-ils, non pas un enfant mais un homme de guerre.

Les Navarrais furent mécontents de n'être pas consultés dans une affaire de cette importance ; ils crièrent à la violation des fueros.

Malgré les efforts de Ferdinand pour obtenir que Catherine épousât son fils et les menaces qu'il y ajoutait, le mariage de la jeune reine avec Jean d'Albret, fut célébré à l'église de Lescar en présence des états de Béarn.

Ferdinand furieux ne garda plus de ménagements et déclara la guerre.

De son côté, le roi de France s'empara du comté de Foix et Marie d'Orléans prit les titres de reine de Navarre, comtesse de Foix et de Bigorre (1481). Pendant qu'elle était à Mazères elle mit au monde Gaston et Germaine appelés aux plus brillantes destinées.

Catherine protesta contre ces usurpations, elle envoya ses lieutenants dans le comté de Foix et la guerre ne fut qu'une alternative de prises et reprises de villes, de victoires et de défaites.

Le comte de Narbonne, malheureux dans cette guerre, recourut au poison pour faire périr Catherine et sa mère, mais le crime fut découvert au moment où il allait se commettre et Garderest que le comte avait chargé de l'exécution fut surpris et arrêté, on l'enferma dans la tour du château. Il fut jugé par le Conseil privé et condamné au dernier supplice.

Après cet odieux attentat, l'autorité de Catherine se raffermit sur quelques points.

Craignant d'être mal accueillis en Navarre où les Beaumont maîtres de Pampelune gouvernaient toujours en rois, Catherine et Jean d'Albret étaient restés dans le Béarn. Les Grammont ennemis éternels des Beaumont désirant déjouer les intrigues du roi de Castille, décidèrent la Reine à venir se faire couronner. Jean et Catherine rétablis dans leurs domaines du nord passèrent donc en Navarre suivis d'une armée, précaution nécessaire, puisqu'ils savaient devoir y trouver de puissants ennemis. Le comte de Lérin leur ferma cependant les portes de Pampelune et ils durent se réfugier dans le bourg d'Egues jusqu'à ce que les Beaumont voulussent bien les accueillir. Ceux-ci y ayant enfin consenti, la réception empressée des Cortès n'empêcha pas la population de montrer une froideur glaciale à leur entrée dans la ville.

Le successeur de l'évêque Alonzo Carillo, mort à Rome, n'étant pas encore arrivé fut remplacé de droit par le prieur de Roncevaux pour le couronnement qui eut lieu avec une pompe extraordinaire.

Jean d'Albret et Catherine se présentèrent devant les Etats réunis dans la Cathédrale, les ambassadeurs de France et de Castille assistant. Le prieur de Roncevaux leur demanda par trois fois s'ils voulaient être leurs rois et seigneurs. Le Roi et la Reine ayant fait les trois réponses affirmatives jurèrent sur la croix et les Evangiles d'observer les lois, coutumes et libertés, d'annuler les usurpations qui avaient pu être commises par leurs prédécesseurs, de conserver douze ans sans addition la monnaie battue par les Etats, de n'admettre aucun étranger aux charges et emplois publics, de n'aliéner aucune partie du territoire.

Le roi dût promettre aussi de son côté de rendre les châteaux et forteresses à l'héritier de la Reine si elle venait à mourir, de respecter la succession des filles à défaut des mâles, d'annexer la seigneurie d'Albret au royaume, de fixer la résidence de la Reine dans la Navarre, de rester tuteur des enfants mineurs si la reine lui en donnait et de remettre aux États le choix et la nomination d'un nouveau tuteur au cas où, devenu veuf il se remarierait avant la majorité de ses enfants fixée à 21 ans, et enfin de quitter le royaume s'il survivait à la reine sans en avoir eu d'enfants.

Chaque membre des Cortès fut ensuite appelé par le Prieur à jurer sur le *Te igitur* entre les mains de Jean de Jasso, premier alcade de la cour majour, père de saint François Xavier, d'être fidèle aux deux monarques, de les aider à défendre les libertés publiques ; mais, par une réserve conforme à l'ancien Fuero d'Aragon et source féconde de parjures et de révoltes, les Navarrais devaient être déliés de leurs serments si la Reine ou le Roi violait ou négligeait même quelques-unes de leurs promesses.

Un nombre considérable de prélats et de seigneurs espagnols et français assistaient à cette auguste cérémonie. Les serments étant prêtés le roi et la reine revêtirent la robe de damas blanc, fourrée d'hermine, et se présentèrent devant l'autel, en demandant le sacre à l'évêque de Couseran, Jean d'Avila remplaçant celui de Pampelune. La bénédiction donnée, les souverains prirent de leurs propres mains la couronne, le sceptre, les deux pommes d'or et l'épée, indiquant qu'ils ne tenaient leur autorité que de Dieu. Les membres des trois ordres les promenèrent sur un large bouclier autour des nefs de la cathédrale. Un *Te Deum*, une procession générale et un festin où prirent part tous les députés et procureurs, terminèrent les cérémonies du couronnement. Le peuple en liesse applaudissait vivement ce couplet d'une allégorie basque chanté sur la place :

Labrit, era erreghen Ayta. — Seme dirade. Condestable jauna Arbizate anaie.	Albret fils est roi [sir Avec son père, si tu veux réus- Auprès du connétable, notre seigneur Prends-le pour frère.

Le comte de Lérin n'assistait pas à la cérémonie, il s'était retiré dans son château de Lérin ; la solitude convenait à son chagrin de céder aux princes légitimes la royauté sur laquelle il avait compté.

Les rois de France et d'Aragon ne devinrent que plus impatients dans leur convoitise. Celui d'Aragon surtout, qui venait de marier sa troisième fille Catherine au prince de Galles, avait résolu d'anéantir l'antique nationalité navarraise.

La mort de Madeleine (24 janvier 1495) vint bientôt attrister les fêtes de Pampelune, et les deux jeunes souverains privés de cet intelligent appui ne tarderont pas dans leur imprudence à retomber au pouvoir des factions. Dans une entrevue qu'ils eurent à Alfuro avec Ferdinand et Isabelle de Castille ils commirent la faute d'acheter les bons rapports qu'ils demandaient à ces souverains en leur cédant Sanguessa et en confiant à Isabelle leur fille ainée pour qu'elle la fit élever à sa cour.

Jean d'Albret voulait se venger des Beaumont, il ne pouvait oublier que le comte de Lérin avait osé lui fermer les portes de Pampelune. Le maréchal de Grammont l'excitait aussi dans son désir de trouver à se venger de ses propres griefs. Ils décidèrent que le connétable serait mis à mort dans les champs de Taconera au moment où il s'y rendrait avec le Roi et le maréchal de Grammont. La reine avertie de ce complot voulut épargner un crime à son mari, elle fit avertir le connétable qui se réfugia dans son château d'Aspain.

Quelque temps après le roi s'étant rendu à Puente-la-Reina devait faire enlever le comte en son château de Lérin, la reine le fit de nouveau prévenir et l'appela auprès d'elle à Mendigorria. La reine ne put obtenir qu'il s'arrangeat avec le roi (1496) ; la guerre civile recommença. Ferdinand obtint que le comte de Lérin serait banni à perpétuité et lui assigna le séjour de Huesca, qu'il éleva au rang de marquisat. Mais Beaumont laissait la discorde après lui; la calomnie s'attaqua à la reine; on prétendit qu'elle avait eu des relations coupables avec l'exilé. Jean écouta ces bruits et favorisa plus ouvertement encore les Grammont.

La désunion des deux époux renforça les factions. La reine protégeait les Beaumont, le roi appuyait le parti contraire. Ils ne s'entendirent que pour l'expulsion des Juifs que les Navarrais réclamaient. Le plus grand nombre des Israélites achetèrent au prix d'une abjuration vraie ou feinte le droit de conserver leur fortune et leurs foyers, l'exil n'en frappa qu'un petit nombre (1498).

Jean et Catherine s'absentèrent de Pampelune pour visiter leurs possessions de Béarn et de Foix. Durant leur séjour à Pau ils firent réclamer à Ferdinand la restitution de plusieurs villes et territoires qui avaient fait partie de la Navarre ou y avaient été annexées par Jean II d'Aragon. Ferdinand éluda la réponse et résolut de rendre la restitution impossible en achevant d'annexer la Navarre à la Castille.

Jean et le comte de Lérin eurent une entrevue et firent la paix ; et, peu de jours après, celui-ci revint dans ses terres jouir des faveurs de son souverain (1500). Ce retour excita la jalousie des Grammont. Les factions se relevèrent et la guerre se ralluma, en même temps Ferdinand faisait avancer une armée contre la Navarre.

La guerre menaçait les Pyrénées et déjà Louis XII de France attaquait le Roussillon.

Des guerriers aragonais et cantabres inventaient des moyens de rendre la guerre plus sanglante : un Navarrais mettait la mine en pratique ; un Biscayen donnait ce nom à un nouveau projectile et les Bayonnais ajoutaient la bayonnette au mousquet.

Les modernes inventeurs de moyens de destruction sourient devant ces petits engins qui firent tant de bruit et de ravages dès leur apparition.

Ferdinand, au milieu de ses vastes projets de conquêtes eut le malheur de perdre Isabelle et dut céder son titre de Roi à l'archiduc d'Autriche, mari de sa fille Jeanne. Son ambition se concentra dès lors sur la Navarre et l'Italie. Il demanda la main de Germaine de Foix, mère du roi de France, qui eut l'imprudence de la lui accorder (1503). Cette princesse avait des droits sur le midi de la France et des prétentions sur la Navarre.

Jean d'Albret était accablé de malheurs domestiques. Les agitations de la Navarre augmentaient les chances de Ferdinand dans ses projets sur ce malheureux pays. Catherine et Jean d'Albret avaient perdu trois enfants : Jean André Phébus avait précédé au tombeau Madeleine, restée en otage à la cour de Castille. Cependant un autre fils, né à Sanguessa, vint adoucir la douleur de ces pertes.

Jean commit la faute inexcusable de confier les affaires du royaume au comte de Lérin et de supplier Ferdinand, son implacable ennemi, d'aider le Comte à gouverner la Navarre pendant ses absences.

Ferdinand forcé de se rendre en Italie pour recevoir l'investiture du royaume de Naples ne tarda pas à en revenir, mais bien loin de prendre la Navarre sous sa protection il cherchait tous les moyens de s'en rendre maitre.

Cependant Jean d'Albret venait de trouver dans son beau-frère, César Borgia duc de Valentinois, un conseiller habile qui aurait pu le sauver. César, exilé d'Italie s'était réfugié auprès de Jean; il parvint à démontrer aux deux époux la faute énorme qu'ils avaient commise en favorisant chacun un parti contraire. Jean d'Albret délaissa alors les Beaumont pour se rapprocher des Grammont. L'orgueilleux comte de Lérin, plein de rage, fit jeter dans une fosse un officier qui lui apportait un ordre du roi et refusa de se présenter à la Cour. Jean d'Albret le cita devant la Corte mayor qui le condamna à avoir la tête tranchée et à la confiscation de ses biens.

On dut envoyer une armée contre lui, elle était commandée par César Borgia qui assiégea le château de Larraga. Le Comte s'y défendit si bien que César leva le siège et fut assiéger Viana dont il se rendit maitre, mais le fort ravitaillé par le Comte ne put être pris.

Ferdinand ayant recouvré le gouvernement de la Castille par la mort de l'archiduc d'Autriche et l'aliénation mentale de sa femme Jeanne, envoya au secours du rebelle 300 chevaux sous la conduite du duc de Naxera. Ce renfort rencontra César Borgia dans un défilé, dispersa son escorte, le saisit et le fit assommer sur place (11 mars 1507). Jean d'Albret survint bientôt avec son armée; il fit ensevelir le corps de son beau-frère et jura de le venger. Après avoir ravagé les terres du comte de Lérin, il enleva d'assaut le château de Viana et la garnison de Larraga dut capituler. Peu après il s'empara de Lérin et de toutes les places appartenant au Comte dont la déroute et celle de tout son parti fut si complète que le Comte et ses partisans furent obligés de se réfugier auprès du roi d'Aragon. Sur le versant français les populations restèrent fidèles à Jean d'Albret et repoussèrent toutes les avances de Gaston.

Le comte de Lérin mourut accablé de vieillesse sans avoir pu obtenir la restitution de ses biens ; sa femme Léonor d'Aragon le suivit bientôt dans la tombe. Louis de Beaumont, leur fils, ne pouvant fléchir Jean d'Albret, eut recours à l'intervention de Ferdinand qui lui fournit les moyens de recouvrer les domaines de ses pères.

Le roi et la reine alors à Paris firent d'inutiles instances auprès de Ferdinand pour l'engager à se liguer avec eux contre Louis XII de France, qui voulait s'emparer de la Navarre pour la donner à Gaston de Foix ; mais Ferdinand au lieu d'adhérer à cette proposition, renouvela ses réclamations.

Jean réunit alors à Tudela les Cortès de Navarre, elles accordèrent le concours le plus généreux à Jean d'Albret, et sur ces entrefaites, la mort de Gaston de Foix vint le délivrer d'un ennemi redoutable.

Je crois devoir parler de la brillante campagne de Gaston en Italie, car ce héros dans ses succès fut secondé par ses Basques agiles. Ayant remarqué avec quelle lenteur les capitaines de son temps parvenaient à réunir et faire manœuvrer quelques troupes, une artillerie pesante et les énormes bagages qu'exigeait le faste des chefs, Gaston comprit qu'avec une quinzaine de mille hommes d'infanterie sans bagages, sans canons, sans autres armes que le mousquet, l'espingole et la pique, il gagnerait toujours l'ennemi de vitesse, l'attaquerait en détail, prendrait les villes avant qu'elles eussent pu se mettre en défense, enlèverait les redoutes avant que l'artillerie put être mise en mesure de tirer. Le grand capitaine mit aussitôt son plan à exécution. Bologne alors aux Français était assiégée ; il fallait renforcer la garnison. Gaston part de Finale avec 1300 lances et 14000 hommes d'infanterie, profite de l'obscurité de la nuit et des rafales de neige qui dérobent sa marche, traverse les lignes ennemies et pénètre dans la ville (5 février 1512), y laisse 100 lances et 1000 hommes d'infanterie.

Les Vénitiens avaient profité de cette expédition de Bologne pour s'emparer de Brescia, mais Gaston franchit avec la rapidité des Basques les chemins rompus, les rivières débordées, les troupes vénitiennes qu'il culbute et arrive au bout de neuf jours sous les murs de Brescia. Chaussés d'abarcas, de peau et de chanvre, les Basques grimpent aux murailles, Gaston quitte ses souliers ferrés, monte pieds nus à l'assaut avec ses soldats et la ville est prise. C'est ainsi que Gaston révèle à l'Europe que le peuple français est le peuple le plus militaire, car le maréchal de Saxe l'a dit : on ne gagne pas les batailles avec les mains, mais avec les pieds. Bonaparte, dont on ne peut contester le génie guerrier, dut aussi ses étonnants succès à la rapidité de ses manœuvres.

Louis XII ne songeait plus à conquérir la Navarre, le roi d'Aragon était donc devenu un adversaire plus dangereux pour Catherine et Jean d'Albret. Ferdinand allait agir dans son seul intérêt. Voulant commencer par enlever la Guyenne à la France il chercha le prétexte d'envahir la Navarre en faisant valoir la nécessité où il se trouvait de la traverser, il poussa même ses prétentions jusqu'à réclamer les châteaux d'Estella, de Maya et de Saint-Jean-Pied-de-Port pour protéger ses opérations contre la France. Livrer les trois plus fortes places du royaume, c'était livrer le pays tout entier, Jean d'Albret refusa en offrant d'observer la plus exacte neutralité.

Jean d'Albret, prince affable et doux, aimant l'étude et les beaux-arts, n'était pas ce que les circonstances difficiles du moment exigeaient d'un roi; la révolte couvait et il s'occupait à enrichir ses bibliothèques d'Olite et d'Orthez. Sa familiarité gasconne, loin de lui attirer l'affection des chevaliers et des bourgeois, qu'il faisait asseoir à sa table, portait ses sujets à le mépriser. La noblesse lui reprochait de se mêler aux danses publiques, les savants murmuraient contre ses prétentions à des sciences qu'il ne possédait pas. La défection générale s'annonçait.

Ferdinand se déclara, fit marcher une armée commandée par le duc d'Albe sur Vitoria, dans le but apparent de passer en France par la vallée de Roncevaux et de Roncal. La faction des Beaumont leva en même temps l'étendard de la révolte et le comte de Lérin eut le commandement d'une partie de l'armée d'invasion. Henri VIII d'Angleterre envoyait ses troupes en Biscaye pour prendre la Navarre de revers, le marquis d'Orcet débarquait 8000 archers à Saint-Sébastien pour s'emparer de Bayonne.

Ferdinand, fixé à Burgos, donna l'ordre au duc d'Albe de marcher sur Pampelune et de s'en emparer (20 juillet 1512). Jean d'Albret chercha à réunir ses troupes. Les partisans du comte de Lérin fomentaient la sédition dans la ville et se préparaient à en ouvrir les portes à l'ennemi. Le faible Jean d'Albret ne songeait qu'à échapper au péril par la fuite. Les jurats le suppliaient de ne pas s'éloigner. Il quitta la ville en promettant de revenir à la tête d'une armée considérable de Béarnais et de Gascons, et se retira à Lombier avec la reine et ses enfants (22 juillet 1512).

Le 25 juillet 1512, l'armée du duc d'Albe arriva devant Pampelune, les habitants proposèrent de se rendre dans un bref délai si Jean d'Albret ne venait pas à leur secours, ils voulaient en outre conserver leurs priviléges et rester fidèles à leur roi. Le duc leur fit répondre que le vainqueur avait coutume de dicter des conditions aux vaincus et non de les subir et que s'ils voulaient éviter les désastres d'une ville prise d'assaut, ils n'avaient qu'à se rendre à discrétion. Les portes lui furent ouvertes.

Jean d'Albret, voyant la défection des Navarrais, demanda la paix. Le roi d'Aragon y mit pour condition que l'héritier présomptif de la couronne de Navarre lui serait remis comme ôtage, que toutes les places fortes lui seraient livrées jusqu'à ce que les différends du pape avec le roi de France fussent terminés. Trop faible Jean, au lieu de se révolter contre de telles exigences, et d'y retrouver le courage de résister, craignant de plus l'effet des menaces du comte de Lérin et d'être livré à son ennemi personnel, se retira dans le Béarn, suivi du maréchal et des partisans de Grammont. La Navarre fut ainsi abandonnée tout entière à Ferdinand.

« Roi don Juan, » disait amèrement Catherine en se

retirant avec lui, « simple Juan d'Albret vous fûtes, « simple Juan d'Albret vous redevenez, car, ni vous, ni « vos successeurs, ne recouvreront le trône de Navarre, « mais si vous aviez été Catherine et que j'eusse été « Juan d'Albret, la Navarre n'aurait jamais été per-« due. »

Le château de Tudela, défendu par Denis Deja, celui d'Estella, ceux du Val de Roncal et d'Amescua résistèrent seuls et firent encore flotter l'étendard navarrais aux chaînes tressées de Sancho le Fort, mais l'antique patrie des Basques, dont les Maures n'avaient pu se rendre maîtres, déchirée maintenant par des factions, tombait presque sans résistance au pouvoir de Ferdinand. Il ne restait à Jean d'Albret que la Basse Navarre.

Toutefois, en passant sous la domination de Ferdinand, la Navarre maintenait intact son fuero politique, elle conservait, sous les rois de Castille, l'autonomie administrative, les prérogatives civiles et politiques pour lesquelles ce peuple avait lutté durant tant de siècles.

La Navarre perdait son indépendance nationale, mais en même temps s'éteignaient les factions, les bandes, les assassinats et les massacres politiques, elle gagnait ainsi l'apaisement des ambitions individuelles. Que ne pouvons-nous en France obtenir ces avantages, ils sauveraient notre nationalité menacée et la liberté dont pour le moment les révolutionnaires ont seuls le privilége.

CHAPITRE XIX

SOMMAIRE :

Ferdinand essaye de soulever le Béarn pour s'en emparer, il ne peut réussir. — Les Navarrais prêtent serment de fidélité à Ferdinand. — Jean d'Albret obtient un secours de Louis XII et rentre en Navarre. — Ses lenteurs le font échouer, il perd la Navarre sans retour. — Mort de Ferdinand. — Agitation en Navarre. — Catherine en profite pour tenter de la reconquérir. — Son armée est repoussée. — Mort de Jean d'Albret. — François Ier fait un traité avec Charles V, la restitution de la Navarre y est stipulée. — Mort de Catherine de Navarre. — Henri d'Albret obtient un secours considérable de François Ier et se rend maître de la Navarre pour la perdre aussitôt. — Ignace de Loyola blessé au siège du château de Pampelune. — Défection du connétable de Bourbon. — Henri d'Albret captif avec François Ier. — Il s'échappe. — La Navarre conserve ses privilèges. — Les Pyrénées asile des saines doctrines religieuses. — Ignace de Loyola renonce au monde. — Ses études. — Il va à Rome, présente l'Institut de la compagnie de Jésus au Pape Paul III. — Il est approuvé. — Marguerite de Béarn et sa cour. — Henri d'Albret, substitue l'agriculture à l'élevage des troupeaux. — Mort de François Ier. — Mort de Marguerite de Béarn. — Jeanne, sa fille, perd deux enfants. — Naissance d'Henri IV.

Maître de la Navarre, Ferdinand voulait encore enlever le Béarn à Jean d'Albret. Il fit sonder les Béarnais qui, sur les premières insinuations de l'évêque de Zamora envoyé par le roi, l'arrêtèrent et le retinrent prisonnier jusqu'à ce qu'il eut payé rançon.

Le duc d'Albe somma les Navarrais de prêter le serment de fidélité à leur nouveau souverain, ceux-ci demandaient que le mot *sujet* fut substitué au mot *vassal*, mais ils essuyèrent un refus absolu et ils durent se soumettre.

Tudela restait fidèle à Jean d'Albret, ainsi que le Roncal, Amescua, Salvator, Saint-Jean-Pied-de-Port, Saint-Jean-de-Luz et Monjela, mais toutes ces places ainsi que les populations durent se soumettre et sentirent les effets de la colère du vainqueur. Les fortifications de Saint-Jean-Pied-de-Port et de Saint-Jean-de-Luz furent rasées.

Le malheureux Jean d'Albret se vit sur le point d'être dépouillé aussi de ses États de Béarn, cependant Louis XII lui fit rendre justice. Il obtint même de ce roi une armée de plus de quarante mille hommes outre la cavalerie et l'artillerie nécessaires. Cette armée se dirigea sur la Navarre sous les ordres de François d'Angoulême, de Charles de Montpensier, d'Odet de Foix vicomte de Lautrec, de Jacques de Chabannes et du seigneur de la Palisse.

Jean d'Albret joignit ses troupes à celles du seigneur de la Palisse et entra en Navarre par le Val de Roncal, prit Ochagavia et assiégea Burgui dont la garnison fut passée au fil de l'épée. Odet de Foix, de son côté, entrait dans le Guipuscoa, prenait Irun, Irauzun, Hernani, Renteria, Saint-Sébastien et assiégeait Pampelune après avoir fait sa jonction avec Jean d'Albret. (15 octobre 1512).

Les Grammont avaient soulevé une grande partie de la population contre Ferdinand qui menaçait leurs privilèges Plusieurs villes arborèrent l'étendard national:

le duc d'Albret qui résidait à Saint-Jean-Pied-de-Port, effrayé de ces défections courut au secours de Pampelune et se glissant dans les sentiers des montagnes, échappa à Odet de Foix et à La Palisse qui avaient quitté le siége pour marcher contre lui, pendant que le duc d'Angoulême lui couperait la retraite.

Jean d'Albret, toujours irrésolu dans l'espérance que ses sujets lui ouvriraient les portes de Pampelune en poussait faiblement le siége. Il se tenait même à deux lieues de l'Arga pour que la campagne ne fut pas ravagée. Ces lenteurs permirent à l'ennemi de lever six mille hommes et d'en envoyer six cents vers Pampelune, mais soixante et dix pâtres basques du Roncal se jetèrent sur eux, en tuèrent deux cent et renvoyèrent les autres après les avoir dépouillés. Si l'exemple de ces pâtres avait été suivi dans toute la Navarre, elle aurait conservé son indépendance.

Le siége de Pampelune n'avançait pas, un renfort considérable put y être introduit. Presque toutes les villes reprises retombèrent au pouvoir de Ferdinand. Ces revers décidèrent Jean d'Albret à pousser plus vigoureusement le siége. Il se rapprocha des murs et attaqua la porte Saint-Nicolas, mais malgré la fatigue des Gascons, des Béarnais et des Bigorrais, le succès ne répondit pas à leur valeur et ils furent obligés de battre en retraite. Les Français résolurent d'attendre que la disette réduisit la ville. Cependant le 29 novembre, Jean d'Albret se préparait à donner un nouvel assaut lorsque le duc de Naxera parut sur la montagne de Reniega avec six mille fantassins et un gros corps de cavalerie.

Les Français lui présentèrent la bataille, il la refusa. Alors les généraux français, rappelés par Louis XII qui envoyait cette armée en Italie, se retirèrent par la vallée de Maya.

Les Guipuscoans, sous la conduite des seigneurs Gingorré et Lizaré tombèrent sur l'arrière-garde composée d'Allemands, la mirent en déroute et prirent douze canons que l'on voyait encore dans le château de Pampelune sous Louis XIII. Ferdinand pour récompenser les Guipuscoans leur permit de porter les armes d'Azur à douze pièces de canon d'or. On retrouve souvent ces signes héraldiques dans les blasons des montagnards basques.

La Navarre était perdue sans retour. Le duc d'Albe fut nommé Vice-roi, il fit construire la citadelle de Pampelune pour mettre cette ville à l'abri d'un coup de main.

Profitant des troubles de la Catalogne révoltée contre Ferdinand, Jean d'Albret le fit sommer de lui rendre la Navarre; mais, bien que ce fier conquérant approchat de sa fin, empoisonné par un philtre que la reine lui avait donné depuis plus d'un an, il répondit qu'il n'avait pas conquis ce royaume par la force des armes pour le céder à la simple réclamation d'un ambassadeur. « Tu re-« fuses, » répartit courageusement le prêtre envoyé de Jean, « eh bien! c'est au tribunal de Dieu que je cite le « spoliateur de mon maître. »

Jean d'Albret essaya de nouveau de recourir aux armes, mais malgré les traits d'héroïsme de plusieurs de ses capitaines il échoua. La Navarre perdit son titre de royaume et fut incorporée à la Castille.

Ferdinand s'était mis en route pour le pèlerinage de Notre-Dame de Guadalupe, dans la Sierra Morena, quand une nouvelle attaque le surprit à Madrigaleño où il mourut le 22 janvier 1516.

Son petit-fils Charles d'Autriche (Charles-Quint) lui succédait. François Ximenez Cisneros était institué vice-roi.

La mort de Ferdinand fut l'occasion d'une grande agitation en Navarre où les Castillans remplissaient toutes les charges, tous les emplois, au détriment des Navarrais.

Catherine crut pouvoir profiter du mécontentement pour faire une nouvelle tentative sur Pampelune. Elle réunit quelques troupes, mais elles furent battues et dispersées. Les principaux chefs furent tués ou restèrent prisonniers, entr'autres l'infortuné Pedro, maréchal de Navarre, dans les papiers de qui on trouva une lettre du comte de Lérin par laquelle il offrait sa coopération à Catherine. Le cardinal Ximenez ordonna de s'emparer du traître, mais il se défendit vaillamment et se réfugia dans ses terres.

Ximenez fit détruire toutes les places fortes de la Navarre à l'exception de Pampelune, Lombier, Puente-la-Reina et le château d'Estella.

Jean d'Albret ne survécut pas longtemps à ce dernier échec de Catherine, il mourut dans sa retraite de Squarabaque le 15 mai 1516, quelques mois après Ferdinand.

Il avait ordonné qu'on portât ses cendres à Pampelune; mais Ximenez s'y opposa, il fut enseveli à Lescar.

François Ier demanda à Charles-Quint la restitution de la Navarre. Un traité fut signé et stipula que la Navarre serait restituée à la famille de Béarn. Mais lorsque Catherine réclama l'exécution de ce traité, Charles qui était en Belgique, répondit que la question demandait à être examinée de près et qu'il s'en occuperait à son premier voyage en Espagne. Ce délai ne devait pas finir et la malheureuse Catherine expira dans la douleur huit mois après son mari (décembre 1516). Ses cendres furent portées à Lescar auprès de celles de Jean d'Albret.

Henri d'Albret, leur fils, ne fut pas plus heureux dans ses réclamations auprès de Charles-Quint. Ce monarque devenu empereur d'Allemagne ne résidait plus en Espagne, où son absence provoqua de graves séditions en Castille, elles motivèrent le rappel des garnisons des places de la Navarre. Henri d'Albret crut le moment favorable pour reconquérir ce royaume. Ayant obtenu un secours de François Ier, il enleva Saint-Jean-Pied-de-Port (1521) et marcha sur Pampelune par la vallée de Roncal. Le vice-roi de Navarre, Manriquez de Naxera, croyant la résistance impossible, se retira en Castille, le château de Pampelune conserva seul sa garnison. Convaincus qu'ils ne pouvaient résister, les chefs voulaient capituler, mais le jeune capitaine guipuscoan s'y opposa énergiquement. Sa résolution électrisa ses camarades. Dans un des assauts, l'héroïque capitaine guipuscoan tomba blessé d'un éclat de boulet. Le navarrais Squarabaque se rendit maître du château.

Le jeune capitaine Guipuscoan, blessé, n'était autre que le gentilhomme Ignace de Loyola qui devait bientôt fonder la compagnie de Jésus.

Maître du château de Pampelune, d'Asparaut, chef de l'expédition d'Henri d'Albret, n'eut plus qu'à parcourir la Navarre, toutes les places se rendirent et les habitants l'accueillaient aux cris de : Réal, réal à Henri d'Albret. En un mois cette conquête fut achevée. Enivré par ce succès Henri voulut recouvrer aussitôt les anciennes possessions navarraises de Rioja, Barreda, Alava, Vitoria et Calahorra. Il franchit l'Ebre et eut l'imprudence de renvoyer la moitié de ses troupes sous la conduite de Sainte-Colombe. Ce capitaine infidèle spécula sur l'autorisation qu'il donna aux fantassins de rentrer en France. Les gouverneurs de Castille ayant apaisé les séditions, dirigèrent leurs efforts contre Henri d'Albret. Le duc de Naxera fit une levée considérable et força d'Asparaut à rentrer en Navarre sans attendre les secours qui devaient arriver. D'Asparaut eut la témérité de présenter la bataille malgré son infériorité numérique. Cinq mille franco-navarrais périrent et d'Asparaut lui-même fut fait prisonnier. Les débris de l'armée se réfugièrent à Bayonne (15 juin 1521).

Les Espagnols reprirent la Navarre aussi rapidement qu'elle était tombée au pouvoir d'Henri d'Albret qui ne conserva que Saint-Jean-Pied-de-Port avec le fort de Pignon et toute la Basse-Navarre protégée par les hautes montagnes.

François Ier voulut prendre sa revanche de ces échecs, mais ne put réussir. Après de sanglants combats où les

Basques se couvrirent de gloire, les fautes des chefs ruinèrent le parti d'Henri d'Albret. Attaqué dans le Béarn il se vit sur le point de perdre toutes ses possessions.

La défection du connétable de Bourbon fut fatale à la France et amena la reddition de Fontarabie, dernier asile de la nationalité navarraise.

Henri d'Albret, après cette triste expédition, reçut les plaintes des Etats de Béarn, qui, après tant de sacrifices d'hommes et d'argent, avaient été pour la première fois ravagés par l'ennemi. Le prince fut obligé de reconnaître ses torts, il jura d'observer à l'avenir les articles du for.

Ce prince avait perdu la Navarre à peine reconquise et cela non par la faute de ses vaillants Basques et Béarnais, mais par l'imprudence des chefs de ses troupes alliées et par la faiblesse de son caractère, il nomma son frère Charles lieutenant de ses Etats, et suivit l'armée française en Provence et dans le Milanais pour chercher à se venger de Charles-Quint.

Il partagea la captivité de François Ier après la bataille de Pavie, et parvint à s'échapper grâce au dévouement de son page François de Rochefort, qui avait pris sa place en trompant les gardiens. Moins heureux, François Ier était emmené captif en Espagne.

Bien que la Navarre eut été conquise par les armes, elle conservait des priviléges et des libertés qui laissaient son administration, ses lois, son individualité même, à peu près sans changement. Elle gardait son autonomie; une députation formée de sept membres élus par les sept mérindads, résidait à Pampelune, votait et percevait les impôts, nommait à tous les emplois civils et judiciaires, dirigeait toutes les branches de l'administration sans immixtions de la part du gouvernement castillan. Les revenus publics étaient employés en entier dans le pays même. Ainsi le roi n'était que le protecteur de la fédération représentative des Basques qui n'ont cessé de défendre leurs priviléges, ainsi qu'on le verra dans la dernière guerre des fueros dirigée par Zumalacaréguy.

La Basse-Navarre, restée à Henri d'Albret, jouissait des mêmes priviléges civils et politiques. Sa députation se réunissait à St.-Palais. Elle formait la mérendad d'Ultraquertos et comprenait : 1° le Guzari, vallée de Saint-Jean-Pied-de-Port (Dominane Gazari); 2° Le Suberna (Soule) Mauléon et Tardetz (Maouleo et Tardetze); 3° L'Amieuse (Bois de Mixe) ou vallée de St.-Palais (Dona phaleu); 4° le Baigorri; 5° l'Arberoe; 6° l'Ossau; 7° l'Ostabal; 8° la Cese.

En se rendant maître de la Navarre espagnole, Ferdinand et Charles-Quint y avaient maintenu les fueros. Ces souverains s'étaient donc bornés à l'avantage incontestable de mettre des garnisons espagnoles dans les places fortes de la lisière des Pyrénées sous le commandement d'un vice-roi et de résister ainsi aux entreprises de la France qui, jusques là, en s'alliant à la Navarre pouvait porter ses armes sans coup férir au cœur de la Castille, au-delà de l'Ebre et des Sierras de Montcayo et d'Urbion. Les Basques, après une résistance héroïque, s'étaient retirés dans leurs montagnes.

L'influence religieuse s'était affaiblie. Une guerre violente était déchaînée entre la science orthodoxe et la licence de la pensée, cette guerre avait son germe en Angleterre et en Allemagne. Les Pyrénées seront le dernier asile des saines doctrines religieuses et sociales comme elles l'ont été des libertés politiques et civiles dans les clans basques.

Ignace de Loyola, blessé au siège de Pampelune, était resté sur son lit de douleur, où en attendant sa guérison il lisait, réfléchissait et s'instruisait. Frappé des menaces violentes du protestantisme contre la religion, le guerrier chrétien renonça à la milice armée pour entrer dans celle du sacerdoce. Dès que sa santé le lui permit, il se rendit au pélerinage de Monserrat y déposa ses armes sur l'autel de la Vierge Marie, se dépouilla de ses vêtements mondains qu'il échangea contre ceux dont était couvert un pauvre mendiant, devint mendiant lui-même, et se retira dans la grotte de Manresa. Après plusieurs mois de méditation et de pénitence, il se rendit à Barcelone dans l'intention de passer en Judée et de mourir dans la retraite de saint Jérôme ou de saint Basile.

Les circonstances s'opposèrent à l'exécution de ce projet. Il utilisa son séjour à Barcelone en continuant ses études pour combattre plus utilement le scepticisme religieux et les excès des libertés constitutionnelles. Il voulait approfondir les sciences humaines pour mieux attaquer et vaincre leurs erreurs et les inspirations de l'esprit du mal qui en sont la base. De Barcelone il passa à l'âge de trente ans à l'université d'Alcala ; ses desseins et ses opinions n'y étant pas admis, il se rendit à Salamanque et enfin à l'université de Paris. Il y séjourna quelque temps et rentra dans le Guipuscoa, sa patrie. Il s'établit à l'hospice d'Aspeitia, où il commença le cours de ses prédications.

Sa famille ne voulut pas d'abord tolérer sa vie de dénûment qu'elle regardait comme un abaissement indigne de sa naissance; mais, touchée plus tard de sa sainteté, de ses miracles, de ses travaux prodigieux, elle revint entièrement à lui et se glorifia de lui appartenir. Notre saint se rendit à Rome avec quelques jeunes gens qui avaient adopté ses principes. Dès les premiers jours de son arrivée dans la capitale du monde catholique, il soumit au pape Paul III le plan de l'Institut qu'il mûrissait depuis plusieurs années. Les premiers combattants de cette sainte et célèbre phalange étaient au nombre de dix, tous prêtres, maîtres ès-arts, gradués dans l'Université de Paris ; saint François Xavier était compris dans ce nombre, il était né en Navarre en 1506. On y compta bientôt encore les frères Esteban et Diego de Eguia, navarrais aussi ; saint François de Borgia, duc de Candie, vice-roi de Catalogne, quittant les grandeurs humaines pour un modeste emploi dans la cohorte du divin Sauveur Jésus, et devenir plus tard le troisième général de l'Ordre.

L'Institut du basque Loyola fut approuvé. Nous ne pouvons donner ici l'histoire de la Société de Jésus. Souvent persécutée, la divine Providence la défend et la soutient, Elle l'a suscitée, Elle la garde, et partout cette Société continue à faire le bien. Elle n'admet dans son sein que des hommes supérieurs par leur savoir, leur abnégation et leur zèle dans la défense de la Foi ; on ne peut nier leur supériorité, leur talent et leurs succès dans l'éducation et l'instruction de la jeunesse. Partout elle amène les populations à reconnaître, aimer et servir Dieu. De là, la fureur des libres-penseurs, des francs-maçons et des Juifs leurs promoteurs, leurs inspirateurs. Je ne puis nommer la secte des francs-maçons sans être entraîné à citer ce qu'en disent des hommes bien connus qui, après s'être laissé aller à en faire partie, abusés qu'ils étaient par ces vains mots de philanthropie, bienfaisance et même tolérance, appas trompeurs dont les adeptes ornent leurs insinuations et leur propagande ; ces détrompés, dis-je, hommes de bonnes intentions et de bonne foi, se sont retirés avec dégoût et repentir de cette impie association, en proclamant bien haut, en publiant dans des volumes qui sont lus avec avidité leur étonnement de la sottise, de la niaiserie des dupes, soumettant leur raison, leur intelligence à cet amalgame de bêtises, d'inepties, de puérilités, de singeries, de bassesses. Je ne puis que renvoyer mes lecteurs aux ouvrages déjà nombreux dans lesquels sont énoncées des monstruosités, des scélératesses de cette secte qui, disent-ils, a recours à la trahison, à l'assassinat.

Je ne puis m'expliquer l'extension de ces effrayantes insanités sans y voir une intervention satanique, une infernale persécution contre la religion divine. J'en appelle à tout homme ayant du bon sens, de la bonne foi, de la dignité.

Je ne citerai pas les auteurs qui démontrent ce que

je viens de dire, ils sont trop nombreux ; Léo Taxil, l'un des derniers, donne des preuves irréfutables.

Reprenons notre sujet au point où nous en étions alors que les francs-maçons nous ont détourné.

On admire encore de nos jours, à Manrèse, le somptueux collège fondé par saint Ignace de Loyola dans la maison où était né ce vaillant apôtre. Dans leur rage insensée les impies démolisseurs l'ont oublié sans doute. On voit aussi à Pampelune, à l'endroit du rempart où le capitaine guipuscoan fut blessé, la petite basilique élevée par les pieux habitants.

Puisque j'ai tracé quelques lignes à l'honneur du héros chrétien et de son Institut, qu'il me soit permis d'en consacrer quelques-unes à représenter en parallèle l'un des laboratoires de l'esprit philosophique libre-penseur, que Satan suscita de ce côté des montagnes navarraises au revers du pays natal de Loyola. On me pardonnera aussi quelques indications sur le calvinisme dont le règne en Navarre fut court mais violent. Il a laissé de profondes traces de sang pour marquer son passage dans le Béarn.

Marguerite, l'aimable et trop légère sœur de François Ier, avait subi, comme tous les beaux esprits de la cour de ce roi, l'influence de Marot, de Rabelais et des conteurs italiens. Tous ces grands diseurs sans avoir embrassé le protestantisme aimaient à rire des moines et des indulgences, ils préparaient l'école funeste des trois siècles suivants jetant sur le monde le sarcasme d'abord, puis le délaissement et bientôt le mépris de tout ce qu'il y a de plus sacré, pour mettre à la place la négation du vrai, l'impiété, la révolution et le triomphe sanglant du libre examen appuyé sur la falsification des saintes Ecritures.

Henri d'Albret éprouvait un certain plaisir à voir le sarcasme atteindre le pape Jules II qui avait excommunié son père et favorisé l'usurpation de la Navarre espagnole. Le charmant château de Pau avait remplacé le sévère castel féodal d'Orthez. Ce nouveau séjour situé dans une contrée pittoresque et gracieuse était devenu le délicieux asile pyrénéen des novateurs compromis.

La cour de Pau était le rendez-vous des femmes les plus remarquables par leur esprit et leur morale nullement sévère, des gentilshommes les mieux enlangagés, des poètes, des musiciens, des artistes les plus en vogue ; Marot, Despérier, Gruyet, Dumoulin, de la Haye et de plus vulgaires rimeurs avaient fait donner au château de Pau le surnom de véritable Parnasse. Bientôt en France les édits de François Ier firent quitter la France aux protestants les plus compromis ; Marguerite les accueillit, les admit à sa cour, elle fit même prêcher dans son palais, le moine Gérard Roussel devenu luthérien, mais sans lui permettre de quitter l'habit religieux. Elle trouvait joyeux et piquant d'entendre un habillé en moine parler ainsi que Roussel le faisait. Le mépris aurait dû bannir le piquant. Elle le nomma abbé de Clairac, elle parvint même à le faire nommer évêque d'Oloron. Il faut avouer que la douce princesse prenait de singuliers plaisirs, en y ajoutant celui qu'elle trouvait à écouter les contes de Boccace et même à les continuer en écrivant le *Décaméron* ou mieux les *Gayetés* de l'heptaméron Béarnais, dont elle dictait les nouvelles à l'une de ses *dames d'honneur* « en allant par pays » portée dans sa litière.

Fèvre d'Étaples et Calvin se réfugièrent aussi auprès d'elle; toutefois, ne se croyant pas encore en sûreté, ils se rendirent en Piémont.

Marguerite lisait la Bible, y trouvait des sujets d'hymnes, de poésies sacrées, de pièces de théâtre qu'elle faisait représenter à la cour par ses comédiens, en les relevant de calembours et de satires contre tout ce qu'elle aurait dû respecter.

Il n'y avait pas de sympathie entre les deux époux : malgré cela Henri d'Albret, qui était jaloux et voyait des rivaux dans Clément Marot et dans tout son entourage y compris ses domestiques, se laissa entraîner par l'irrésistible gaîté de Marguerite et se mit à lire la Bible, ce que font du reste tant de bons catholiques qui pourtant n'y trouvent pas matière à se faire protestants, puis il se mit aussi à chanter les psaumes, à écouter les prêches, à prendre part à la cène qu'on célébrait dans les souterrains du château, croyant sérieusement renouveler les mystères des catacombes. Le pauvre Henri, on le voit, n'était pas fort, bien s'en faut, il n'avait nullement la pensée de compromettre sa foi, il coulait une vie insouciante sans prévoir qu'il préparait au Béarn la funeste époque des guerres de religion. Cependant un jour il entra dans la chambre de sa femme et la surprit récitant des prières contraires à celles de ses pères, alors il donna, dit-on, un soufflet à la sœur de François Ier déclarant « Qu'il ne lui plaisait pas qu'elle voulut tant savoir. »

Henri d'Albret gouvernait sagement ses États. Il

voulait substituer le labourage, la culture à l'élève des troupeaux, mais il trouva une vive opposition dans la montagne surtout. Il fut obligé de faire venir des laboureurs de la Bretagne et de la Saintonge, il leur donna des terres à défricher, construisit des métairies nombreuses, et augmenta considérablement la richesse du bas-pays en y favorisant la culture du maïs. Il protégea l'agriculture contre le droit féodal et contre les usages abusifs de la communauté et de la vaine pâture.

Le maraudage poursuivi dans les basses terres s'abrita dans les hautes forêts. Le meurtre et l'incendie vinrent souvent marquer la vengeance des ennemis du droit de propriété. Le bûcheron et le contrebandier ne quittaient pas leur fusil. Les gardes forestiers tombaient souvent mortellement frappés en remplissant leur devoir.

Sous le régime pastoral, si l'étranger qui devenait habitant d'une vallée possédait des troupeaux, il trouvait les pâturages ouverts et la nourriture assurée. L'agriculture se répandant, les terres communales furent partagées en grande partie et défrichées. Le surplus ne put suffire aux étrangers qui ne possédaient pas de terres. Ils furent forcés de quitter la commune et se firent soldats ou suivirent les seigneurs comme pillards ou souldoyers, ou encore et en grand nombre ils furent enrôlés comme matelots par les flibustiers ou boucaniers.

François Ier mourut le 31 mars 1547 au moment où la tourmente des guerres civiles et religieuses commençait à s'annoncer et devait causer à la France les plus sanglantes calamités.

Marguerite, sa sœur, éprouva un violent chagrin de cette mort ; elle s'enferma plusieurs mois dans un monastère. Elle en sortit pour se rendre auprès d'Henri d'Albret et rejoindre avec lui Henri II fils et successeur de François Ier. Henri II était à Moulins où devait se célébrer le mariage de sa fille Jeanne avec Antoine de Bourbon, duc de Vendôme (20 octobre 1548). Un an après ce mariage la *Marguerite des princesses*, comme l'appelait Jean de la Haye son valet de chambre, rendait le dernier soupir au château d'Odos, près de Tarbes, à l'âge de cinquante-deux ans. « Un soir, dit
« Paul Lacroix, qu'elle observoit une planète qui pa-
« roissoit alors sur la mort du pape Paul III et elle-
« même la cuidoit aussi ; mais possible pour elle
« paroissoit ; elle fut saisie par le froid, la bouche lui
« tourna, et bien que son médecin d'Escuranis se flattat
« de triompher de ce *catarrhe*, elle comprit que l'heure
« suprême, était arrivée ; elle reconnut sa faute et se
« retira du précipice où elle était quasi tombée, repre-
« nant sa première piété et dévotion catholique avec pro-
« testation jusqu'à sa mort qu'elle ne s'en estoit jamais
« séparée, et que ce qu'elle avoit fait pour les protestants
« procédoit plutôt de compassion que d'aucune mauvaise
« volonté. Elle reçut l'extrême onction du cordelier
« Gilles Callau et mourut en embrassant un crucifix. »

La mort de la plus gentille et gracieuse princesse fut pleurée par les Béarnais qui chérissaient leur souveraine ; elle fut ensevelie à Pau. Les poëtes du temps lui firent de nombreuses épitaphes grecques et latines, béarnaises et françaises.

Nous en citerons deux, celle de Valentine d'Assinois, une de ses dames d'honneur :

Musarum decima et Charitum quarta, inclita regum
Et soror et conjux, Margaris illa jacet.

Celle de Rabelais est la plus singulière de toutes :

Esprits abstraict ravy et extatic
Qui fréquentant les cieux, ton origine,
As délaissé ton hoste et domestic,
Ton corps concord qui tant se morigine,
A tes édicts en vie pérégrine
Sans sentement et comme en apathye,
Voudrois tu point faire quelque sortye
De ton manoir divin perpétuel
Et cy-bas veoir une tierce partie
Des faicts joyeux du bon Pantagruel ?

Jeanne peu après la mort de Marguerite sa mère, mit au monde un fils qui mourut étouffé par suite de soins mal entendus. En 1551, elle en eut un second que son grand'père emporta à Pau ; mais un jour le Bon Henry était à la chasse avec sa fille et son gendre, la nourrice en jouant avec un gentilhomme à qui elle faisait passer l'enfant d'un balcon à un autre, laissa tomber le jeune prince qui expira peu de jours après.

Henri, au désespoir, résolut de veiller lui-même désormais sur les enfants de sa fille à qui il fit promettre de venir accoucher dans le Béarn sinon il se remarierait, ajouta-t-il.

Jeanne redevint enceinte et pour remplir sa promesse elle partit de Compiègne le 15 novembre 1553 et arriva à Pau le 4 décembre après dix-huit jours de voyage à cheval, étant très avancée dans sa grossesse. Elle pria son père de lui donner connaissance du testament qu'il avait fait à son préjudice à l'avantage de certaine personne; il lui répondit : « Je te le montrerai dès que tu m'auras remis l'enfant et pour qu'il ne soit pas pleureur, tu me chanteras quelque gaie chanson béarnaise lorsqu'il arrivera. » Dix jours après son installation à Pau, on courut avertir Henri que sa fille était sur le point d'accoucher. Dès qu'il entra dans la chambre Jeanne se mit à chanter le cantique Béarnais.

  Nostro Damo deou cap deou pount
  Adjutadme en aquesto houro

Un instant après Henri remettait à sa fille le testament promis en lui disant : « Il est à toi, mais ceci est à moi, » et prenant le nouveau-né dans ses bras, il le montrait aux gentilshommes en s'écriant « Ma brebis vient d'enfanter un lion ». Ce lion était Henri IV de France, Henri le Béarnais, le roi vaillant; puis il frotta les lèvres de l'enfant avec de l'ail, et prenant une coupe il ajouta « Bois ce vin vieux, tu seras un brave Gascon et un vrai Béarnais.

Henri, l'heureux grand-père, mourut à Hagetmau dans le Béarn le 25 mai 1555 à l'âge de 53 ans.

CHAPITRE XX

SOMMAIRE :

Jeanne d'Albret reine de Béarn et Navarre. — Les Etats refusant l'anne-
xion de ce royaume à la France. — Superstitions. — L'Heptaméron.
— Jeanne d'Albret fonde une université calviniste. Le nombre des
calvinistes augmente en Navarre. — Projet de mariage de Henri de
Béarn avec Marguerite de France.— Tentative d'Antoine et Jeanne sur
la Navarre espagnole. — Elle échoue. — Mort d'Henri II de France.
— Antoine de Béarn supplanté par les Guise. — François II succède à
Henri II. — Son règne est court. — Charles IX monte sur le trône.—
Guerre civile en France. — Edit de Blois. — Les huguenots de Foix
persécutent les catholiques.— Mort d'Antoine de Béarn.— Edit de tolérance de Catherine de Médicis. — Voyage de Charles IX en France. — Les
Cours de France et d'Espagne se réunissent à Bayonne. — Fêtes. —
Mort du Comte Louis de Lérin. — Jeanne propage le calvinisme. —
Révolte dans la Basse-Navarre. — Henri de Béarn fiancé à Marguerite sœur de Charles IX. — Mort de Jeanne d'Albret.— Henri de Béarn
épouse Marguerite. — Massacre de la Saint-Barthélemy. — Belle
réponse du commandant de Bayonne. — Les catholiques du Béarn se
réfugient dans les Pyrénées espagnoles.— Henri retenu à la cour
de France comme ôtage.— Il est arrêté avec le duc d'Alençon. — Mort
de Charles IX.— Catherine régente. — Le duc d'Anjou revient de
Pologne et succède à Charles IX. — Assassinat des Guise. — Opposition entre les populations des deux versants pyrénéens.— Paris, au
pouvoir des ligueurs, est assiégé par le roi.— Le roi est assassiné. —
Henri IV lui succède.— Il abjure le calvinisme.

Jeanne d'Albret devenait reine de Béarn et Navarre
par la mort de son père Henri II. Comme sa mère elle
savait le latin et le grec, elle cultivait les lettres et les
beaux-arts. Antoine de Bourbon son mari l'encourageait

dans ses études. Érudit et philosophe il aimait à fronder, et ne respectait pas toujours ce qu'il aurait dû respecter et défendre.

Le roi de France désirant l'annexion de la Navarre et du Béarn proposa un échange à Antoine de Bourbon, mais les États de Béarn et Navarre réunis protestèrent avec tant d'énergie en se préparant à une défense armée que Henri II dût renoncer à ce projet. Il en garda rancune à Antoine de Bourbon et le lui prouva en diverses circonstances. Les Béarno-Navarrais dans leur orgueil national en furent très irrités, ce qui rendit plus facile les progrès du calvinisme dans cette partie des Pyrénées.

Le christianisme, nous l'avons dit, s'était répandu difficilement et bien tard dans les vallées où se maintenait un reste de superstition. Les montagnards avaient répondu aux missionnaires « Nous voulons bien adorer avec vous le Jehova des Juifs et le Christ, mais nous voulons conserver les divinités des fontaines et des arbres, les esprits du foyer et des montagnes ; nous ne voulons pas nous brouiller avec Vénus, Bacchus, les Nymphes et les Satyres qui nous rendent la vie douce et joyeuse. Dans la Brousse les bergers continuaient le culte des pierres druidiques de Brechet et de Peyros marmes et Ilias, ils vénéraient le caillou de Larayé, à Lastigues de Salabre, la pierre de Tous. Personne n'oserait encore aujourd'hui porter la main sur ces rochers, la foudre frapperait le téméraire ; le voyageur coupe une branche qu'il dépose sur ces monuments redoutés en disant « Diou nous conserbé. »

Un incrédule prononça des injures près de la chapelle

de Tabés et jeta des pierres dans le lac voisin, le coupable fut frappé de la foudre. Les pierres de *Naurouse*, dit la tradition populaire, disséminées à vingt lieues à la ronde se sont peu à peu réunies au sommet du coteau et ne cessent de se rapprocher, l'épaisseur d'une lame de sabre les sépare à peine ; le jour où elles se toucheront, les destins de l'humanité seront accomplis.

Lou Machant, mauvais génie du pic Dance, est redouté des pâtres de la vallée d'Aspe; ses jardins occupent le sommet inabordable de la montagne. Ce méchant soulève les orages, précipite la grêle pour repousser les voyageurs audacieux. *Las Hados* (les fées) du pic de Bugons près de Luz, transforment en fil le plus fin le lin déposé à l'entrée de leur grotte. *Las hennos dous dious* (Les femmes des Dieux) visitent leurs protégés dans la nuit du 31 décembre. Le chasseur laisse sa porte ouverte et sa table chargée de mets délicieux, tels que le coq de bruyère ou la patte d'ours. Dès l'aurore le plus âgé de la maison vient prendre le pain que ces hados ont laissé, il le trempe dans le vin et le partage entre les membres de sa famille qui le mangent en se souhaitant une heureuse année.

Il serait trop long de citer toutes les superstitions de ces populations. Ces superstitions n'avaient aucun rapport avec les négations de Luther, mais elles disposaient ce peuple à admettre celles-ci, et à tolérer les plaisanteries obscènes que leur reine Marguerite avait répandues dans son *Heptaméron* où elle jetait la calomnie la plus ignoble sur les prêtres des montagnes du Lavedan que cette tant douce sœur de François Ier avait pris pour but de ses joyeusetés littéraires. Voici le préambule de ces joyeusetés : Un grand nombre de dames et de gentilshommes sont venus prendre les bains de Cauterets ; surpris par des pluies torrentielles, leur retour à Tarbes est impossible. Les aventures romanesques, les brigands, les ours et les torrents qui font périr plusieurs jeunes seigneurs ornent cet avant-propos. Quelques personnes font le tour par l'Aragon et la Catalogne pour ne pas traverser le Gave dangereux.

Le reste de cette nombreuse société s'égare, finit par atteindre en courant les plus grands dangers, l'abbaye de St-Savin, et se réunit au monastère de Sarransa dans la vallée d'Aspe. Là on est obligé de jeter un pont pour franchir le Gave, mais ce travail demande huit jours ; pour passer ce temps plus agréablement, les belles dames racontent alors les soixante et douze nouvelles de l'*Heptaméron*, nouvelles dont on ne doit pas même énoncer les titres.

C'est ainsi que la cour et l'aristocratie livraient les ministres du culte au mépris et à la haine du peuple sans avoir si mauvaise intention, et tout en croyant toujours que ce mépris s'arrêterait au pied de l'autel et de la chaire. Erreur fatale qui en se répétant, en se renouvelant sans cesse a démoralisé de plus en plus les populations qui semblent ignorer qu'une nation sans culte religieux ne peut subsister.

Le Béarn était irrité contre la France et l'Espagne dont il redoutait la convoitise, il devenait l'asile des calvinistes ou huguenots poursuivis. Jeanne d'Albret fondait à Orthez une université calviniste. Une foule de Béarnais se rendaient en Suisse pour étudier la doctrine de Calvin. D'autres allaient prêcher la nouvelle religion dans les provinces de France.

Les jésuites s'efforçaient de lutter contre l'erreur et l'université, ils fondaient des maisons et des collèges. L'émulation inspira le zèle aux ordres plus anciens. Les fondations reprirent de l'activité.

Le nombre des calvinistes augmentait toujours dans le Béarn à tel point qu'Antoine, effrayé de leur audace qui allait jusqu'à mépriser l'autorité royale, fit arrêter à Pau Henri Barran, jacobin apostat ; les autres prédicants prirent peur et se dispersèrent. Le jeune Henri de Béarn, âgé de 14 ans à peine, prenait déjà part au gouvernement, présidait les Etats, signait des lettres patentes, accordait des grâces. Appelé à Amiens par son père il fut présenté à Henri II qui l'accueillit avec bienveillance. « Voudrais-tu être mon fils » lui demanda le roi. — *Non mahé nat* (Non certes nullement), lui répondit l'adolescent Navarrais, et se tournant vers son père « *Aquel es lou seigné pay* » (celui-ci est le seigneur père. — Tu préférerais peut-être devenir mon gendre, ajouta le Roi « *Obé* (Oh ! oui) se hâta de répliquer l'enfant qui comprenait déjà ses intérêts politiques.

Marguerite de France n'avait qu'un an de plus qu'Henri et ce mariage fut effectivement projeté avec Antoine et Jeanne de Navarre qui comptaient sur l'intervention du roi de France auprès de Philippe d'Espagne, successeur de Charles-Quint, pour la revendication de la Navarre espagnole en leur faveur. Mais ils furent sacrifiés et le traité passé entre les deux monarques ne fit pas mention de la revendication des Béarnais.

Antoine et Jeanne se voyant ainsi abandonnés voulurent recourir aux armes; mais, après avoir assemblé et dirigé une armée sous les ordres de Burie et d'Arnay, et après avoir ménagé des intelligences à Pampelune et à Fontarabie, la discorde se glissa dans l'armée. Les montagnards des vallées d'Ossau, d'Aspe et de Barreton, se fondant sur des priviléges rentrèrent dans leurs foyers. La disette de vivres et le débordement des rivières qui fit donner à cette entreprise le nom de guerre mouillée, l'empêchèrent de franchir la Bidassoa. Les félons qui avaient poussé à cette expédition ne tinrent pas leur parole; l'échec fut complet. Antoine fit saisir quelques-uns des traîtres, entr'autres Gambon qui fut pendu à Pau.

Appelé à Paris par la mort tragique de Henri II, blessé dans un tournoi par le comte de Montgomery, Antoine de Béarn trouva que les Guise l'avaient déjà supplanté dans les fonctions éminentes auxquelles lui donnait droit son titre de premier prince du sang.

François II succédait à son père, son règne fut de courte durée et Charles IX son fils mineur lui succéda. Le roi de Navarre en qualité de premier prince du sang fut nommé lieutenant-général du royaume et la reine-mère Catherine eut la régence. Je ne suivrai pas dans tous ses horribles détails l'histoire de cette sanglante époque, la guerre civile qui éclata entre les Calvinistes ou Huguenots et les Catholiques, couvrit de ruines et de sang la France et le Béarn. Les historiens ont écouté l'esprit de parti, la passion en exagérant les torts du côté opposé à leurs opinions ou à leurs préjugés. Les catholiques surtout ont été calomniés avec une haineuse partialité par l'esprit révolutionnaire qui depuis plusieurs siècles travaille activement à la destruction du catholicisme. Nous relaterons cependant les faits qui auront trait à la Navarre et aux Basques.

Antoine extrêmement irrité contre la couronne de France et en particulier contre les Guise, usurpateurs d'une influence que sa naissance lui réservait, se rapprocha des calvinistes et apostasia malgré les représentations de Jeanne qui lui montrait l'abîme qu'il creusait sous lui. L'orgueil blessé l'entraînait ; il se posa en souverain des religionnaires du Midi et prit part publiquement aux cérémonies calvinistes.

Jeanne, calviniste elle-même, ne voulait employer que la douceur et l'habileté pour faire prévaloir la secte.

Le fameux édit de Blois, que le cardinal d'Armagnac était chargé de faire exécuter dans le Béarn et la Basse-Navarre, y avait provoqué l'indignation et la fureur.

Cependant Antoine avait fini par comprendre que Jeanne avait raison en l'engageant à s'éloigner prudemment des calvinistes, il abandonna complètement leur cause, mais en même temps Jeanne au contraire irritée des tentatives d'assassinat sur son mari dont on accusait la cour, pensant en outre que les huguenots faciliteraient un jour le chemin du trône de France à son fils Henri se déclara ouvertement leur protectrice, renouvelant ainsi la faute de Catherine et Jean d'Albret qui en soutenant les partis contraires des Beaumont et des Grammont avaient perdu la Navarre.

Les huguenots de Foix prirent les armes et se répandirent dans le comté chassant les religieux, pillant les couvents et les églises. Ils fortifièrent les grottes du Mas d'Azil formant, dit Vaissette, un immense tunnel naturel qui perce la montagne d'outre en outre et donne passage à la rivière de Rise. Des milliers de personnes peuvent s'y réfugier, elles n'ont qu'à fortifier les deux ouvertures pour y trouver une sécurité complète. La Rise leur procure le double avantage de les abreuver abondamment et d'alimenter des bassins intérieurs artificiels qui par leur rupture, au moment où les assaillants parviendraient à pénétrer dans la grotte, les entraîneraient infailliblement dans cette inondation ménagée au moment opportun. Ce caprice de la nature servit à toutes les époques de refuge aux populations de la contrée ; aussi donna-t-il son nom à l'abbaye et à la petite ville de *Mas d'Azil*, fondées à un kilomètre de son entrée inférieure.

Antoine de Bourbon combattait les huguenots, il fut blessé au siége de Rouen et mourut quelques jours après à Andelys-sur-Seine (19 novembre 1562). Sa mort délivra Jeanne de toute contrainte, elle apostasia et se montra ardente huguenote au point de dire « Si je tenais « mes Etats et mon fils dans la main j'aimerais mieux « les jeter à la mer que de les conduire à la messe. » Douce manière de s'inspirer de la Bible et de l'Evangile.

Catherine de Médicis rendit un édit de tolérance en janvier 1562. Les sectaires le trouvèrent insuffisant, il é·ait excessif aux yeux des catholiques. La guerre n'en devint que plus terrible. L'évêque d'Oloron était imbu des doctrines luthériennes ; étranger au Béarn, il reçut des lettres de naturalisation. Jeanne, rappelée en France, confia ses Etats au duc de Grammont.

Charles IX, dans la pensée de pacifier ses Etats et le royaume de Navarre, les visita en détail et arriva à Bayonne le 3 janvier 1565. De là il se rendit avec une suite nombreuse à la rencontre d'Elisabeth qui venait de Madrid, et fut rejointe à Hernani par le duc d'Orléans son frère.

Les deux cours se réunirent à Hendaye et firent une entrée solennelle à Bayonne où elles passèrent dix-sept jours en fêtes et en tournois. « Le samedi 23 juin, dit Abel Joan. « Leurs Majestés donnèrent un festin aux
« seigneurs et dames d'Espagne, dans une ile distante
« de Bayonne environ d'une lieue (aujourd'hui l'ile du
« Roi, qui n'a pas moins de quarante-trois kilomètres
« de superficie), tellement que toute la compagnie y fut
« conduite en barques et en bateaux somptueusement
« et magnifiquement accoutrés, et en passant eut le
« plaisir de voir nager et combattre sur mer baleines,
« tortues, chevaux, loups, tritons et autres semblables
« animaux et monstres marins fort bien représentés au
« naturel. Le festin fut bien l'un des plus braves et
« des plus somptueux qui aient été faits de mémoire
« d'homme, car outre la rareté et le délicat apprêt des
« viandes, tout le service y fut fait par des gentilshom-
« mes et demoiselles déguisés en bergers et bergères
« fort richement et mignardement habillés. »

Charles IX prenait plaisir à voir danser les belles filles du pays Basque. Les deux cours se séparèrent. Le roi de France reprit le chemin de Paris en traversant la Gascogne, son voyage avait duré vingt et un mois.

Le comte Louis de Lérin, connétable de Navarre, que nous avons vu figurer si fatalement dans les troubles de la Navarre, mourut à cette époque 1565. Sa mort contribuait à consolider la réunion de ce royaume à la Castille.

Jeanne prenait les mesures les plus actives pour propager le calvinisme dans ses États de Navarre et de Bigorre. Mais les paysans et les pâtres restaient catholiques, ils prirent même les armes pour défendre leurs églises profanées. Les huguenots furent assiégés à Oloron.

La Navarre avait accueilli la secte plus froidement que le Béarn, Bayonne y resta presque étrangère. Toutefois plusieurs gentilshommes catholiques de la Basse-Navarre s'insurgèrent et prirent pour chef de Luxe, intendant royal de la vicomté de Soule. Ils s'emparèrent de Garris. Henri de Navarre parvint à apaiser les rebelles mais Jeanne survint, fit pendre trois gentilshommes et convoqua les États de la Basse-Navarre à St-Palais. Les gentilshommes n'y parurent point et se retirèrent dans les montagnes pour protester. Jeanne d'Albret exaspérée fit assiéger Garris défendue par de Luxe Moncins et Donesain.

Le catholicisme fut officiellement supprimé dans le Béarn, mais il se défendait dans le pays Basque où cependant Montanat refoula les catholiques dans les hautes montagnes. Les prêtres furent poursuivis et mis à mort, le catholicisme devint un crime puni du dernier supplice.

Charles IX, voyant qu'il ne pouvait vaincre par une guerre ouverte ni s'emparer du Béarn, fit offrir à Henri de Bourbon la main de sa sœur Marguerite. Jeanne consentit malgré elle à ce mariage en considération de ce qu'il rapprochait son fils Henri du trône de France. Les deux fiancés avaient peu de sympathie l'un pour l'autre, et le souverain pontife blâmait cette union, mais Charles IX déclara brutalement que si l'on mettait obstacle il prendrait Margot par la main et la marierait en plein prêche. Le contrat fut rédigé; Henri n'avait pas encore paru à la cour. Jeanne sa mère lui écrivit de venir avec son cousin le prince de Condé joindre la famille de France à Blois pendant qu'elle allait faire les préparatifs de la noce à Paris. Elle s'installa dans l'hotel du prince de Condé et tomba presque aussitôt dangereusement malade. Sentant approcher la mort, elle écrivit à son fils pour le détourner de ce mariage. Jeanne mourut à l'âge de quarante-trois ans. Ainsi finit la dernière reine de Navarre : « N'ayant de femme « que le sexe, dit d'Aubigné, l'âme entière aux choses « viriles, l'esprit puissant aux grandes affaires, le « cœur invincible aux grandes adversités ». Elle compromit ces grandes qualités par son fanatisme sectaire porté jusqu'à la tyrannie.

Henri était lié par sa signature et sa parole; il apprit à Chauney en Poitou la mort de sa mère, il confirma d'Arros dans le gouvernement de ses Etats pyrénéens dont il était devenu roi et se rendit à Paris pour épouser Marguerite ; au moyen d'une transaction il fut marié devant la porte de Notre-Dame par le cardinal de Bourbon et Marguerite entra seule pour entendre la messe, tandis qu'il se rendait aux prêches calvinistes avec les seigneurs huguenots (17 août 1572). Les torches de la Saint-Barthélemy allaient éclairer les fêtes de ce triste mariage.

Je n'ai pas, heureusement, à décrire cet épouvantable massacre organisé par une italienne ; il arracha au Pape un cri de désespoir.

La plupart des lieutenants des provinces refusèrent d'obéir à l'ordre de massacrer les sectaires. On cite la noble réponse de Dorthe, commandant de Bayonne : « Sire, écrivait-il à Charles IX, j'ai communiqué le « commandement de votre Majesté aux fidèles habi- « tants et gens de guerre, je n'ai trouvé que de bons « citoyens et braves soldats, mais pas un bourreau. »

Les catholiques persécutés se réfugièrent dans les Pyrénées espagnoles, ils racontaient les atrocités des guerres religieuses et donnaient aux montagnards l'horreur du calvinisme en contribuant ainsi à leur inspirer la résignation à la domination castillane.

Henri III de Navarre, époux de Marguerite était retenu à la cour de France comme otage. Assez catholique en apparence pour éviter la colère de Charles IX mais toujours huguenot au fond de l'âme. Cette conduite plus habile qu'honorable ne put l'empêcher d'adopter le parti de la ligue formée par le duc d'Alençon contre Catherine de Médicis, seule instigatrice de la Saint-Barthélemy, mais l'Italienne les prévint et empêcha la conspiration d'éclater en faisant arrêter le duc d'Alençon et Henri. Atteint d'un accès de la maladie qui le rongeait Charles IX fit appeler Henri et rendit le dernier soupir en lui recommandant sa femme et sa fille (1574).

Catherine de Médicis s'empara de la régence, et le duc d'Anjou revint de Pologne succéder à Charles IX sous le nom d'Henri III.

Pendant qu'Henri de Navarre passait son temps à des intrigues galantes à la cour de France, les Béarnais qui avaient pour lui un amour presque fanatique continuaient la guerre religieuse et s'emparèrent du Bigorre qui bientôt après fut repris par les catholiques sous la conduite du comte de Grammont, lieutenant du roi de France. En Béarn même le peuple restait catholique tout en se trouvant forcé d'assister au prêche pour échapper à la persécution. Dans les villages écartés les paysans entendaient la messe dans les bois. Ils se transportaient en Bigorre, en Gascogne, en Espagne pour faire baptiser leurs enfants et recevoir les autres sacrements de l'Église romaine.

Détournons nos regards de cette funeste époque du seizième siècle où la France ne présentait qu'une continuelle orgie politique et religieuse, intrigues et combats, massacres et festins, bals et pillages. On dansait l'épée au côté, le poignard à la ceinture, du poison dans l'escarcelle. Les combattants avaient la mandoline et le flageolet derrière l'épaule, on conduisait les gens au supplice au son du tambour, on dansait des sarabandes en tête des processions.

Les Bayonnais invitèrent Henri de Navarre à une fête. L'aventureux Béarnais s'y rendit suivi de six hommes, il ouvrit le bal avec le gouverneur Lahilière et se retira ; le peuple dansa sous les fenêtres du château.

Un soir deux cadavres gisaient dans la chambre des Guise, puis Catherine mourait saisie de douleur et d'effroi de ce double assassinat. La ligue était détruite par le roi lui-même au nom de qui elle agissait. Le roi de Navarre était appelé au trône. Mais les horreurs de la guerre continuaient, les épidémies, les incendies et les massacres se renouvelaient sans cesse dans les Pyrénées. Dans le Bigorre des froids excessifs, des neiges prodigieuses détruisirent les récoltes (1588), la peste survint après la disette. Ceux qui crurent y échapper par la fuite en furent victimes à leur retour.

Une vive opposition scindait violemment les populations des deux versants des Pyrénées que nous avons vus si longtemps et si vaillamment courir aux combats sous le même cri de guerre et les mêmes passions contre les Français au nord, contre les Maures et les Castillans au midi ; cette scission, que le partage du plateau Pyrénéen entre l'Espagne et la France avait formée, se trouvait plus marquée encore par la lutte entre le protestantisme et la foi catholique. La secte avait envahi le versant français sous le drapeau du roi de Navarre. Le versant espagnol comme toute la Péninsule restait résolument dévoué au saint Siége et fidèle au culte de ses pères. Les défilés des montagnes étaient soigneusement gardés. Le comte de Roussillon et le gouvernement fédéral du haut Languedoc confiés à Joyeuse repoussaient énergiquement les novateurs.

Paris était tombé au pouvoir des ligueurs. Henri III de France et Henri III de Navarre l'assiégeaient quand Jacques Clément frappa mortellement le roi de France d'un poignard. Le roi de Navarre, appelé près de son lit de mort, reçut du monarque mourant et la couronne de France et la prière de redevenir catholique.

La Navarre française comme les Etats pyrénéens espagnols ne perdaient leur nationalité qu'en donnant de grands rois à leurs envahisseurs. L'Aragon donnait à l'Espagne Charles-Quint et Philippe II, et la Navarre donnait à la France Henri IV et bientôt Louis XIV.

Henri IV avait à conquérir son royaume par les armes, une partie de la Gascogne le repoussait aussi ; craignant que les Espagnols ne fissent une tentative sur le pays Basque, il s'efforça de conserver l'affection des Bayonnais par des bienfaits et des promesses. Les craintes du roi provenaient surtout de ce que le pays basque de St-Jean-de-Luz à la Bidassoa restait à l'égard de la France dans une indépendance égale à celle des provinces basques de l'autre versant, envers l'Espagne. En outre les gitanos expulsés de la péninsule s'étaient établis à Cibourre, sur la rive gauche de la Nivelle, comme sur une terre libre.

Les huguenots du Béarn désespérés de l'abjuration d'Henri IV qui leur portait un coup mortel, réunirent un synode à Pau qui décréta l'augmentation du nombre des ministres afin d'en établir jusques dans le Soule, et interdit de prier pour Henri IV.

Les catholiques de leur côté prirent des mesures énergiques de défense. Le seigneur de Luxe fit restituer les revenus dont les huguenots avaient donné les trois quarts à leurs ministres. Le chapitre retiré à Mauléon nomma le prêtre Maitié vicaire-général pour gouverner le diocèse. Maitié, plein d'ardeur et de zèle, avait rendu la cathédrale d'Oloron au culte catholique. Bientôt il fut nommé évêque ; il venait de faire restituer un hôpital usurpé par le gouverneur de Soule lorsqu'un huguenot l'attendit dans un endroit écarté et lui porta dix-huit coups de dague, dont il guérit grâces à Dieu. Bientôt après on tenta de l'empoisonner sans pouvoir y réussir. La Providence conservait son bon serviteur.

CHAPITRE XXI

SOMMAIRE :

Philippe II cherche à s'emparer de Bayonne.— Catherine de Béarn est appelée à Paris.— Les comtés d'Albret, d'Armagnac, de Rodez et de Limoges rentrent dans les domaines de la couronne.— Henri IV est assassiné.— Louis XIII succède sous la régence de Marie de Médicis. — Les Maurisques chassés d'Espagne.— Les Gitanos.— Guerre entre la France et l'Espagne.— Le Donezan, l'Andorre, la Navarre et le Béarn rentrent dans les domaines de la couronne.— Combat naval entre la France et l'Espagne, la flotte espagnole est détruite.— La discorde se met dans l'armée de Condé ; sa déroute.— Louis XIV succède à Louis XIII.— Son mariage avec l'infante d'Espagne.— Fêtes de Bayonne. Un tremblement de terre effraye la cour.— Louis XV succède à Louis XIV.— Guerre entre la France et l'Espagne.— La paix est rétablie.— Louis XVI.— Sa mort.— L'Espagne se soulève contre la France régicide.— Succès de Ricardos.— Chant de l'Arbre de Quetaria.— La paix est signée.— Bonaparte détrône Charles IV et donne la couronne d'Espagne à son frère Joseph.— Soulèvement de l'Espagne.— La Madone de Monserrat.— Légende de Jean Gari.— Description de Montserrat.

L'Espagne voulait avoir accès dans le Labour et ne plus permettre à l'évêque de Bayonne d'étendre son pouvoir au sud de la Bidassoa. En conséquence, Philippe II tenta de s'emparer de Bayonne. Il chargea le gouverneur de Fontarabie de conduire cette entreprise ; celui-ci gagna Château-Martin ou Pierre d'Or et Jean Bonieul Blanc Pignon. Mais Lahilière, gouverneur de Bayonne ayant conçu quelques soupçons intercepta leur correspondance. Château-Martin fut arrêté et finit par dévoiler le complot ; Bonieul et Trie leur complice furent mis à mort.

Les Basques du Bastan enlevèrent dans les Aldudes les troupeaux des Navarrais de Baigorry, en prétendant que ces pâturages leur appartenaient. Le duc de la Force demanda réparation de ces vols au vice-roi de Navarre qui répondit que ces montagnes n'avaient cessé d'appartenir aux Navarrais d'Espagne. Henri IV ordonna de trancher la question les armes à la main. La Force pénétra sur le territoire espagnol, enleva plusieurs prisonniers, et dix fois plus de bétail que n'en avaient perdu les Basques de Baigorry.

Catherine, sœur d'Henry IV, chargée de gouverner le Béarn-Navarre voulait épouser le comte de Soissons. Henri IV rappela Catherine à Paris pour la faire renoncer à un mariage qui lui était odieux. Le départ de la dernière d'Albret attrista profondément les Béarnais dont elle avait su se faire aimer par une administration sage et bienveillante. Catherine, accablée de douleur, grava sur les murailles de son castel *Béziat* (château bien-aimé) *Quo me fata vocant*. Au moment de son départ une vieille femme vint lui dire en pleurant: « *Pla beden l'amado, com la de bostro may, « mas non beyran pas la tournado* » (Nous voyons bien votre départ, comme nous vimes celui de votre mère, mais verrons-nous votre retour ?) (14 octobre 1592).

La sœur d'Henri IV épousa le prince de Bar en 1599 ; elle mourut sans laisser d'enfants. Les comtés d'Albret, d'Armagnac, de Rodez et de Limoges dont elle avait hérité de ses pères rentrèrent dans les domaines de la couronne. Le Parlement voulut placer sous la même loi les fiefs échus à Henri IV, mais sur les réclamations du roi le principe ne fut pas appliqué à la Navarre et au Béarn. Le Parlement jugeant que la conquête d'un quinzième de la France ainsi incorporé au royaume d'un trait de plume était assez important, garda le silence sur le petit royaume Béarno-Navarrais, qui eut un gouvernement particulier dont le Conseil d'Etat était fixé à Pau et le secrétaire d'Etat établi près du roi.

Henri IV qui avait fait graver sur le bouclier de ses médailles *Mihi plebis amor*, devise si bien justifiée, fut assassiné par le fanatique Ravaillac le 14 mai 1610. Cette mort replongeait la France dans toutes les inquiétudes de la guerre civile. Le duc de la Force se hâta de rentrer dans la Gascogne et le Béarn afin d'y maintenir l'ordre et de faire proclamer la régence de Marie de Médicis pendant la minorité de Louis XIII alors âgé de neuf ans. La Force avaient aussi à s'occuper des Maurisques chassés d'Espagne par Philippe III. Trente mille de ces malheureux arrivaient par les frontières de la Navarre et du Béarn, quinze mille par la vallée de Théna et un plus grand nombre par Fontarabie et le Bigorre. Ces malheureux proscrits traversèrent le Béarn, le Bigorre et le Languedoc, où ils trouvèrent des vaisseaux qui les transportèrent en Afrique. Plus de cinq cent mille s'étaient embarqués dans les ports d'Espagne d'où assure-t-on plus de soixante mille rongés par le chagrin et les fatigues trouvèrent la mort en arrivant sur le sol africain.

Un autre peuple s'était réfugié dans les Pyrénées, je veux parler des Gitanos, proscrits du continent indien. Ils avaient traversé lentement l'Asie, l'Egypte, la Méditerranée pour ne s'arrêter qu'au grand refuge pyrénéen. Organisés en nombreuses bandes ils obéissent à des chefs, suivent certains rites religieux non définis. Tout est resté mystérieux sur cette race étrangère : origine, langue, usages et religion, on ne peut saisir que leur aspect physique et quelques détails sur leurs mœurs. Le teint cuivré, les cheveux longs, les traits fortement accusés, assez rapprochés du type de certains peuples de l'archipel indien, la bouche large, le nez aquilin, la taille élevée, les membres robustes et musculeux. Leur existence vagabonde les rapproche encore des peuplades sauvages indiennes. Ils repoussent tout travail sédentaire, se tiennent à l'écart des indigènes, dans une indépendance absolue, mangent des racines, dérobent aux chiens les animaux morts de maladie. Enclins au vol ils se bornent à se procurer ainsi quelques lambeaux de vêtement, quelques débris de cuivre et de verroterie dont ils se font des bracelets et des colliers, ils enlèvent aussi quelques petits chevaux et des ânesses pour traîner leurs bagages. Peu portés à la vengeance et au meurtre, ils restent inoffensifs, disent quelques auteurs, ce qui leur ferait pardonner les larcins qu'ils commettent.

De leurs coutumes on ne connaît guère que la cérémonie nuptiale de la cruche cassée. Dans la Basse-

Navarre on les accuse de faire disparaître ceux de leurs enfants qui naissent rachitiques ou mal constitués, et de hâter la mort des vieillards devenus incapables de voyager et de s'utiliser. On n'a jamais eu connaissance de leur sépulture. On est disposé à croire qu'ils font brûler leurs morts.

Ce peuple, répandu au seizième siècle dans le bassin de l'Èbre, pénétra dans les gorges des Pyrénées, franchit la chaine aux deux extrémités et se trouve encore en assez grand nombre dans le Roussillon, le haut Languedoc et la Basse-Navarre.

La gentille agilité des enfants, la petite industrie des hommes tondeurs de mulets, la danse singulière des femmes, la chiromancie surtout leur attirent la faveur populaire. Cependant les Gitanos nombreux à Cibourre en face de St-Jean-de-Luz poussèrent trop loin leur sorcellerie et s'attirèrent une opposition violente. Les meurtres par vengeance se multipliaient à la suite des querelles que suscitaient les consultations des Gitanos. Les habitants de Cibourre et de St-Jean-de-Luz allaient en venir aux mains lorsque de Gourgues, conseiller au Parlement de Bordeaux intervint et rétablit la paix.

On rencontre partout en Europe des Gitanos, gypsies, zingaris, zigenner, tzigani ou bohémiens, mais les Pyrénées et les Asturies sont leur principale patrie, c'est là seulement qu'ils forment une véritable population, étrangère toutefois à tout événement historique.

Les auteurs ne sont nullement d'accord dans leurs appréciations sur les Gitanos. Nous venons de les voir traiter en peuplades inoffensives coupables tout au plus de petits larcins, et incapables de commettre des crimes. Dans la Soule et la Basse-Navarre, il est bien peu de communes qui n'en comptent quelques familles ; sur les chemins et dans les forêts, où ils n'éprouvent pas moins de craintes qu'ils n'en inspirent. L'observateur sérieux est frappé surtout de leur avilissement, et le philosophe chrétien, à leur occasion, voit la preuve de cette vérité ; que l'homme privé de la loi morale et divine est la plus ignoble, la pire créature de l'univers.

Selon M. Francisque Michel la vie d'un bohémien n'est qu'un tissu de vols, d'oisiveté et de honteux désordres, on les accuse surtout d'enlever des enfants. Chien qui court trouve un os, voilà leur maxime.

Ils vivent au jour le jour sans penser à Dieu ni à leur âme ; ils se rient, du moins dans la pratique, de la distinction qui existe entre le vice et la vertu. En un mot le bohémien basque est l'être le plus fourbe et le plus soupçonneux, le plus rampant et le plus éhonté de la création.

Aucun évènement important ne vient actuellement attirer l'attention des historiens sur le peuple basque si ce n'est que Louis XIII, au mépris des édits d'Henri IV et des promesses qu'il avait réitérées à Loudun et à Bordeaux, abolit les cours souveraines de Pau et de Saint-Palais, et créa un Parlement de Navarre fixé à Pau composé de trois Présidents et de vingt deux conseillers. Le Donezan, l'Andorre, la Navarre et le Béarn étaient incorporés et rentraient dans les domaines de la couronne. Cette habile usurpation causa de grands troubles dans ces provinces, mais au fait elle était devenu nécessaire, et depuis quelques années il s'en commet de plus grandes et bien plus inexcusables.

La guerre avait éclaté entre la France et l'Espagne bornée d'abord au Roussillon et au Languedoc. Louis XIII, après quelques succès, comprit toutes les Pyrénées dans ses plans de conquêtes. Il nomma le prince de Condé lieutenant-général de toute la ligne Pyrénéenne, son quartier général fut fixé à Bordeaux. Les Guipuscoans profitaient de l'incertitude des frontières du Labour pour pénétrer dans le pays Basque français et le ravager. En 1636, les troupes espagnoles franchissant la Bidassoa vinrent attaquer le port de Cibourre défendu par quarante mousquetaires du duc d'Epernon qui ne purent pas arrêter longtemps les ennemis. Saint-Jean-de-Luz tomba également en leur pouvoir. Bayonne s'alarma, le duc d'Epernon et son fils de la Valette y menèrent quelques compagnies; les habitants reprirent courage et élevèrent deux forts pour garantir le pont de Saint-Esprit. Lavalette marcha sur St-Jean-de-Luz et attaqua les Espagnols qui réduits à trois mille hommes regagnèrent la Biscaye.

Le prince de Condé, ayant réuni quelques troupes et présidé les Etats, dirigea son armée sur Saint-Jean-de-Luz, elle traversa la Bidassoa, livra Irun au pillage. Fontarabie fut assiégée, mais la flotte française n'étant pas prête, des vivres et des renforts furent introduits dans la ville.

Le premier août 1638, l'amiral à la tête de vingt-six voiles, arriva devant Passage ; le 3, il repoussa une grande quantité de barques et de pinasses et en jeta plusieurs à la côte. Il força l'entrée du port et s'empara de tous les navires espagnols. Le 22, le combat naval décisif s'engagea vers midi ; la flotte espagnole, forte de dix-sept voiles, fut anéantie avec douze cents hommes d'équipage et sept mille hommes de troupes destinés à Fontarabie. L'amiral ne perdit qu'une huitaine de matelots. Mais la discorde se mit dans l'armée française et les brillants avantages remportés déjà ne rendirent sa déroute que plus honteuse. Cet échec fit renoncer à toute tentative sur la Navarre, tous les efforts de Louis XIII se portèrent sur le Roussillon.

Louis XIV avait succédé à Louis XIII. Son mariage fut arrêté avec l'infante d'Espagne Marie-Thérèse. Il alla attendre sa fiancée à Saint-Jean-de-Luz, où le 6 juin, il signa le traité de paix entre les deux royaumes. Le mariage fut célébré le lendemain à l'église paroissiale. L'évêque Jean Dolu donna la bénédiction nuptiale aux deux époux. Leur séjour à Saint-Jean-de-Luz se prolongea jusqu'au 15. Le Parlement de Paris ratifia le traité de paix et de mariage le 27 juillet.

Le 16 mai, Louis XIV revint à Bayonne où de nouvelles fêtes l'attendaient ; il en repartit le 17, emportant comme souvenir de l'hospitalité bayonnaise, cent piques en fer doré, des jambons, des confitures et vingt mille francs de don gratuit. Il traversa Mont-de-Marsan et passa la nuit à Captieux où survint un événement dont les astrologues du siècle précédent n'auraient pas manqué de tirer les plus effrayants présages. Le roi fut réveillé au milieu de la nuit par un tremblement de terre ; il s'élança hors du lit, courut à la fenêtre, n'aperçut qu'un factionnaire tout bouleversé. Mais il apprit enfin la nature du bruit qui l'avait réveillé et revint tranquilliser la jeune reine. Mademoiselle de Montpensier, logée à St-Justin, non loin de là, sauta également à bas de son lit dans la plus simple toilette de nuit et rendit dans ce costume léger la gaieté à tout le monde. La cour regagna Versailles sans autre bouleversement, et rien de remarquable pour notre histoire ne survint jusqu'à la mort de Louis XIV.

Louis XV étant malheureusement encore mineur, le Régent, prince d'Orléans, gouvernait la France. Il déclara la guerre à l'Espagne. Berwick franchit de nouveau les Pyrénées à la tête de trente mille hommes, envahit la Biscaye, détruisit les arsenaux de Passage et attaqua Fontarabie.

L'armée espagnole, réduite à quinze mille hommes, se replia sur Pampelune où Philippe V vint la rejoindre. Fontarabie capitula le 18 juin 1718. St-Sébastien fut pris et chose plus grave, les Etats de Biscaye, Alava et Guipuscoa proposèrent de se donner à la France si elle consentait à respecter leurs priviléges. Le Régent ne voulant pas avoir l'air de céder à l'ambition refusa généreusement; la guerre se reporta en Catalogne.

La paix fut enfin rétablie entre les deux nations et devint si formelle qu'elle aboutit au fameux pacte de famille par lequel les branches régnantes de la maison de Bourbon formaient une ligue contre tous leurs ennemis (16 août 1761. Le marquis d'Ossat fut le négociateur principal de ce traité.

Détigny, l'intendant d'Auch et de Pau, perça la belle

route de Toulouse à Bayonne par St-Gaudens et Pau.

Une longue paix laissait reposer la France et l'Espagne. Louis XV mort, Louis XVI lui succéda ; mais bientôt une révolution, la plus violente, la plus cruelle et la plus décevante, qui ait agité le Globe vint bouleverser la société en France et soulever contre notre nation une animosité terrible dans toute l'Europe. La bourgeoisie française ayant adopté la doctrine des droits de l'homme, sacrifiera la royauté au mirage des libertés civiles et des garanties constitutionnelles... mais surtout à la cupidité et à la rage insensée des ambitieux incapables tout en déchainant de véritables monstres qui n'auront d'autres buts que le désordre et la destruction. De nombreux tyrans altérés d'or et de sang à satisfaire assassineront un roi paternel le plus vertueux des hommes; mais, hélas ! le plus faible des rois. La tête de Louis XVI tombe sur l'échafaud. L'Espagne alors se lève indignée. Tous, paysans, bourgeois, moines et gentilshommes courent aux armes. Soixante et treize millions de dons volontaires sont affectés par la Péninsule à l'envahissement de la France pour venger le roi martyr. Les provinces pyrénéennes se signalèrent dans ce mouvement, elles avaient été les premières à établir une monarchie constitutionnelle, mais tout en défendant leurs libertés et leurs priviléges elles avaient toujours respecté la personne du roi.

Le général Ricardos franchit les Pyrénées à la tête de quatre mille hommes et reprit la Cerdagne.

La résistance ne tarda pas à surgir, des milliers de volontaires accoururent à l'appel de la patrie en danger.

Les trois d'Arispe dans les Pyrénées, les trois Bagnères dans le Gers, sont entourés tout le long de la chaîne d'une foule de jeunes gens dont un grand nombre atteindra la célébrité. Des milliers de paysans basques, béarnais et roussillonais se pressent sous leurs drapeaux et forment les deux armées des Pyrénées et des Pyrénées orientales.

Cependant Ricardos put prendre ses quartiers d'hiver au cœur du Roussillon. Perpignan seul restait aux Français.

Dans la Navarre les succès des Espagnols furent moins marqués ; ils parvinrent, toutefois, à passer la Bidassoa.

Les Basques du Guipuscoa qui n'avaient jamais reconnu les rois de Castille et de Navarre pour souverains furent séduits par la République, ils livrèrent St-Sébastien. Mais les conquêtes rapides des Français malgré la résistance acharnée des Basques, et l'opposition hostile du général français Pinet à la réunion de leur ancien Bilzaar national sous l'arbre de Quetaria, leur arbre de la liberté, les firent réfléchir, et les désabusèrent ; ils reprirent les armes avec plus d'ardeur et forcèrent le général Moncey à reculer et à s'installer sur le Bastan et à Saint-Jean-Pied-de-Port.

Depuis des siècles, dit Durruy, le Guipuscoa et l'Alava formaient une anaïdée ; le peuple se réunissait chaque année en batzarée (assemblée générale) au chant national de l'arbre de Quetaria ; ce chant est assez remarquable, je crois devoir le donner ici, avec la traduction.

Guernicaco arbola	L'arbre de Guernica
Da benedicatuba	Est béni
Escualdunen artian	Très-aimé
Gustis maitatuba.	Parmi les Basques.
Eman da zabal zazu	Propagez et étendez
Munban fruitubadu	Du fruit dans le monde
Adoratzen saitugu (bis)	Propagez et étendez
Arbola santuba.	Du fruit dans le monde.

Milla urte ingurnu da ;	Il y a environ mille ans
Eka n dudela	Que l'on dit
Jaincouac planta zubela,	Que Dieu avait planté
Guernicaco arbola,	L'arbre de Guernica.
Zaude bada chutican	Restez donc debout,
Orain da dembora,	C'est à présent le moment,
Erorcen baceda (bis)	Si vous tombez
Arras galdu guerra.	Nous sommes perdus.

Etzare erorico	Vous ne tomberez pas,
Arbola maitio	Arbre aimable,
Ongui portazen bada,	Si la junte de Biscaye
Viscaico yuntia	Se comporte bien,
Lagumbat artuco degu	Nous prendrons un appui.
Curekin batean,	Avec vous,
Fakian hic dedin,	Pour que le peuple basque
Cuscaldun gendia.	Vive en paix.

Retiev bici bedi	Pour qu'il vive toujours
Jaunari eskatzeko	Et pour demander à Dieu,
Jarry gaitean denac	Mettons-nous
Laster belaunico	Tous à genoux

Ta bihotz bihotzetic	Et demandant
Eskatures gheros	De tout notre cœur
Arbola biziko da	L'arbre vivra
Orain et a ghero.	A présent et à toujours.

Les succès des deux partis rendant les résultats de la lutte incertains, la paix fut signée ; Charles IV céda la partie espagnole de Saint-Domingue et les Français rendirent les places dont ils s'étaient emparés dans les Pyrénées.

Bonaparte profitant de la trahison de Godoy et de la mésintelligence qui régnait dans la famille royale s'empara de l'Espagne, détrôna Charles IV et mit à sa place son frère Joseph en laissant à Murat la lieutenance du royaume.

Les Espagnols jetèrent un cri de fureur et de vengeance et coururent aux armes de tous les points de la Péninsule. L'Eglise d'Espagne si nationale et si patriotique ne resta pas indifférente; ses cathédrales, ses couvents devinrent des forteresses, des citadelles, le monastère du Montserrat fut le centre du grand soulèvement. L'histoire de la Madone catalane est un des tableaux les plus dramatiques des annales de cette province.

On me pardonnera de l'esquisser ici ; les Basques vénèrent la madone de Montserrat avec autant de piété et d'amour que les Catalans et les Aragonais. Je voudrais, en le traduisant, pouvoir rendre la naïveté du récit.

L'an 717 Erigonio, gouverneur, et Pedro, évêque de Barcelone, voulant soustraire aux désastres du temps une statue vénérée de la Sainte Vierge immaculée, la cachèrent dans une grotte du Montserrat où elle resta ignorée.

En 880, les bergers de Riusech parcouraient tous les jours la montagne du nord au midi, en faisant paitre leurs troupeaux de vaches et de chèvres, chantant des cantiques à la bonne vierge et au seigneur Jésus qui les avaient délivrés du joug des Sarrasins, ils mêlaient aux pieuses ballades les chants patriotiques et légendaires des exploits héroïques des châtelains de la montagne.

Sept était le nombre de ces bergers, ils s'échelonnaient sur autant de points ; chacun avait son petit troupeau. Leur bonheur était de former des chœurs. Les uns reprenaient ce que les autres venaient de faire entendre ; de vallée en vallée les échos répétaient leurs harmonieux refrains qui expiraient au loin dans le murmure des eaux du Llobregat.

Toute leur ambition était satisfaite dans ces jouissances que chaque journée renouvelait.

Un soir au coucher du soleil ils retournaient à Riusech, quand tout à coup leur attention fut attirée par des lumières dont le grand nombre et l'éclat, ainsi que l'heure et le lieu où elles brillaient, les surprirent grandement ; c'était un samedi.

La nuit survint trop prompte à leur gré dans leur admiration du prodige auquel ils assistaient. La crainte des ténèbres et de l'inquiétude de leur maître les forçant à s'arracher à cette contemplation, ils convinrent entr'eux de garder le silence sur ce qu'ils venaient de voir.

Les jours suivants les lumières ne reparurent pas.

Mais le samedi à la même heure et sur le même point les lumières brillèrent comme la première fois.

Le dernier jour de la troisième semaine la vision apparut exactement, et de plus en même temps se fit entendre une musique délicieuse qui transporta les bergers en les inondant de joie et de douces larmes.

Huit jours après, les lumières apparurent et la musique se fit entendre encore. Dans les transports de leur jubilation les bergers résolurent enfin de tout révéler au seigneur de Riusech, leur maître, qui les questionna minutieusement soit ensemble soit séparément. Leurs récits ne présentant aucune contradiction et les menaces qu'il leur fit dans le cas où ils seraient convaincus de mensonge ne les faisant pas varier il crut à leurs affirmations, mais il voulut pourtant s'assurer par lui-même de ce fait merveilleux.

Le cinquième samedi, il partit avec eux; sur le soir il entendit tout à coup une musique d'abord lointaine, mais dont bientôt les notes harmonieuses devinrent distinctes et pleines de mélodie ; se retournant alors il aperçut, sur le grand avancement de rochers au dessous du château Otger et de la chapelle de Saint-Michel, une multitude de lumières, fixées sur le point même d'où se faisait entendre la musique céleste. Oh! c'est bien vrai, s'écria-t-il hors de lui, mes yeux l'ont vu, mes oreilles l'ont entendu. Aussitôt il retourna à Riusech nageant dans un océan de délices, dit le narrateur espagnol.

Il existe un acte qui prouve que dans ce même lieu se

trouvait, alors comme aujourd'hui, un oratoire ou chapelle ; un prêtre y disait la messe tous les dimanches.

Le lendemain le seigneur de Riusech raconta la vision à ce chapelain qui vérifia le fait le samedi suivant. Aussitôt il courut à Manresa, fit son rapport à l'évêque qui s'écria comme Moïse : J'irai et je verrai. Le prélat s'y rendit effectivement et s'assura de la vérité.

On découvrit sous les ronces et les buissons un petit sentier que les paysans mirent trois jours à débarrasser de tout ce qui l'obstruait afin qu'il put donner accès jusqu'au lieu miraculeusement indiqué. Ce sentier était sans aucun doute celui qu'avaient suivi l'évêque et le gouverneur 163 ans auparavant. lorsqu'ils vinrent mettre le trésor en lieu de sûreté.

Sous les ronces, les arbustes et les débris amoncelés depuis tant d'années, on ne pouvait soupçonner l'existence d'une grotte ; les assistants ne voyaient devant eux qu'une montagne à pic et sous leurs pieds un abime.

Tous crièrent au ciel dans leur affliction et aussitôt la musique se fit entendre, les lumières apparurent sur un point déterminé ; les cris de joie succédèrent aux lamentations.

C'est ici ! fut le cri universel, ici doit être ce que le ciel veut nous donner.

Les robustes jeunes gens de leurs piques, de leurs haches et de leurs pelles firent si bon emploi, qu'ils enlevèrent tous les obstacles et découvrirent l'entrée de la grotte. Un temple, Monseigneur ! crièrent-ils pleins d'enthousiasme, une église !

L'évêque entra dans cette grotte merveilleuse, convertie en lieu saint, illuminée des lumières célestes qui avaient servi de guide. Tous étaient en extase en entendant l'harmonie des cantiques des anges, en apercevant au milieu d'un nuage d'encens la statue miraculeuse de la Mère du Divin Rédempteur, et tous firent vœu de bâtir une église sur le lieu même.

Ce vœu fut accompli. Une belle église et un couvent de Bénédictins ont été élevés. Le service divin s'y fait avec beaucoup de pompe ; on accourt de fort loin pour vénérer la statue et entendre la belle musique exécutée par la maîtrise.

Bonaparte a détruit une grande partie de l'ancien monastère pour établir une batterie au sommet de cette montagne élevée et entièrement isolée.

Une légende raconte le premier prodige de la statue miraculeuse de la Sainte Vierge, elle est enregistrée dans les archives du Montserrat, la voici :

Le moine Gari avait donné les preuves les plus irréfutables de toutes les vertus monastiques, son abbé le jugea digne de la vie solitaire ; toutefois, il lui donna pour compagnon le moine Julien, puis au bout de quelque temps il le lui retira et le laissa seul chargé de saint Acisclo et de la statue miraculeuse nouvellement retrouvée.

Dieu voulut éprouver la vertu de Gari qui commençait à considérer avec trop de satisfaction les dons qu'il tenait de la divine Providence.

Le malin esprit que Gari avait si souvent vaincu, conçut l'espoir d'entraîner celui qui se complaisait trop dans les faveurs dont il était comblé.

Le vice qui dégrade le plus l'homme en le rabaissant au niveau de la brute, est ordinairement le châtiment de l'orgueilleux.

Wifred le barbu, premier comte, était gouverneur de Barcelone. Le mauvais esprit s'empara de Riqueldis une de ses filles, et déclara qu'il ne la quitterait que sur le commandement de Gari.

Gari, redoutant un piége, refusait d'intervenir, mais il finit par céder aux instances du père, qui lui amena sa fille, la laissa auprès de lui et se retira.

Le moine comprit presqu'aussitôt le danger, mais il le brava sans recourir à la prière; apercevant un hermite, il courut à lui comme à un ami, cet ami était Satan qui le poussa au mal. Gari se rendit coupable.

Aveuglé de plus en plus, il recourut encore à son funeste conseiller, qui lui dit de cacher sa faute par un meurtre, et Gari répandit le sang de sa victime. Aussitôt, épouvanté, il s'abandonna au désespoir et résolut de se détruire. Il était sur le point de mettre ainsi le comble à ses crimes en se précipitant dans un abime sur le bord duquel il s'était avancé quand, levant les yeux, il aperçut la chapelle de saint Acisclo et se rappela ce dont il aurait dû se souvenir avant sa chûte. La Sainte Vierge le regarda alors comme Jésus regarda saint Pierre qui le reniait. Il poussa un profond soupir et se sentit enlevé par une force occulte du bord de l'abime où il allait tomber. Il courut en versant un torrent de larmes, se jeter aux pieds de la statue miraculeuse, qui voulait que le premier gage de sa miséricorde retombat sur le grand criminel.

Prosterné au pied de l'autel, il ressentit une indicible douleur de ses forfaits et résolut de recourir au Saint Père, d'aller se jeter à ses pieds en lui confessant son crime.

Arrivé à Rome, il fut absous, mais la pénitence qui lui fut imposée rappelait celle de Nabuchodonosor ; il devait ramper sur la terre et ne plus regarder le ciel. Il retourna au Montserrat pour expier son crime aux lieux mêmes qui en furent seuls témoins. Ses jours passaient à arroser de ses larmes la tombe qui recouvrait les cendres de sa victime, et à ramper comme un vil reptile.

Six années s'étaient écoulées dans cette expiation et pourtant il devait en subir une plus humiliante encore. Le crime et son châtiment étaient ignorés, ils devaient venir à la connaissance de ceux qu'ils intéressaient le plus.

Le comte Wifred se rendit à Montserrat pour une partie de chasse. Ses piqueurs étaient en avant, quand tout-à-coup les chiens se mirent à aboyer en cherchant à escalader une élévation.

Les piqueurs se précipitèrent à la suite des chiens et après avoir écarté les ronces et les épines ils s'arrêtèrent surpris à la vue d'un être qu'ils ne pouvaient définir, et dont le regard fixé sur eux était plein de douceur. Ils attendirent le retour du Comte qui, après avoir vu ce dont il était question, ordonna de ne faire aucun mal à cet être inconnu, et de le lier pour l'emmener. Gari avait reconnu le Comte, il se soumit.

Il fut logé à Barcelone dans l'écurie du Palais.

Un jour Wifred donnait un grand repas à l'occasion de la naissance d'un enfant. Au dessert il fit amener le monstre de Montserrat. A son entrée, le nouveau-né dit d'une voix claire : Lève-toi Jean Gari, Dieu t'a pardonné tes péchés, puis l'enfant redevint muet.

Je laisse à penser quelle fut la surprise du Comte et de ses convives. Gari se releva et fit l'aveu de ses crimes. Le Comte lui accorda son pardon, l'embrassa et le revêtit d'une tunique ; aussitôt tombèrent les poils qui couvraient tout son corps.

Je ne te demande qu'une chose, ajouta Wifred, tu me conduiras sur la tombe de Riqueldis.

Le Comte et Gari montèrent au tombeau de la jeune victime; à peine était-il ouvert, que Riqueldis, dit la chronique, comme si elle se réveillait d'un doux sommeil dans les bras de Marie mère de Dieu, se leva rayonnante de beauté, le sourire sur les lèvres, embrassa son père qui était venu pour transporter ses restes au tombeau de ses ancêtres.

Apercevant Gari, elle s'écria : Pardon mon père, pardon pour le coupable qui est auprès de vous.

Le Comte, faisant taire les sentiments de la nature, consentit à ce que sa fille se consacrât à Dieu dans le monastère de femmes qui fut fondé sur les lieux.

Gari se retira dans sa grotte et finit ses jours dans la pénitence la plus austère.

Le Montserrat est formé d'un assemblage de cônes immenses entassés les uns au-dessus des autres, nus, inaccessibles. Les pyramides ou aiguilles qui en grande partie ont pris l'apparence de statues gigantesques, que l'on nomme les Moines dans le pays, sont formées de petites pierres calcaires rondes de diverses couleurs, liées par un béton naturel mêlé de sable. Les pluies à la longue détruisent peu à peu ce béton et amincissent les aiguilles. Le Montserrat est isolé et s'élève à 1.130 mètres au-dessus du niveau de la mer, il a 12 kilomètres de circonférence. On y trouve 200 espèces variées d'arbres et de plantes dont une partie ne se voit que sur cette montagne, unique en son genre.

Au bas sont des grottes remarquables que les touristes ne manquent pas de visiter.

On croit que le nom de Montserrat vient de ce que ses pics lui donnent une forme de scie à dents profondes.

CHAPITRE XXII

SOMMAIRE :

Les Bénédictins de Montserrat appellent les Espagnols à la guerre de l'Indépendance. — Campillo, Arostegui, Longa, el Pastor et Jaureguy, Mina. — Les Espagnols battus dans le bas pays, partout victorieux dans les montagnes. — Guerre de don Carlos 1833-1837. — Trahison de Maroto. — Don Carlos quitte l'Espagne. — Assassinat de Vicente Moreno. — Les Basques vaincus perdent leurs priviléges. — Bataille de Somorostro. — Les républicains vaincus se retirent à Santander. — Serrano et Concha viennent de nouveau attaquer les Carlistes avec quarante-six mille hommes et quatre-vingt-cinq bouches à feu. — Trois compagnies de volontaires royaux sont anéanties en défendant Muñecas. — Les Carlistes, sur le point d'être cernés, se retirent en bon ordre abandonnant Abanto. — Mendiri et les Navarrais écrasent la colonne de Campos, et la mettent en déroute. — Mendiri, par une habile manœuvre au milieu du feu de la bataille, tombe sur la division Blanco qui allait le prendre en flanc, la culbute et la met en déroute. — Dorregaray envoit d'Estella la division cantabrienne contre la colonne d'Echague. — Charge de cavalerie de Concha repoussée, et mort de Concha. — Les républicains sont mis en déroute.

C'est dans l'église du monastère de Montserrat que les Bénédictins appelèrent le peuple à reconquérir l'indépendance de la patrie, comme ils l'avaient appelé autrefois pour l'expulsion des Maures, le *Via fora!* (allons, dehors!) vieux cri national, retentit sous les voûtes bénies et le peuple répondit : *So melen!* (nous le voulons!) et munis de chapelets, de scapulaires, ils partirent en demandant la victoire à Notre-Dame de

Montserrat. Ils étaient armés de fusils, de hauts-volants et de faux, le plomb leur manquait, ils firent des balles avec les tringles des rideaux, et allèrent attendre les détachements français aux défilés et à la lisière des bois. Les provinces basques au pouvoir des français ne purent se soulever, mais paysans, bourgeois et gentilshommes coururent se ranger auprès des insurgés.

Campillo fit des prodiges de valeur dans la Galice, Arosteguy dans la Biscaye, Longa dans l'Alava, el Pastor et Jaureguy dans le Guipuscoa, Mina dans la Navarre.

Dans les basses terres les Espagnols étaient battus presque partout, mais dans les montagnes les guerrillas étaient toujours victorieuses. Elles agirent si puissamment que les Français durent abandonner l'Espagne.

La guerre de don Carlos 1833-1837 est trop récente et trop connue pour que je veuille en raconter ici les phases. La Navarre défendait ses fueros menacés par le gouvernement de Madrid. L'armée constitutionnelle de Cordova et d'Espartero fut toujours trois ou quatre fois plus forte que l'armée catholique qui en 1834 comptait à peine six mille cinq cents Biscayens, mille sept cents Alavais, quinze cents Guipuscoans et cinq cents Navarrais. Cordova avait alors plus de douze mille hommes de troupes régulières. En 1836 Eguia, chef carliste, avait vingt-sept mille hommes et Cordova lui opposait cent mille huit cent vingt-deux hommes d'infanterie, quatre mille six cent quatre-vingt-cinq de cavalerie et deux mille huit cent vingt-huit officiers. En 1834 Zumalacarreguy, chéri des Basques, donna quelqu'ensemble aux opérations, mais après sa mort cette unité disparut et la guerre aboutit à la trahison de Maroto et au traité de Vergara. Don Carlos était entré triomphalement à Vergara en 1835, la ville ayant été prise par les troupes carlistes de Zumalacarreguy, le 27 août 1839 Espartero s'y présenta à la tête de la division de la garde. Laissons parler les ennemis de Don Carlos : Espartero fut reçu avec enthousiasme, acclamé comme pacificateur. Quatre jours après, à huit heures du matin, dans une vaste plaine située près de la ville, bornée d'un côté par la route de Madrid et de l'autre par la Deva, on vit arriver et se ranger en bataille les divisions de l'armée de Don Carlos, commandées par Urbistondo. En même temps sortirent de Vergara les troupes constitutionnelles sous les ordres du brigadier Labastide, chef d'état-major de l'armée de la reine. Les deux armées en présence se rendirent mutuellement les honneurs militaires. Espartero arriva à cheval suivi d'une nombreuse escorte, ayant à sa gauche Maroto, commandant en chef de l'armée carliste. Les deux généraux parcoururent les lignes, on fit mettre l'arme sur l'épaule, et le général Espartero prononça une allocution. « Embrassez-vous, mes enfants, dit-il en terminant, comme j'embrasse celui qui a été le chef de nos adversaires », et il se jeta dans les bras de Maroto. Ces paroles mirent la joie et la confusion dans les deux troupes; ces hommes qui s'étaient si souvent combattus, couraient les uns vers les autres pour s'embrasser. Plus d'un ami retrouva son ami; plus d'un frère rencontra son frère; plus d'un père ses enfants. Des cris de vive la constitution! vive la reine! vive le duc de la victoire! retentirent. La plaine de Vergara vit deux armées ennemies se confondre en une seule et offrir au monde le majestueux spectacle de la réconciliation et de la paix.

Telle est la sentimentale version constitutionnelle. Laissons à la conduite de Maroto sa véritable, sa juste qualification d'infâme trahison. Il resta à don Carlos le peuple Basque, ses chapelgorris, les braves miliciens à berret rouge de Zumalacarreguy, et d'innombrables cœurs vaillants obligés de subir les exigences de l'impitoyable nécessité. Voici un couplet d'une chanson très populaire dans le pays basque où nous l'avons entendue.

A Espartero tonante — Maroto traidor — ha vendido España — por un real de Vellon.

Au redoutable Espartero, Maroto le traitre a vendu l'Espagne pour un real de Vellon.

Don Carlos était entré en Espagne par Urdax le 9 juillet 1834; c'est aussi par cette vallée qu'il se retira en France le 13 septembre 1839, après la trahison de Maroto, avec cinq mille hommes, reste de son armée. Espartero qui le poursuivait, arriva à Urdax deux heures après le prince, et s'empara de l'artillerie et des munitions qu'il y avait abandonnées.

Au même lieu, sept jours auparavant, le général carliste Vicente Moreno avait été massacré. Ayant appris la trahison de Vergara il avait cru prudent de se retirer en France avec sa femme et sa famille. Il allait atteindre la frontière, quand il fut rejoint et arrêté par des soldats du 11e bataillon de Navarre. En vain demanda-t-il à l'officier qui les commandait un sursis pour avoir le temps de se confesser. « Tuez-moi demain, s'écriait-il, laissez-moi vivre encore aujourd'hui, seulement une demi-heure. — Meurs, traître ! lui répondirent ses assassins ; on n'aura pas plus pitié de toi que tu n'as eu pitié de Torrijos. En 1831, Moreno avait fait fusiller Torrijos comme rebelle et traître, sans jugement, sur la place de Malaga.

Les Basques et les Navarrais, après des prodiges de valeur devenus inutiles, subirent la révolution de 1836 et la perte des priviléges provinciaux.

Je devrais peut-être m'arrêter ici car je n'ai plus à parler que des évènements récents d'une époque malheureuse pour le pays basque. Je pourrais raconter cette guerre étonnante, ces combats de géants que tant d'exploits et de sacrifices inutiles ont illustré; mais l'histoire contemporaine est impossible dans des temps si troublés. La plume échappe des mains car la passion dénature tout et le vainqueur se plait à ternir lui-même ses succès en versant la calomnie et le mépris sur le vaincu ; mais le mépris ne saurait atteindre ce peuple valeureux. Maintenant le Basque se détourne en passant à côté des représentants civils ou militaires du gouvernement espagnol. Les femmes ne leur adressent pas la parole. Ces courageux montagnards, ces descendants des sauveurs de l'Espagne n'abandonnent ni leurs droits vaillamment acquis, ni la religion catholique, ni leur fidélité à leur souverain légitime. Le mépris ne saurait les atteindre. Noblesse oblige, or tous les Basques sont nobles, je l'ai dit; leurs titres sont incontestables, leur sang a coulé bien souvent pour les maintenir.

Je dirai cependant deux batailles devant Bilbao. La vérité est si incontestable que je ne puis craindre qu'elle soit mise en doute.

Charles VII est rentré en Espagne, il proteste contre la république et revendique son trône.

Le 25 mars, à cinq heures du matin, le premier coup de canon parti des hauteurs de Somorostro, annonça que le combat allait s'engager.

Presqu'au même instant, la flotte ouvrit le feu contre Santurie, et trois colonnes républicaines, débouchant par le pont de Somorostro, se portèrent rapidement, l'une à l'extrême droite, l'autre au centre et la troisième à gauche, essayant de chasser les carlistes de leurs positions et de les rejeter sur Portugalete, où ils seraient écrasés par l'artillerie de la flotte.

Quelques heures après, le premier bataillon de Guipuscoa pris entre deux feux et décimé, abandonnait Santurie et se repliait sur la seconde ligne.

A l'extrême droite, les républicains commandés par Primo de Riveira, emportaient Pucheta à la bayonnette et se préparaient à attaquer Santa Juliana, qu'ils battaient avec leurs canons Krupp.

La bataille devenait de plus en plus sanglante; une grêle de boulets s'abattait sur la montagne, convertie en forteresse. Tout-à-coup une colonne, s'élançant du ravin, se précipita au pas de course sur la première ligne de retranchements; mais elle ne put l'atteindre, une décharge à bout portant abattit ses premiers rangs et la fit reculer en désordre.

Trois ou quatre assauts successifs eurent le même

résultat ; les républicains rentrèrent dans le ravin, l'artillerie redoubla de violence.

A droite, Santa Juliana avait été emportée ainsi que les ruines de son antique château qui abritaient les carlistes.

La journée s'acheva sans nouvel assaut et la nuit fut employée des deux parts à se fortifier.

Vers minuit, le bataillon cantabrien releva à la première ligne les Alavais qui venaient de perdre cent quatre-vingts hommes.

Le 26, à cinq heures du matin, le feu recommença plus terrible encore et les efforts de l'ennemi se portèrent sur le centre. Cinq fois les Biscayens repoussèrent ses attaques successives, non seulement en les fusillant par dessus les retranchements, mais en se jetant sur lui à la bayonnette avec une fureur sans égale. Les navajas au bout des fusils remplaçaient les bayonnettes quand elles étaient tordues.

Le sang coulait à flots, celui des carlistes y était mêlé, mais l'ennemi n'avait pu franchir la base du mont Abanto, dont la masse sombre, couronnée d'éclairs, planait au-dessus des nuages de fumée de la bataille.

Le 27, au lever du soleil, Serrano recommença la lutte pour la troisième fois, le tonnerre de son artillerie réveilla les échos de la montagne.

Repoussé à droite, où Primo de Riveira avait été blessé, et au centre, où ses morts couvraient la plaine, Serrano avait porté tous ses efforts sur l'extrême gauche.

Là, les républicains aidés par la flotte, qui couvrait d'obus le rivage, parvinrent jusqu'aux dernières lignes des travaux de Murieta. Les troupes royales électrisées par leurs succès précédents, les y attendaient et les repoussèrent avec furie.

Avec le jour s'éteignit enfin le feu et le carnage fut suspendu.

Le lendemain les républicains vaincus et honteux, gagnaient Santander, pour y panser leurs blessés et se cacher.

Les carlistes ne les poursuivirent pas, ils avaient trop souffert eux-mêmes, puis ils devaient relever leurs blessés et enterrer leurs morts, parmi lesquels deux de leurs plus illustres chefs, Ollo et Radica, que les éclats du même obus avaient atteints au sommet de l'Abanto.

Serrano passa un mois à laisser reposer ses troupes et à préparer les moyens d'une nouvelle attaque. Son armée ne comptait pas alors moins de quarante-six mille hommes, et de quatre-vingt-cinq bouches à feu. Les carlistes n'avaient pas la moitié en hommes et la dixième partie en artillerie.

Le 28 avril une partie de l'armée de Serrano prenait position en face de San Pedro d'Abanto, de las Fuentes et de Santa Juliana. Trois colonnes de dix mille hommes chacune (Echague dirigeait la première), sous le commandement immédiat du maréchal Concha s'avançaient silencieusement dans la vallée dominée par les pics de las Muñecas, avec une formidable artillerie.

Trois compagnies de volontaires royaux, allaient défendre le passage contre toute une armée ; mais le pic de Muñecas était une clef importante des positions de l'armée royale et les Guipuscoans qui étaient chargés d'arrêter l'ennemi, avaient pour chef Andechaga.

A la vue des assaillants, ils ôtèrent leurs boïnas, se mirent à genoux, récitèrent à haute voix la prière de la bonne-mort, puis se relevant, examinèrent les amorces de leurs carabines, et, le doigt sur la détente, ils attendirent.

Les républicains se ruèrent à l'assaut à l'arme blanche. Le défilé était étroit, une décharge furieuse les reçut, ils reculèrent et la fusillade commença. Favorisés par la hauteur, protégés par un retranchement, les montagnards leur faisaient éprouver des pertes terribles, il fallut recourir à l'artillerie.

Les boulets ouvrirent une large brèche, de nouvelles colonnes s'élancèrent à l'assaut, pendant que montant le long des pentes, les républicains faisaient pleuvoir sur les héroïques défenseurs une grêle de balles.

Quand ces braves furent tombés l'un après l'autre, l'armée républicaine passa, après avoir comblé la tranchée, derrière laquelle il n'y avait plus que des cadavres criblés de balles, et parmi eux celui d'un vieillard à longue barbe blanche, coiffé d'une boïna à torsade d'or, et serrant dans ses mains la poignée de son épée, dont la lame brisée ruisselait de sang.

Le premier coup de canon tiré par Echague avait donné le signal de la bataille générale. Dès lors, les détonations devinrent incessantes, elles se répercutaient dans les profondeurs des vallées. Un nuage d'un blanc éclatant, zébré de raies de feu et illuminé de rapides clartés, courait le long des crêtes de Somorostro et couronnait les hauteurs d'Abanto, las Fuentes et Santa Juliana attaquées par Serrano.

La mêlée était terrible et Palacios n'emportait d'assaut las Carreteras, qu'en laissant derrière lui une longue traînée de morts. Ce général y établit aussitôt de nouvelles batteries dont les boulets augmentaient la grêle de fer qui s'abattait sur San Pedro.

Peu importait aux carlistes; la montagne, vraie citadelle avec sa triple couronne de retranchements, demeurait debout et intacte comme un rocher de granit battu par l'Océan. Et les Basques bravaient les Gavachos (les républicains).

Ceux-ci avançaient, et leurs nombreux bataillons s'allongeaient, s'allongeaient toujours cherchant à étreindre les carlistes dans leurs lignes, comme deux bras autour du groupe de montagnes dont Abanto forme le centre.

Encore quelques heures et l'armée carliste allait être cernée. La nuit vint à son secours. Il fallait abandonner Abanto pour se porter à la gorge de Balmaseda, qui commande le pont de Castrejana, et le mouvement de retraite commença en bon ordre.

Serrano fit occuper l'Abanto; Santurie et Portugalete étaient déjà évacués.

Echague eut plus de peine à passer; pendant plus de deux heures, les carlistes, embusqués dans la gorge, arrêtèrent son mouvement; il ignorait leur nombre. Mais là encore les carlistes durent continuer la retraite, sans toutefois abandonner le siége de Bilbao.

Bientôt Echague, par la route de Barbinzona à Villatuerta, Campos, parallèlement sur Lorca, débouchèrent après avoir habilement caché leur mouvement.

Les carlistes surpris n'eurent que le temps d'occuper les hauteurs dominant Villatuerta, Dorrogarin, Muro, Tuerta et Abarzuza, afin de couvrir leurs flancs très dégarnis.

Le 26, l'ennemi attendant la division Loma pour frapper un grand coup, ne dépassa pas Abarzuza qu'il livra à toutes les horreurs d'une ville prise d'assaut.

Revenus de leur première surprise, les carlistes avaient passé la nuit à concentrer leurs troupes sur les points les plus menacés et à s'y fortifier. Les Navarrais commandés par Mendiri occupaient les hauteurs. Dorregaray était à Estella avec ses réserves, sous le feu des batteries de Villatuerta, pour se porter là où il verrait son secours plus nécessaire.

Campos commença l'attaque par le centre de la ligne, sa colonne gravit au pas de course et se rua sur Muro.

A genoux derrière leur faible rempart, les carlistes attendaient immobiles. Feu ! s'écria tout-à-coup Mendiri, un éclair parcourut le parapet, une seule détonation se fit entendre, et les premiers rangs de la colonne ennemie tombèrent pour ne plus se relever. La masse recula indécise, malgré les efforts des chefs qui criaient en avant ! en avant !

Dans la redoute on n'entendait que le faible bruit des armes que les Navarrais rechargeaient.

La masse ennemie bien qu'hésitante encore allait se ruer de nouveau. Feu ! répéta Mendiri, les Républicains roulèrent dans la poussière. « A la bayonnette ! » s'écria Mendiri, et, bondissant par dessus leurs murailles, les intrépides Navarrais se précipitèrent sur les soldats de Campos, qui pris de terreur, la bayonnette dans les reins, n'obéissant plus à la voix des chefs, se jetèrent sur la seconde colonne, dont ils paralysèrent les mouvements et masquèrent les batteries.

Mais l'ennemi était trop supérieur en nombre, et la division Blanco, s'avançait rapidement pour prendre en flanc les Navarrais.

Le brave Mendiri eut alors un de ces éclairs de génie providentiels, sans arrêter l'élan de ses soldats, avec une rapidité prodigieuse, il changea de front sous le feu ennemi et abandonnant les fuyards tomba rapide comme la foudre sur la division Blanco, la culbuta en désordre et la poussa si rudement, que sa retraite fut une déroute.

Peppe sortant alors d'Estella avec la division cantabrienne attaqua la colonne d'Echague, la refoula et la chassa de Villatuerta et d'Abarzuza. Pour sauver ses canons, le vieux maréchal Concha dut charger lui-même avec tout ce qui lui restait de troupes, et, à la tête de sa cavalerie il se rua sur le bataillon cantabrien.

Les Basques, dont le premier rang s'était mis à genoux, la bayonnette en avant, pendant que leurs compagnons, arc-boutés sur les jarrets, ouvraient un feu terrible, les Basques, dis-je, reçurent le choc épouvantable de la cavalerie ennemie, se précipitant comme un ouragan. Plus d'un carliste mordit la poussière, mais les premiers chevaux, atteints par les bayonnettes se cabrèrent en se renversant, et dans le désordre un Basque aux cheveux blancs, d'une main brandissant un drapeau, de l'autre tenant un revolver, bondit dans la mêlée et déchargea son arme sur Concha qui tomba foudroyé; le carliste et son drapeau disparurent sous les pieds des chevaux.

La lutte autour des deux cadavres fut acharnée, un officier parvint cependant à enlever celui du maréchal Concha, la fuite des Républicains devint générale, les carlistes les poursuivirent jusqu'à la plaine en faisant de nombreux prisonniers.

Nous savons pourquoi les Basques, pourquoi de tels braves ont été non point vaincus, mais forcés de céder; la honte n'en revient pas à eux, la lutte était devenue impossible. Ces batailles de géants, ces victoires étonnantes restèrent inutiles.

CHAPITRE XXIII

SOMMAIRE :

Revenus dans leurs montagnes les Basques sont réduits à faire la contrebande. — La princesse de Beira. — Ganis.

Ne pouvant continuer la lutte, les valeureux Carlistes rentrèrent dans leurs montagnes ne retrouvant pour toute ressource que les produits d'une terre qui ne peut suffire à leur nourriture pendant six mois. Ils n'ont plus comme autrefois le moyen des excursions dans les contrées plus riches d'où ils revenaient pourvus de ce qui leur manquait, ils seraient donc forcés ou de quitter leur pays ou de se faire mendiants ou voleurs en y restant, ils ne le veulent, et pour toute ressource ils se livrent à la contrebande. Ils la font de deux manières, l'une en grand au moyen d'associations bien organisées, l'autre en détail individuellement, chacun transportant isolément à ses risques et périls des denrées ou autres marchandises de consommation journalière par petites quantités. Arrêtés parfois par les préposés de la douane, ils subissent leur temps de prison, puis ils recommencent afin de pourvoir à leur subsistance, et utiliser ainsi le voisinage de l'Espagne qui reçoit ainsi à moindres frais des objets de consommation ou d'utilité.

La contrebande par association occupe beaucoup de bras, elle est exercée par des hommes honnêtes d'une grande probité, leurs chefs sont connus, on peut compter sur leur fidélité, leur droiture et leur dévouement. Les luttes à mort entre douaniers et contrebandiers deviennent de plus en plus rares. Ces derniers savent que lorsqu'ils sont surpris, en abandonnant leurs ballots, ils ont toute chance de s'échapper et les douaniers, en saisissant les ballots ayant droit à une allocation, laissent fuir le contrebandier pour avoir la marchandise et éviter de cruelles représailles.

Mais quand il s'agit de faire passer la frontière non à des marchandises, mais à des personnages, la tactique est bien différente.

En 1835 la princesse de Beira, fiancée à D. Carlos, son beau-frère, partit subitement de Naples avec le comte de Custine, et une dame d'honneur. En passant à Toulouse, elle prit le prince des Asturies, fils de son futur époux, et continua son voyage vers Bayonne. Elle n'y resta pas longtemps, se cacha d'abord à Biarrotte chez le baron d'Olce, puis au château de Montpellier chez M. de Rol.

Dénoncée à M. Hénaut, sous-préfet de Bayonne, elle fut avertie à temps et échappa aux poursuites de l'autorité. Elle traversa l'Adour en face d'Urt, où elle trouva des chevaux, des contrebandiers et M. Darrotchès, agent carliste, pour chef de la caravane. Après avoir marché presque toute la journée dans le bois de Mixe, elle arriva sur les hauteurs des pays de Mixe et d'Arberone, d'où l'on domine le joli vallon de Méharin. Le chef de la petite troupe fut détaché pour aller demander l'hospitalité au vicomte de Belsunce, propriétaire de l'antique et noir château qui dressait ses quatre poivrières au milieu de la vallée. L'hospitalité fut accordée avec empressement sans que M. de Belsunce sut à qui il la donnait. Les chevaux renvoyés, Batista Etchegoyen, contrebandier de l'escorte, fut dépêché muni d'instructions, à Macaye, vers le brave et loyal Ganis, chef célèbre de la contrebande labourdine.

Ganis arriva au milieu de la nuit, suivi de distance en distance d'hommes à lui, amenant deux chevaux et des paquets de travestissements. Il fallait traverser Hélette, gros bourg résidence d'un poste nombreux de douaniers. Il était indispensable d'échapper à leurs regards. L'adroit Ganis profita d'un enterrement qui devait se faire à dix heures et demie ; il partit de Méharin à neuf heures du matin, accompagnant à pied ces dames vêtues de deuil en paysannes aisées de la Basse Navarre; à peu de distance du bourg elles mirent pied à terre, et se rendirent directement à l'église, auprès d'une femme vêtue comme elles, et qui leur avait été désignée par sa haute taille et quelques signes convenus. C'était la sœur de Ganis que la princesse devait suivre et imiter dans ses mouvements. Elles assistèrent à l'office, suivirent le corps au cimetière, et passèrent ensuite avec le cortége devant la caserne et le poste des douaniers. Bientôt après elles retrouvaient leurs chevaux, Ganis et Batista et le soir on s'abritait sous le toit hospitalier de Ganis.

La princesse fatiguée, comptait se reposer chez son brave guide, mais au commencement de la nuit l'alerte fut donnée. Quinze ou dix-huit cents hommes douaniers, soldats, gendarmes réunis dans le voisinage et stimulés par une prime de deux mille francs promise à celui qui s'emparerait de la princesse, commençaient à cerner la maison. Sans s'émouvoir, Ganis entraîne ses hôtes au bord de la rivière gonflée par une pluie d'orage qui durait encore. Ganis très grand, très fort et très déterminé a promis de sauver la princesse, et l'on entend déjà les cris et le bruit des pas de ceux qui la poursuivent ; alors il l'enlève, la prend sur ses épaules, fait un fervent signe de croix et entre dans la rivière. Elle est profonde, il chancèle sous la violence du courant, mais il a promis de rendre à bon port sa précieuse charge. Il entend des voix sur les bords qu'il vient de quitter, il les voit garnis d'uniformes. Il fait de vigoureux efforts, et bientôt suivi de son frère qui porte la dame d'honneur il touche l'autre rive, c'est la terre d'Espagne. La princesse saine et sauve était chez elle.

Vaincus mais non convaincus, encore moins perspicaces, les gendarmes ramenèrent à Bayonne de brigade en brigade le savant géologue M. de Collegno, que son accent italien leur fit prendre pour la princesse portugaise.

Le même Ganis dirigeait un jour vers Bidache un bateau chargé de contrebande. La régie prévenue se présente pour saisir. Le contrebandier surpris s'avance vers le principal employé, qui lui tire à bout portant un pistolet chargé à balles. Sur un signe du chef tous les préposés sont saisis, garrotés, embarqués avec la contrebande et conduits dans le bois de Mixe. Là chacun est attaché à un arbre et couché en joue. Le chef défend de faire feu avant son ordre. Il se retire à l'écart, extrait la balle de sa blessure avec un couteau, s'assure qu'il n'est pas atteint mortellement, et vient présenter à celui qui l'a blessé la balle qu'il a extraite en lui disant « Apprends d'un contrebandier, à respecter la vie de tes semblables. Je te pardonne, mais n'y reviens pas. » Tous les douaniers furent mis en liberté !

Sur la plainte du préposé Saint-Blancard qui avait fait feu sur Ganis et à qui Ganis venait d'accorder la vie, un mandat d'amener fut lancé contre lui ; mais, entouré de cinq cents hommes dévoués et fiancé à une jeune héritière, il ne se laissa pas arrêter et passa sur le sol d'Espagne, où sa fiancée allait le voir tous les soirs. Peu de jours après la noce eut lieu et dura trois jours suivant l'usage du pays. Une moitié de ses hommes faisait le guet jour et nuit, pendant que les autres prenaient part au festin pour, le lendemain, prendre la place des premiers qui venaient alors se mêler à la fête. Ganis tout à sa femme et à ses amis pendant ces trois jours, congédia ensuite son monde et regagna sa retraite.

Cependant Ganis était toujours poursuivi. Tout le commerce de Bayonne l'aimait, l'estimait et s'intéressait à lui. Il fut convenu qu'il se constituerait prisonnier et demanderait son jugement. Il vint seul et fier se faire ouvrir les portes de la prison.

Saint-Blancard était assisté du préposé Lagarde qui déposa contre le contrebandier. Ganis indigné se possédait cependant, il se lève, sa taille élancée, élégante et vigoureuse, sa belle et mâle figure, le port noble et fier de sa tête, sa voix harmonieuse et forte, son regard écrasant impressionnent l'auditoire. Il apostrophe le témoin, rétablit les faits dans leur vérité, lui reproche de les avoir altérés et se rassied couvert d'applaudissements. Le témoin Lagarde interrogé de nouveau confirma le récit de Ganis. L'avocat fit ressortir dans tout son éclat la magnanimité de son client, qui fut acquitté d'enthousiasme et à l'unanimité.

La parole de Ganis vaut contrat dans le pays. Il reçoit de la famille déchue d'Espagne une rente viagère de dix-huit cents francs en récompense des nombreux services qu'il lui a rendus. Bien d'autres contrebandiers jouissent de la plus grande estime, mais Ganis est le type le plus accompli.

Le contrebandier basque porte un berret en drap bleu, une veste carmagnole, une cravate à la batelière, une ceinture de soie rouge, un pantalon brun et des sandales de cordes tressées. S'il fait froid, il prend une casaque de peau de mouton noir ou une tunique brune. Il est bruyant dans sa gaieté, poétique dans son langage, terrible dans sa colère. Des cris aigus, des danses pittoresques, des allégories, des coups de bâtons, rendent avec la vivacité de l'éclair ses divers sentiments. Ardent, leste, infatigable, il peut faire trente-cinq à quarante kilomètres chaque jour, ayant trente kilogrammes sur le dos et rester dispos pour le lendemain. Il est toujours armé d'un couteau à longue lame pointue, d'un bâton de néflier ferré. Lorsqu'il est en course il retrousse ses cheveux par derrière sous son berret.

A trente-six ans il quitte cette profession, les douleurs de rhumatisme commencent à l'atteindre. Il est superstitieux, croit aux revenants, aux apparitions, est fataliste comme un turc. Mais toujours on retrouve en lui le Basque plein de vaillance dont nous avons déjà vanté le caractère, la fidélité, la droiture, la loyauté dans l'exécution de tous ses engagements. Il subit actuellement la loi du plus fort, mais que l'occasion se présente de revendiquer ses anciens priviléges, ses *fueros*, on le retrouvera plein d'ardeur et de résolution pour y réussir.

CHAPITRE XXIV

SOMMAIRE :

Caractère physique et moral des Basques. — Mœurs, usages, costumes. — Navarre.— Alava. — Biscaye. — Guipuscoa. — Quelques remarques. — Culture. — Habitations. — Amusements, jeux. — La veillée. — Hospitalité. — Le Mutchiko. — Opinion des Basques sur les filles qui aiment la danse. — Tout le monde danse à Pampelune.

Les Basques sont remarquables par la puissance, l'harmonie de leurs formes, l'agilité de leurs mouvements, ils sont en général de taille moyenne ; dans les provinces espagnoles, quelques-uns cependant atteignent par exception une stature élevée.

Ils rappellent les fiers Vascons par la beauté de leur sang, la noblesse de leur démarche, leur santé robuste exempte d'infirmités. Ils ont le visage rond, le menton carré, la bouche fine, le nez droit un peu fort, les yeux noirs, les sourcils en ligne droite. Généreux, francs, hospitaliers, ils n'aiment pas les travaux des champs, mais le mouvement, les plaisirs, les courses lointaines et les aventures, la guerre de guerillas, la piraterie, la contrebande, le commerce dans l'Amérique méridionale.

Le Basque a vu amoindrir ses priviléges, mais il conserve l'amour du pays, la fierté de l'homme libre, le mépris de tout ce qui marque la soumission et la domesticité. Il n'est pas de fatigue, de travail, et de privations qu'il ne s'impose, pas de péril qu'il ne brave pour arriver à dire : mon champ, ma prairie, mon troupeau, ma maison.

Je n'ai à peu près rien dit sur la vie sociale des Basques, sur leurs habitations, leurs jeux, leurs amusements, leur littérature ; je vais faire en sorte de remplir cette lacune par quelques indications rapides prises en partie dans l'ouvrage de M. Francisque Michel, intitulé : *Le pays Basque*, auquel je renvoie pour les détails qui allongeraient outre mesure cet ouvrage beaucoup trop long déjà peut-être.

Mœurs, Usages, Costumes.

Les Basques ont perdu en grande partie le caractère d'originalité qu'ils ont gardé si longtemps. Maintenant ils hantent les foires, les marchés, pour acheter, vendre ou voir. Ils fréquentent les cabarets pour y laisser comme on le fait ailleurs, leurs économies et leur raison. Il n'est pas rare d'entendre dans la nuit les *Achuts* menaçants de l'ivrogne batailleur, brandissant son *makila* et défiant les braves des environs. Ces *achuts* occasionnent très souvent des rixes sanglantes.

Autrefois les mariages avaient lieu exclusivement entre Basques ; on regardait presque comme une honte l'alliance avec des étrangers. Dans certaines localités on n'aurait pas même cherché ailleurs l'époux ou l'épouse. Aussi en est-il dont toutes les familles sont unies par les liens de parenté. Aujourd'hui cependant cette exclusion n'est plus observée si ce n'est de catholique à protestant.

Le soir des noces, les deux époux s'étant retirés on les poursuit, on se précipite dans leur chambre et de gré ou de force, ils doivent boire le breuvage le plus amer, le plus fort, le plus nauséabond qui se puisse imaginer, au moins doivent-ils tremper les lèvres dans la coupe qui le contient.

Chez les Basques de France on voit encore les meubles de l'épouse transportés avec beaucoup d'apparat, surmontés d'une quenouille de lin, d'un beau fuseau où tient un fil très fin, ce qui indique l'activité et l'adresse de la jeune *Etcheko-anderea*.

Dans l'Alava on tire de nombreux coups de feu, et l'épouse elle-même doit en tirer un à son entrée dans l'église ou en en sortant.

Les Basques redoutaient beaucoup autrefois le maléfice *Esteka* au moment des fiançailles, ainsi que les malédictions et imprécations des ennemis contre un nouveau-né au moment du baptême.

En Biscaye dans les vallées, les femmes se lèvent immédiatement après leurs couches et se livrent aux soins du ménage pendant que le mari se met au lit, prend le nouveau-né avec lui et reçoit ainsi les compliments des voisins. On trouve cette singulière coutume dans quelques peuplades de l'Afrique et de l'Amérique, chez les Tartares, les Tibari. Elle a existé en Corse et chez les Ibères d'après Strabon.

La femme Cantabre, dit Chaho, jouit d'une parfaite égalité sociale. L'*Etchekandere* (la femme) peut hériter à défaut de rejeton mâle, et même à l'exclusion de celui-ci, si telle est la volonté du père. Il y a à Renteria une république de filles, et les montagnards ont pour le beau sexe des égards infinis. Mais en Biscaye les femmes se livrent aux plus rudes travaux.

Dans le Labour, le dimanche, les hommes jouent à la paume ou aux quilles et les femmes dansent entr'elles.

Les fêtes patronales, les grandes solennités religieuses ne réunissent plus les familles comme autrefois, et l'on célèbre bien plus maintenant le dieu des festins que le saint Patron. Aux bonnes fêtes, les bons coups, dit le paysan basque.

Le costume des Euskariens a beaucoup varié. Louis le Débonnaire allant à la rencontre de son père avait revêtu le costume des Vascons; manteau rond, chemise à manches ouvertes, braies bouffantes, bottines avec éperons, il portait un dard à la main.

Andres de Poza nous représente le Biscayen montagnard vêtu d'une jaquette ouverte des deux côtés, laissant à nu le cou et une partie de la poitrine, un simple bonnet sur la tête, des bottines ou abarcas, un coutelas court et large sans poignée, une petite lance et un ou deux dards. En entrant à l'église il laisse sa lance à la porte qui en est encombrée. Les femmes ont les cheveux coupés; elles portent un turban comme celui des Moscovites, des Tartares, des Caspiens, des Arméniens et des Assyriens, il leur serre la tête sans laisser apercevoir un seul cheveu. Des jupes à très larges plis qui nécessitent sept aunes de drap de sept quarts de large, une camisole serrée tout au haut de la taille, mode très hygiénique incontestablement, un fichu couvre le cou jusqu'au menton. Les jeunes filles ont la tête presque rasée excepté sur le devant, là on laisse quelques cheveux, elles ne se couvrent pas la tête. Une petite camisole, une jupe qui descend jusqu'au dessous du genou et laisse voir les jambes.

Si l'on passe la frontière, à Irun par exemple, les cheveux des femmes tombent en longues tresses derrière le dos.

Le général Servoz décrit ainsi le costume des Basques. Berret bleu, veste courte et rouge, gilet blanc, culottes blanches ou de velours noir, la jarretière lâche, des bas blancs de fil ou de laine : des souliers ou des spartilles de chanvre, mouchoir de soie au cou pendant sur l'épaule. Les hommes mariés mettent un habit de drap les jours de fête.

Provinces Basques :

NAVARRE

Les trois provinces réunies à la Navarre ne comptent pas deux millions d'hectares dont plus d'un tiers en montagnes improductives, mais les vallées sont d'une fertilité extraordinaire en Navarre. Aux environs d'Estella et de Tudela l'olivier est superbe et le blé vient partout. La Navarre présente toute la richesse des plaines à blé de la Garonne et de la Beauce; favorisées par un climat tempéré, ses montagnes produisent le chêne à glands doux et l'espèce de pin abetós. La Navarre dans sa plus grande étendue ne parle plus la langue basque qui n'est conservée que dans les hautes vallées. Les Navarrais de la montagne ont des mœurs plus douces, plus patriarcales que ceux de la plaine qui n'aiment que la guerre, les rixes et les coups. La cause en serait-elle dans le climat plus chaud et l'abondance du vin ? Peut-être. Mais partout le même esprit d'indépendance. Les femmes y sont petites, leur taille est lourde, leurs traits vulgaires. L'homme a le corps souple et nerveux, le visage ovale, le nez droit, les pommettes saillantes, les cheveux drus empiétant sur le front, on les accuse d'être sournois. Leur courage est incontestable.

En Navarre l'instruction est des plus prospères grâce à l'administration locale dont la province n'a cessé de jouir depuis 1794. L'instruction y est obligatoire pour les enfants des deux sexes, mais bien mieux elle est profondément chrétienne et catholique. Toute absence de l'école est punie d'un réal d'amende à la charge du père ou du tuteur. Près des trois quarts des Navarrais savent lire, tous sans exception savent qu'il y a un Dieu souverain, créateur et maitre, qu'il faut aimer et servir. Les Navarrais n'ont ni poëtes, ni historiens, pour chanter ou narrer leur vaillance, leur gloire, leurs innombrables combats, leur réputation est faite et se maintient. Ils n'ont d'artistes en aucun genre.

ALAVA

Cette province, la plus petite de toutes (116 lieues carrées), affecte une forme à peu près triangulaire. Elle compte environ cent mille habitants. Elle est accidentée, coupée de vallées étroites et de hautes montagnes. Elle s'aplanit pourtant vers les rives de l'Ebre où la vigne est abondante, mais le vin bien mauvais. Les grappes sont nombreuses, trop serrées et pressées pour bien mûrir. Le vin se fait par les procédés les plus primitifs. En mars on le déverse des cuves dans des outres de peau de bouc à l'odeur nauséabonde. « C'est un grossier breuvage, épais, violent et plat » a dit St-Simon. La députation générale de la province s'occupe d'améliorer la culture de la vigne et la fabrication de son produit.

L'aspect de toute la province est riant. La plaine ou *concha* d'Alava de 28 kilomètres de long sur 15 de large, est élevée de près de 2,000 pieds au-dessus du niveau de la mer, au bas des deux chaines de San Adrian et de Badaya. C'était autrefois un lac. Les eaux se sont écoulées par la vallée de l'Ebre. Le sol en est généralement fertile.

Du sommet de la tour de Vitoria, au centre de la province, la vue embrasse plus de cent cinquante villages, chacun avec son église à tour carrée, son bois communal et ses riches pâturages.

Cette province est au premier rang pour l'instruction primaire sur le tableau des provinces de l'Espagne. On y compte trois-cent vingt-une écoles privées ou publiques. Chiffre bien élevé pour cent mille habitants. Il existe en outre des cours d'adultes. En résultat, soixante et dix-neuf personnes sur cent savent lire et écrire.

BISCAYE

Cette province est composée de l'ancienne Cantabrie, elle compte 160,500 habitants. Elle a pour limites au Nord la mer Cantabrique, au Sud l'Alava, à l'Est le Guipuscoa, et à l'Ouest la province de Santander.

Toute cette contrée est montagneuse, moins cependant que le Guipuscoa et coupée par un grand nombre de vallées. Le territoire en est inégal et accidenté, il serait certainement le moins productif de la Péninsule. si n'était le travail assidu et l'active intelligence de ses habitants, qui sont parvenus à vaincre l'ingrate aridité du sol, à le rendre riant et fertile.

La Biscaye fut la première des trois provinces Basques habitée ; elle est la terre noble et libre par excellence l'*Infanzonazgo*. Le nobiliaire des maisons *infanzonas* de la Biscaye comprenait en 1653 quatre-vingt-huit noms la plupart célèbres dans l'histoire de la Péninsule.

Le Biscayen est sobre, dur, robuste, agile, insensible aux rigueurs des saisons, tenace en ses résolutions, bref dans ses discours, docile quand il trouve bienveillance ; inflexible et rebelle contre la dureté ; brave, actif, fidèle à sa parole, hospitalier, religieux, travailleur infatigable.

Les femmes sont laborieuses, actives et courageuses, travaillant la terre, portant sur leur tête des charges qui semblent au-dessus de leurs forces, elles sont généralement belles, le teint frais, vivement coloré, l'œil vif, le maintien assuré, leurs beaux cheveux retombent derrière la tête de toute leur longueur, réunis en une ou deux nattes ornées de rubans. Les jeunes filles vont toujours tête nue.

GUIPUSCOA

Cette province a pour limite au nord l'Océan Cantabrique, depuis le port de Motrico jusqu'au cap du Figuier, au nord la France dont elle est séparée par la Bidassoa, à l'est la Navarre, au sud la chaîne Cantabrique et l'Alava, à l'ouest la Biscaye.

Le pays est riche, les villes et les villages sont bien bâtis, on y trouve de belles églises, de beaux édifices publics.

Le territoire est très accidenté, très montagneux. Les montagnes sont presque toutes couvertes jusqu'à leur sommet de beaux bois de hêtre, de chênes et de châtaigniers.

Les Guipuscoans sont agriculteurs infatigables, ils sont aussi très industrieux, de belle race, affables, bons, loyaux, très hospitaliers, durs et inflexibles envers leurs ennemis, jaloux de leur antique noblesse et de leurs privilèges. Les femmes sont belles, leur peau est d'une remarquable blancheur, leurs cheveux sont magnifiques, elles sont honnêtes, élégantes dans leur mise. Elles ont donné des preuves de la fermeté de leur caractère et de leur habileté au jeu de paume.

Le costume des hommes de la campagne se compose généralement d'une culotte de toile blanche du pays ou de drap de Ségovie, de sandales en cuir de bœuf d'un travail curieux, d'une veste de drap et d'un berret bleu. Les femmes portent des jupes de laine un peu courtes de couleurs vives, des corsages de toile peinte à manches justes et les sandales de cuir de bœuf. Les femmes mariées ont sur la tête des toques de mousseline ou de batiste du pays. Les jeunes filles ont la tête nue et les cheveux réunis en longues nattes tombant sur les épaules. Les danses publiques ont un caractère tout particulier. Les dimanches et jours de fête, toute la population se réunit sur la place publique et exécute au son du tambourin et du fifre, des figures chorégraphiques très compliquées, conservées depuis les temps primitifs, et qui procurent aux étrangers un passetemps des plus agréables.

Quelques Remarques

Les provinces Basques de l'ancien royaume de Navarre sont en surface à peine la trentième partie du territoire de l'Espagne. A cheval sur les Pyrénées occidentales, elles appartiennent à la fois et au bassin du golfe de Gascogne et à celui de l'Ebre. Les vallées et les montagnes tracent bizarrement en lignes sinueuses, leurs limites politiques, compliquées quelquefois par des enclaves. Cependant le pays basque forme une terre à part dans l'ensemble de l'Espagne, il est habité, en grande partie par une race distincte ayant gardé son antique idiome, ses mœurs, ses coutumes politiques. La Biscaye et la Navarre, grâce à leur richesse naturelle, ont pu se suffire et développer leurs ressources.

Du côté de l'Aragon, les provinces Vascongades et la Navarre présentent des montagnes qui se rapprochent et s'entremêlent de manière à former un dédale de monts et de collines qui rattachent comme un nœud inextricable la chaîne des Pyrénées au plateau des Castilles. Si l'on se place sur l'un des sommets, l'aspect général est celui d'une mer battue par des vents contraires, à perte de vue des vagues inégales s'y heurtent et s'y entrecroisent.

Dans cette région la hauteur moyenne des grandes montagnes n'atteint guère qu'un millier de mètres. Au point où l'on quitte la frontière de France pour entrer dans la Navarre espagnole, le sommet d'Iztubegui et d'autres croupes à l'angle sud-occidental de la vallée des Aldudes qu'arrose la Nive, ne sont que de hautes collines arrondies ; au-delà, les monts portent le nom de Sierra des Aralac. Plus à l'occident les deux massifs qui relient les Pyrénées françaises aux Pyrénées cantabres, sont la peña Gorbea, où l'on retrouve le cassis sauvage, et la Sierra Salvada.

Les provinces Basques du versant espagnol ont un véritable trésor de mines. Le cuivre, le plomb y abondent, mais surtout le minerai de fer de toute espèce. La mine de Mondragon dans le Guipuscoa, servait jadis pour préparer l'acier incomparable des lames de Tolède, si renommées. Actuellement des mines voisines de Bilbao donnent une partie de l'acier employé pour les canons Krupp. On connait et on exploite le plus activement les richesses minérales de Somorostro, à l'ouest de Bilbao.

La Navarre Méridionale présente de véritables déserts. Le déboisement général, pratiqué par les maîtres de forges, a appauvri cette contrée ; mais, dans la partie occidentale où les pluies sont abondantes, on retrouve les forêts de hêtres, les bois de châtaigniers, les bouquets de chênes, les prairies des vallons, les eaux courantes ombragées par les Aunes.

Le versant Atlantique, grâce à l'humidité du sol, produit une grande variété d'arbres fruitiers, surtout de pommiers qui donnent en abondance un cidre très employé.

Dans les vallées de la Navarre les forêts d'Iraty sont magnifiques, véritablement grandioses. Plus à l'ouest, celles qui avoisinent le Valcarlos, vallée de Charlemagne et le fameux col de Roncevaux sont moins belles mais elles offrent des paysages plus variés. Ce fameux passage est une vallée douce et tranquille. Le mont d'Altabiscar à l'orient présente une longue croupe, on y voit en grande abondance les bruyères à jolies fleurs roses, les genets et les ajoncs aux fleurs d'un jaune doré.

La *plage* de Andres Saro, théâtre du grand massacre, est une plaine riante où murmurent des ruisseaux. Un vieux couvent fermé d'antiques murailles crénelées, traverse la route carrossable de Pampelune. Au-delà vers la France un charmant sentier que l'on croirait l'avenue d'un parc glisse ombragé de hêtres et monte en pente douce à un col gazonné où l'on voit la rustique chapelle d'Ibanéta. Tel est le Roncevaux du massacre de sinistre mémoire, que l'histoire a constaté et enregistré dans ses annales, dont la tradition transmise d'âge en âge a consacré et conservé le souvenir. Le peuple Basque était alors assez puissant encore, alerte et rusé à l'extrême ; appuyé sur d'autres ennemis des Francs, il a pu entasser là des moyens de destruction dont l'action des siècles a fait disparaitre les vestiges.

Sur le versant opposé est le val Carlos proprement dit, le fond de la gorge aujourd'hui dominé par une belle route, est beaucoup plus étroit, plus difficile et plus rude que le val que nous venons de décrire.

Quel est ce peuple Euskarien dont l'origine se perd dans les ténèbres les plus impénétrables des temps préhistoriques ? Son courage indomptable a été reconnu partout où il a séjourné. Les traditions l'ont constaté et célébré. De nos jours encore les preuves de son héroïsme se sont sans cesse renouvelées. Quelle est son origine première ? C'est la race mystérieuse par excellence ; elle reste séparée au milieu des autres nations. Appartiendrait-elle à une souche commune ? et pourtant les Basques ne se ressemblent pas entr'eux. Mais en général ils se distinguent par la beauté des traits, l'éclat et la fermeté du regard, la grâce de toute la personne. Pourtant que de variétés dans la stature, la forme du crâne et des traits. De basque à basque on voit autant de différence que de français à prussien, d'anglais à espagnol. Cependant on reconnait que dans l'ensemble la plupart des Basques ont le front large, le nez droit et ferme, la bouche et le menton nettement dessinés, la taille bien proportionnée, les attaches très fines. La physionomie est extrêmement mobile. Les femmes sont remarquables par la pureté de leurs traits, leur beauté, leur élégance naturelle.

Culture

Les Basques ne peuvent que très exceptionnellement employer la charrue pour cultiver la terre. Les pentes trop abruptes, la nature même du sol s'y opposent. Ils se servent du *laya*, instrument en forme de fourche en fer à deux branches droites de quarante centimètres environ de longueur à dix-sept centimètres à peu près de distance l'une de l'autre. Ils en prennent un dans chaque main et enfonçant les branches dans la terre ils passent les pieds dans les traverses et peuvent ainsi par des secousses soulever et retourner les blocs arrachés. Un homme suit le layeur, brise les mottes avec le hoyau, un autre coupe et arrache les racines et les ronces mises à découvert, puis on emploie la herse et le cylindre. Ce labeur avec le laya est bien pénible et cependant les femmes et les enfants y prennent part, les voisins s'entendent, le travail est plus vite et mieux fait.

Le sol est aménagé de telle sorte que dans une période biennale, la terre produit d'abord du blé, semé en novembre; puis des navets semés en août, en même temps que du trèfle rouge ou tout autre fourrage qui formera une prairie artificielle après la récolte du navet, puis le maïs pour lequel le sol est plus soigneusement retourné. Ce genre de culture est usité surtout en Biscaye dont les terres fortes et argileuses nécessitent l'emploi du laya.

Habitations

Les maisons du pays basque isolées ou dans les villages présentent en général un aspect de solidité sans élégance, elles sont carrées et d'un seul étage à peu d'exception près. Le rez-de-chaussée sert d'écurie qu'il faut traverser ou longer pour atteindre l'escalier conduisant aux appartements. Le palier dessert un double corridor, l'un mène à la cuisine, l'autre à la chambre principale, à deux alcoves bien souvent.

Les pièces sont carrées, vastes ; mais le sol en est abrupt, inégal, les murs pleins d'aspérités, les planchers en poutres en saillie sont enfumés. Les meubles sont en rapport et la propreté laisse à désirer. Les habitants rachètent par de trop belles vertus leur oubli du plus mince confortable pour que nous puissions critiquer et insister d'avantage sur ce point. Ils sont laborieux, actifs, hospitaliers, ils aiment la vie de famille.

Chaque maison est ornée d'un ou deux écussons, soit au-dessus de la porte soit à l'angle du mur de la façade, de forme et de dimension diverses; les uns sont grossièrement faits, les autres sont travaillés avec assez d'art et portent des devises. Tous les Basques sont nobles et toute famille a un blason, récompense d'actions d'éclat du plus généreux patriotisme. Nous pourrions en citer mille exemples, bornons-nous, à répéter ce que dit M. Louis Laude racontant les exploits des hommes du Baztan dans la lutte que soutint don Sanche le Fort, roi de Navarre, contre l'émir Mohammed-el-Nan, lutte que termina l'éclatante victoire de las Navas de Tolosa. Le bataillon chrétien, composé d'hommes du Baztan, jouait aux dames pour chasser l'ennui ; tout à coup retentit le cri d'alarme, les ennemis par une surprise sont aux portes du camp. Le péril est extrême, les joueurs quittent la partie, saisissent leurs armes et se précipitent sur les Sarrasins qu'ils mettent en déroute complète. Don Sanche en leur témoignant son admiration donna à ces preux un damier pour blason. Leurs descendants l'ont à bon droit conservé, on le retrouve à Almandoz, à Oyengui et dans toute la vallée. Il en est de même dans tout le pays basque comme récompenses des nombreux combats soutenus avec tant de gloire par ce peuple étonnant. Quand un membre de la famille vient à mourir l'écusson reste voilé d'un crêpe pendant un an.

L'Espagne lorsqu'elle était riche de l'or du Nouveau Monde et maîtresse de la moitié de l'Europe attestait son opulence, se couvrait de palais et de somptueux édifices, jusques dans les villages situés près des grandes villes, mais ce reste de splendeurs fait contraste avec le délabrement et l'air de profonde misère répandu presque partout actuellement. On trouve parfois dans les livres sur l'Espagne, écrits par des libéraux libre-penseurs prononcés, des aveux précieux. J'y ai lu bien souvent entr'autres que la destruction des couvents en Espagne y est une des causes de la misère actuelle. Ces aveux sont arrachés par l'évidence. L'impiété ne fera qu'une ruine de l'Europe.

Amusements — Jeux

Le peuple Basque est gai, il aime le jeu, la danse, les plaisirs. Sa riche organisation que ne peuvent épuiser les travaux les plus fatigants, l'exercice le plus violent, ne se retrempe pas dans le repos mais dans le mouvement libre. Ils sont passionnés pour la danse et le jeu de paume. Boileau disait en 1659 : « Un enfant y sçait « danser avant que sçavoir appeler son papa ny sa « nourrice. La joye y commence avec la vie et n'y finit « qu'avec la mort. Elle paroist en toutes leurs actions. » Pour l'honneur des vieux Basques aucune des danses lubriques n'était connue dans le pays, elles n'avaient pas même de nom dans leur langue. La valse n'a pu s'y introduire. Les danses populaires n'admettent point le mélange des deux sexes, c'est au fait un exercice gymnastique, dont ils font leur récréation favorite pendant les longues veillées d'hiver. Dans les maisons notables de chaque village, la cuisine est la pièce principale. De nombreux voisins y sont réunis. Un étranger survient, demande l'hospitalité à l'*Etcheko jauna* assis dans le large *suzullia* de ses pères, il est accueilli comme un ami de longue date, mais qu'il ne s'attende pas au raffinement de la civilité parisienne. On lui a ouvert de grand cœur une place dans le cercle autour du brasier, véritable bûcher, il a les mêmes droits que tout autre assistant ; c'est un ami de plus, point de cérémonie.

A gauche, femmes et filles, présidées par l'*Etcheko anderea*, filent le lin ou la laine. A droite, les hommes par rang d'âge, se groupent autour de l'*Etcheko jauna*. Les jeunes gens se mettent où ils peuvent, mais à l'écart des femmes. L'*Etcheko jauna* questionne l'étranger sur le bas pays, les nouvelles, les usages, les mœurs, les habitudes, la religion, la langue des pays qu'il connaît. Puis les femmes le questionnent à leur tour. Mais les jeunes gens deviennent inquiets, la veillée avance, ils voudraient danser le Mutchiko, quand un des vieillards se retourne, bat des mains, prononce un *houp* vigoureux et entonne l'air national; aussitôt une demi-douzaine de jeunes gens se mettent en file et la danse commence. Le plus grand silence règne, les hommes tournent le dos au foyer, les femmes seules paraissent rester étrangères, mais plus d'un pied s'agite convulsivement, plus d'un siége semble changer de position. Les vieillards jugent l'exécution fidèle des pas traditionnels, toute infraction est censurée. Le danseur laisse pendre mollement ses bras, les épaules effacées, le corps droit, la tête un peu inclinée sur la poitrine. Le regard grave, fixé sur le demi-cercle qu'il doit décrire invariablement; il doit aussi soutenir sa danse vive, rapide, tant que dure le chant, puis deux bâtons sont posés en croix à angle droit. Le jeune danseur exécute une série de pas merveilleux, rapides comme la musique, et si le musicien se tait de fatigue, le danseur saisit d'un bond les deux bâtons, son triomphe est complet. L'air de cette danse est gracieux, vif et entraînant.

Dans les bals publics on danse encore le mutchiko, ou l'une de ses variétés, après trois ou quatre quadrilles.

Ils ont mince opinion des filles qui montrent du goût et du talent pour la danse, je l'ai du moins entendu chanter ainsi :

Dantza yauciac	Les Sauts Basques
Andre on gutti ghertatzenda,	Il se trouve peu de filles bonnes
Goiz etzaten direnetan,	Parmi celles qui se couchent tôt
Ohetic ezin yaikerazis.	Et qu'on ne peut tirer du lit
Zortzi bederatziac artean,	Avant huit ou neuf heures,
Halakoaren senhar izanen de-	Le mari d'une semblable
Pondua frango galzetan, [nac	Aura nombre de trous à ses culottes.
Eta don faridon,	Et don faridon,
Andre on gutti dantzari on,	Peu de femmes bonnes sont bonnes danseuses,
Dantzari ona irude gaichto.	Bonne danseuse, mauvaise fileuse ;
Irule gaichto	Mauvaise fileuse, bonne buveuse.
Edale on,	Et don faridon,
Eta don faridon.	Des femmes semblables
Halzho andreac	Sont bonnes à traiter à coups de bâton.
Gatzoteaz die on	

Dans le pays basque, on le voit, la passion de la danse, chez les femmes, est mise au rang des sept péchés capitaux.

Dans le Guipuscoa, la danse rentre dans la vie privée et publique des habitants. Je ne puis énumérer les danses Guipuscoannes, don Juan Ignazio de Iztueta en a fait tout un livre. Je ne parlerai que du chapitre intitulé : *Edato, edo carrika dantza,* le Boire ou la danse des rues.

Cette danse s'exécute toujours aux fêtes patronales des villes et autres solennités, lorsque les hommes les plus notables y figurent avec des dames de leur choix, jamais autrement. L'Alcade seul en donne la permission, ainsi que de jouer l'air qui lui est propre. On offre alors des rafraîchissements au nom de la ville à tous ceux qui l'exécutent.

Me trouvant un jour à Pampelune sur la place d'Armes je m'y arrêtai voyant que la musique de la garnison allait se faire entendre. Tout-à-coup dès la première note je vis s'élever et s'agiter dans la foule qui remplissait la place, des têtes qui paraissaient et disparaissaient avec une rapidité vertigineuse et qui exprimaient une joie des plus sympathiques. C'était les bonnes d'enfants, les jeunes gens et bien d'autres personnes encore, à peu près toute cette foule qui dansait, sautait avec un entrain sans gêne. Cependant il s'y mêlait parfois les cris aigus des enfants qui trop vivement secoués au bras des bonnes jetaient ainsi des notes plus ou moins mélodieuses mais souvent peu gaies.

D'autres jeux et exercices ont leur tour dans les veillées, la lutte, la main chaude, les épreuves de la force, Colin Maillard, petit bonhomme vit encore, le jeu de berger, espèce de jeu de dames ; si les jeunes gens sont absents, les souvenirs historiques des temps passés, les histoires de loup garou, de sorciers. Des branches de résine, de petites branches de sapin qui flambent dans l'âtre éclairent la pièce. L'*arghi jauna* tient de la main gauche une quantité de ces branches enflammées, de la droite il émonde avec une sorte de sabre de bois, les mèches carbonisées. Parfois sa maladresse égaye l'assemblée.

En plein air, les Basques se livrent à la course, au saut à pieds joints, au blé ou petit jeu de balle, au chevillon, aux quilles, aux paris, à qui lancera le plus loin de lourdes barres, pierres ou barres de fer, mais le jeu de paume est celui qu'ils préfèrent.

CHAPITRE XXV

SOMMAIRE :

Le jeu de paume. — Courses de taureaux. — Représentations dramatiques. — Geneviève dans l'oratoire. — Les charivaris. — Proverbes. — Sentences. — Littérature et poésie. Altabiscarraco cantua. — Le vicomte de Belsunce. — Muñagorci. — Atharratceco escongaia. La fiancée de Tardeto. — Errasiñoula. Le Rossignol. — Bidaia San Josephen guernitara. Voyage à l'hermitage de Saint-Joseph. — Ezcontzaco consultacionea. Consultation matrimoniale. — Preferentzia. La Préférence. — Officio cenbaiten critica. Satyre des différentes professions. — Dote galdia. La dot perdue. — Contrapas. — Arnauld Oihenart. — Pierre d'Axular. — Chinhaurria. La Fourmi.

LE JEU DE PAUME

Les grandes parties se renouvellent souvent et attirent de très loin les populations. Celle de Biarritz en septembre 1854 vit accourir de toutes les communes de Mauléon et de Bayonne de nombreux représentants. Un grand et beau joueur est une célébrité, des bords de l'Océan aux hameaux les plus élevés de la chaîne, les Perkaïn, les Curutchet, les Azonza, illustres au siècle dernier, sont représentés aujourd'hui par les Harriague, les Gascoña, les Andrean, les Mercapid.

Perkaïn, poursuivi, s'était réfugié en Espagne; il apprend que Curutchet monte une partie aux Aldudes, il brave le danger, accourt, combat, remporte la victoire et regagne l'Espagne applaudi et protégé par six mille spectateurs.

Les Pyrénées espagnoles sont aussi enthousiastes de ce jeu dans lequel elles ont la prééminence.

Les paris sont considérables : cent, deux cents, trois cents francs pour tels ; on répond *accepté*. L'argent est jeté sur la place, un tiers le recueille et en tient fidèlement compte.

L'étranger est étonné de l'affluence énorme qui vient assister à ces parties. Au milieu se voient graves et recueillis les héros de la journée, ils fraternisent entre eux mais sont évidemment préoccupés, ils parcourent la lice, étudient les accidents du terrain, les distances. L'heure sonne à l'horloge, au murmure bruyant de la foule succède le silence le plus grand, les joueurs en légers pantalons retenus par une ceinture rouge, le col déboutonné, le bras armé d'un gantelet de cuir se rendent à leur poste respectif.

Le jeu compte quatre points énoncés, 15, 30, 40 et jeu.

Une partie se compose de douze ou treize jeux et dure cinq à six heures. S'il y a désaccord entre les juges un de chaque camp va recueillir tout bas l'opinion des spectateurs, la décision est alors proclamée et toujours acceptée. Les joueurs ne discutent jamais. Au moindre doute ils crient *Plaza*, manière de demander l'avis des juges ou des spectateurs. Une fois l'arrêt rendu malheur à qui refuse de s'y soumettre. En Espagne il irait en prison, en France il serait hué.

Il y a un autre sorte de jeu de paume qu'on nomme *trinquet*. On doit faire passer chaque fois la paume par dessus une corde tendue à la hauteur de quatre pieds au milieu d'un carré étroit.

COURSES DE TAUREAUX

Il existe un trop grand nombre de descriptions détaillées de ce singulier, j'allais dire de cet horrible passe temps des Basques et des Espagnols pour que je me permette d'en ajouter une encore. Toutefois, je ne puis moins faire que de protester contre un spectacle qui, à mon avis, n'est pas un divertissement mais bien plutôt une suite prolongée de situations pénibles effrayantes puisque des hommes y courent danger de mort. On ne peut pas ne pas s'y intéresser, mais c'est un intérêt d'épouvante sur l'homme qui lutte à forces inégales contre une brute en furie. Celle-ci est-elle victorieuse, la foule qui assiste au spectacle crie et acclame de toute la puissance de ses poumons, applaudit de toute la vivacité, la violence de ses gestes, elle crie bravo toro, bravo toro! L'homme au contraire est-il vainqueur il est applaudi sans doute, mais les applaudissements de cette multitude en délire ne sont pas plus frénétiques qu'ils ne l'étaient pour la brute. Souvent quand on emporte le pauvre torero mourant ou blessé à mort il entend acclamer ainsi son stupide adversaire.

L'Espagnol ne s'émeut pas quand il ne s'agit que d'un picador et du cheval étique, sa monture, condamnée à cette course parce que elle n'a plus de valeur. Le taureau lancé dans l'arène se précipite sur ce cavalier et sur le rossinante, et toujours celui-ci reçoit dans le ventre les coups de cornes du taureau qui l'éventrent et répandent ses entrailles jusqu'à terre. Le cavalier est souvent blessé aussi, s'il peut se relever il remonte sur le même cheval qu'il force à marcher encore, à galoper s'il se peut, en traînant ses entrailles échappées. C'est un accident prévu, la foule ne s'émeut pas.

Me trouvant à Madrid à une de ces courses, à laquelle le roi Amédée assistait, un cheval de picador ainsi blessé perdait toutes ses entrailles, son cavalier l'excitait encore à coups d'éperons, le spectacle était écœurant; le roi ne pouvant le supporter, donna l'ordre d'emmener le cheval. Aussitôt, la foule indignée, hurla de fureur, et accabla d'injures le monarque en criant *fuera, fuera, el italiano ; vaya à vender sus sardinas el italiano*, hors d'ici, hors d'ici l'italien, qu'il aille vendre ses sardines, l'italien!! Le tumulte devenait une émeute; mais enfin un superbe taureau furieux est lancé dans l'arène, il promet de terribles émotions, le bruit cesse.

De nouveaux chevaux de picadores sont éventrés, des picadores blessés, le tout est emmené, le sol est nettoyé, tout est bien; les mares de sang ont disparu, on les a couvertes de sable. Les chulos, les banderilleros font leur entrée, les chulos excitent le taureau en agitant devant lui, contre ses cornes menaçantes, des drapeaux rouges sur lesquels il se précipite, mais les chulos s'esquivent en agitant gracieusement leurs drapeaux alors que les banderilleros enfoncent avec une adresse merveilleuse, dans le flanc et les épaules du taureau des traits aigus fixés à l'extrémité de petites hampes ornées de banderoles de toutes couleurs. Tout en ceci est gracieux, tout est exécuté avec une étonnante dextérité, une prodigieuse agilité par ces hommes audacieux, pour lesquels cependant, on ne ressent aucune crainte, si grande est leur habileté, si aisés sont leurs mouvements. Le taureau ainsi berné et sous l'aiguillon de ces nombreuses piqûres dont le sang sillonne sa robe, exhale sa fureur par des mugissements, par des bonds saccadés et des coups de cornes qui ne frappent que l'air.

Le moment dramatique est arrivé, chulos et banderilleros s'effacent contre les barrières de l'arène, prêts à les franchir si le taureau revient sur eux. Un homme seul s'avance et fait face au taureau, c'est le spada, il salue les représentants de l'autorité et demande la permission de tuer le taureau. Puis, un drapeau rouge sur le bras gauche, il marche fièrement à l'ennemi. Les deux adversaires sont en présence, le taureau regarde le spada, il a la tête et les cornes contre terre, il épie l'instant de s'élancer et de décharger sa fureur. Le spada immobile devant lui, son épée dans la main, ne perd pas l'animal de vue. On n'entend aucun bruit, aucun murmure dans cette nombreuse assistance. Tout-à-coup le taureau s'élance, ses cornes sont menaçantes, le spada plonge alors son épée dans l'épaule de son adversaire, le taureau vacille et ne tarde pas à tomber. La foule alors acclame à grands cris l'adroit et courageux vainqueur. Mais quelquefois le coup d'épée du spada n'a pas été heureux, quelquefois il succombe dans cette lutte terrible, saisi par les cornes de l'animal qui le lance dans les airs, alors la foule en délire répète son cri sinistre, bravo toro! bravo toro, un autre spada vient à son tour affronter la mort pendant qu'on emporte le mourant.

Les étrangers, dit-on, sont encore plus enthousiastes de ce spectacle que les Espagnols. Je n'ose affirmer le contraire, mais je me souviendrai toujours des horribles angoisses, des tortures que j'ai endurées pendant ces luttes inutiles de l'homme contre un animal en fureur, beaucoup plus fort que lui, l'adresse et le courage qui seuls peuvent inspirer cette lutte, ne suffisent pas à mes yeux pour autoriser ce spectacle et faire oublier les trop fréquents exemples de la mort des lutteurs qui s'y exposent. Je me souviendrai toujours aussi de la parole que je me suis donnée, de ne plus reparaitre aux courses de taureaux. Cette parole je l'ai tenue sans céder jamais aux instances qui m'ont été faites d'y manquer.

En Navarre ce spectacle prit faveur dès l'année 1385 et maintenant dans tout le pays Basque espagnol, il n'est pas de petites villes, de bourg, de village même qui ne s'empresse à ces combats à certains jours de l'année.

Plusieurs villes du Midi de la France organisent à l'envi depuis quelque temps ce cruel passe-temps qui rappelle un peu ceux plus atroces encore des anciens Romains. Mais rien n'égale l'ardeur, la convoitise du peuple espagnol pour y assister. Le peuple vend tout chez lui pour se procurer l'argent nécessaire, le pauvre vendra le peu qui lui reste pour acheter le billet d'entrée. Les gens les plus gênés font argent de tout pour y aller en voiture. Tout véhicule est emporté d'assaut. A Madrid surtout la population est en délire les jours de courses, elle oublie tout le reste. On se bat, on se déchire pour s'emparer du plus abominable et incommode char ou voiturin pour se rendre à la Plaza de Toros en jetant des clameurs joyeuses, en chantant sans tenir à l'harmonie, les couplets les plus bruyants.

REPRÉSENTATIONS DRAMATIQUES

On voit encore représenter dans les Pyrénées des drames pieux dont le peuple seul fait les frais ; notre ancien roman de *Fierabras* dialogué y aurait été fort en vogue, au dire de M. Amaury Duval et de M. Victor Leclerc. M. Francisque Michel a recueilli trente-quatre pièces empruntées à la Bible, à la légende, à la mythologie et à l'histoire ; il en est deux dont on ne connaît pas la source, elles sont intitulées *Jean Caillabit* et la *Princesse de Gamatie*.

Veut-on représenter une de ces pièces, les jeunes gens vont trouver l'instituteur de la commune ; on choisit la Pastorale, on fixe les honoraires à payer au directeur qui sera en même temps copiste, répétiteur, régisseur et souffleur. Le prix est le plus souvent de quarante francs et la nourriture. Quelques planches sur une douzaine de solives supportées par des tonneaux forment la scène. Des cordes reçoivent des draperies pour les séparations essentielles. Sur la gauche un pantin que des cordes font mouvoir, applaudit aux forfaits des méchants et fait des contorsions sataniques devant les personnages vertueux. Les personnes notables occupent une place d'honneur, puis les couturières des costumes qui veillent sur les décorations, et deux ménétriers dont l'un joue du violon, l'autre de la flute et du tambourin.

Une pauvre fille avait rempli dans sa jeunesse le rôle de Geneviève dans la pastorale de ce nom, elle avait joué avec tant de feu que sa raison en fut ébranlée par les applaudissements de la foule et le bruit qui s'en répandit. L'actrice n'avait pas été reconnue tant elle était fardée et peinte jusqu'aux cheveux. Grande, maigre et noire elle avait des yeux vifs et d'une sévérité extraordinaire. Il m'a fallu, dit M. Duvoisin, plusieurs mois de patience et de cour pour me faire agréer de la pauvre monomane et obtenir d'elle une faible partie de ce qu'elle savait. Ridée, un genou sur un escabeau, la figure à moitié tournée vers le public qu'elle supposait, les yeux fixés au mur sur une image du Juif-Errant en guise d'image pieuse, sa poitrine se gonflait comme dans sa jeunese, sa voix était chevrotante, vibrante, pénétrante, on ne peut plus oublier cette scène. La voici telle que M. Duvoisin l'a recueillie de ses lèvres.

GENEVIÈVE DANS L'ORATOIRE

Je ne puis dire, — je ne puis penser — ce que j'ai au cœur. — Ah! le souffle de ma vie — à peine s'élève — dans l'air — vers les cieux, — moi-même je m'en vais — avec lui — dans l'air. — Un feu dévorant — me consume; — Il est bien des nuits où m'étouffent les sanglots, — les larmes. — Oh! Seigneur, grand Dieu et Très-Haut, — je crie vers vous, — étendez sur moi — votre douce main, — je vous en supplie. — Comme moi, — qui souffre, — y a-t-il (quelqu'un)? — Des plus bas lieux — aux plus hauts — je cours — vous chercher, — aux cieux — j'élève — les yeux; — je répands — des torrents de larmes, — désirant vous voir, — par le moyen (de ces larmes). — Je vous conjure, — venez à mon aide, — Je sais, — sans vous — il n'y a pas, — oh, mon maître; — parmi les grands — qui êtes le plus grand! — de bonheur sur la terre, — Ah! vers vous — emportez-moi; — je ne puis sur la terre — trouver — de consolation. — Si j'avais deux ailes — pour m'envoler, — de ce lieu — pour m'élever, — je m'en irais — au bonheur, ô Dieu tout puissant, — Maître du ciel! — Ayez pitié — de ma faiblesse, — venez en aide — à votre enfant.

UN CHŒUR D'ANGES

Consolez-vous, — pauvre chère sœur, — Votre amour — nous est venu, — de la plus douce fleur — pareil au parfum, — Consolez-vous. — Pour vous chercher — nous arrivons ; — tant que le tonnerre gronde — jusqu'à ce que le souffle du seigneur l'éteigne, — Consolez-vous, — nous vous en prions. — Vous n'avez pas que nous — plus — de nous embraser — de désir. — Nous vous emporterons — avec nous — aux cieux, — quand nous descendrons — par votre ordre, — pauvre chère sœur. — Alors sera grande — la gloire du ciel ; — semblable à la brillante étoile, — (elle) éclatera, — quand vous arriverez — au milieu de nous, — au paradis, — auprès de Dieu.

Pendant les interruptions accidentelles des pastorales le pantin dont j'ai parlé distrait le public. Dans les pièces à entr'actes cinq ou six jeunes gens agiles, représentent une danse particulière où les luttes entre les bons et les malins esprits sont figurés.

Les costumes sont fournis par les châteaux et les maisons bourgeoises, c'est un droit acquis, mais acteurs et spectateurs sont peu difficiles. Le costume du roi chrétien consiste en un pantalon blanc galonné, un beau gilet, un habit bourgeois, de petites bottes, une couronne avec une riche chaîne d'or, une autre chaîne descendant sur le dos et sur l'estomac, une épée, une canne, des gants, deux montres et la croix d'honneur. Et les paysans sont éblouis. Les courtisans ont le même costume sauf le chapeau qui est celui de nos gendarmes garni de plumes et de rubans.

La comédie est assez suivie chez les Basques, le sujet était souvent pris chez les maris battus par leur femme. Un jeune homme pauvre qui épouse une veuve riche et vieille. Alors deux avocats sont en présence, l'un au nom de la jeunesse, l'autre défendeur pour la vieillesse se livrent assaut d'avocat. Se sont-ils fait applaudir leur fortune est faite, leur considération bien établie. Les crimes sont repoussés de cette barre populaire, mais on y lance des traits acérés contre les notaires, les gens de loi, de chicane, d'argent, contre les entêtés, les gourmands, les avares et autres ; ces plaidoiries pourraient être trouvées trop longues, trop burlesques, mais elles font les délices des Basques.

LES CHARIVARIS

Dans le Soule, les charivaris ont lieu ainsi : dès que le mariage du veuf ou de la veuve est avéré toutes les sonnettes du bétail du pays sont réunies, les cornes de bœuf attendent le signal, on entend les sourds mugissements du *Thupina-utsu*; un poète payé vient chaque soir muni de son formidable porte-voix débiter de poétiques conseils aux époux. La multitude par ses hourrahs et le vacarme des clochettes, des cornes de bœufs, des *Thupina utsu* marquent chaque quatrain. Même sérénade la nuit des épousailles, car les veufs se marient toujours la nuit. Un cortège d'honneur, musique et poète en tête, accompagne les époux à l'église, de gros enfants de chœur leur font humer le parfum de piments rouges, qui brûlent dans des pots de terre. Dans la Basse-Navarre un chat entouré de paille enflammé est porté au bout d'une perche; puis le cortège accompagne les mariés jusqu'à leur demeure et tout est fini.

PROVERBES BASQUES

Oihenart a publié à Paris en 1657 un recueil de cinq cent trente-sept proverbes basques devenu si rare qu'on n'en connaît plus que deux exemplaires l'un à la bibliothèque Nationale, à Paris, l'autre entre les mains d'un bibliophile de Bayonne. Il a été réimprimé en 1847.

Oihenart publia en outre un supplément de sept cent six proverbes nouveaux dont le seul exemplaire connu est à la bibliothèque Nationale.

Voltaire, trente ans environ avant Oihenart, composa un guide de la conversation en trois langues et y intercala quelques proverbes.

Enfin, il y a encore les sentences et maximes basques par Ernest Garay, publié en 1852 en Belgique.

Esteban de Garibay, de l'autre côté des Pyrénées, avait formé une collection comme celle d'Oihenart.

Je ne citerai qu'un très petit nombre des proverbes basques.

Arrain handiac ia-[tentu xipiac.	Le gros poisson mange le petit.
Ghiza ustea guztia [ustel.	Les espérances des hommes sont [toutes pourries.
Azerri, Otserri.	Pays d'étranger, pays de loup.
Azeac escua laz.	L'étranger a la main rude.

Urtun hirriti. Urrun offagarriti.	Loing de cité, loing de santé.
Harri erabilic [ric Estu bilzen oroldi-	Pierre qui roule n'amasse pas mousse.
Naghia bethi lansu	Le paresseux fait toujours l'occupé.
Lehen hala, Oraï hola; [nola Ghero, etchakin	Jadis comme ça, aujourd'hui comme [ci, après je ne sais comme.

LITTÉRATURE ET POÉSIES POPULAIRES DES BASQUES.

Avec M. Francisque Michel, je dirai sur ce sujet, l'appréciation de Montaigne. « La poésie populere est purement naturelle, a des naifvetés et gaies par où elle se compare à la principale beauté de la poésie parfaicte selon l'art. Comme il se voit ès villanelles de Gascouigne et aus chançons qu'on nous raporte des nations qui n'ont conoissance d'aucune sciance ny mesmes d'escriture. La poésie médiocre qui s'arrête entre deus est desdeignée, sans honur et sans pris. »

La poésie nait de la littérature. La poésie populaire s'inspire par la réalité, elle nait des aventures qu'elle raconte, des remarques qu'elle fait, des caractères et des attitudes qui la frappent. Elle sauverait la poésie d'art si à notre époque elle pouvait être sauvée.

Ennomos le chantre jouait un jour de la lyre en public, l'une des sept cordes se rompit, une cigale se posa aussitôt sur sa main et suppléa par son chant le son de la corde rompue. Ne sommes-nous pas, dit M. Francisque Michel, cette lyre incomplète à laquelle la muse champêtre devrait venir prêter ses accords.

Les Basques ont des chansons populaires, des couplets, des ballades, mais qui ne méritent pas le nom de poésies. Ils sont chanteurs bien plutôt que poëtes. Leur langue s'y prête et cependant ils n'ont jamais produit un poète de quelque célébrité. Leurs voix sont remarquablement douces, ils sont renommés pour leur talent dans la composition musicale. L'abbé Iharce dit que le nom de Cantabres, sous lequel ils étaient connus des Romains, vient de *Khantor ber* : doux chanteurs. Ils sont riches en musique dont une partie extrêmement ancienne. Ces airs sont des marches d'une harmonie sauvage et pénétrante, au son desquelles, sans doute, les Basques descendaient pour combattre les Romains, les Visigoths, les Maures. On croit entendre la cavalerie chargeant par masses dans la plaine, le bruit des armes, le choc des épées, la course impétueuse de ces hommes agiles, sortant de leurs vallées pour se précipiter sur l'ennemi. Quant aux paroles elles ne méritent pas qu'on les écoute.

Ce peuple a cependant l'imagination très vive, il aime beaucoup la poésie, il compte un grand nombre de poëtes improvisateurs que l'on invite régulièrement aux réjouissances publiques, aux fêtes domestiques, aux mariages, aux baptêmes. Ils joignent cette profession à celle de pâtre, de bergers, d'artisans. Il est cependant de ces improvisations assez originales et vraiment poétiques.

La plupart des chansons basques dit M. Mazure sont, surtout dans le Soule et le Baïgorry, des histoires, des complaintes, des événements tragiques où l'on découvre l'imagination vive, mobile et pourtant positive de ce peuple.

Les Basques ont aussi des romances pastorales douces et gracieuses, inspirées par les simples émotions des sentiments naturels ; les chants et leurs airs sont dus, en partie à des coblacari, espèces de bardes de profession.

Le mécanisme du basque, ses inversions, ses désinences grammaticales facilitent la poésie. Un jeune homme qui a l'imagination vive, et se plait à chanter, composera bientôt lui-même des chants, sans étude, comme l'oiseau redit d'instinct les notes de son père veillant sur sa couvée.

Dans le Soule la poésie est vive, variée, gracieuse, enjouée et fleurie comme ses jolies vallées. Dans le Labour elle est plus mâle, plus majestueuse, mais aussi plus sombre et plus monotone. Elle s'inspire au bruit de l'Océan. Dans la Basse Navarre la poésie semble épuisée depuis le chant d'Altabiscar, elle ne module plus que quelques accords doux et monotones que les échos ont peine à répéter.

Les vers basques se distinguent par la rime, l'élision et la quantité syllabique. On n'y connait pas les rimes alternes masculines et féminines, la langue n'ayant de genre que dans les verbes et seulement par rapport à la personne à qui l'on parle, d'où il ressort que les rimes ne sont que des désinences semblables finissant le vers. La rime croisée est très rare, on rencontre peu de stances ou couplets entiers sur la même rime, la même désinence. Elles marchent deux par deux et le mécanisme consiste non dans le choix des mots, mais dans le cas de la déclinaison exprimée par les terminatives.

La voyelle finissant un mot peut s'élider devant la voyelle commençant le mot suivant. La règle prescrit l'élision, mais le poète use parfois de la faculté de s'en écarter. La liberté absolue de construction dans le basque facilite beaucoup le poète.

On remarque dans les chants basques ceux en l'honneur d'un événement ou d'un homme, par exemple le chant des Cantabres, celui d'Altabiscar, celui du vicomte de Belsunce, ceux qu'ont fait naître dans les Pyrénées les luttes des deux branches de la maison d'Espagne, et les complaintes ou récits des crimes éclatants. Puis encore les pièces légères où se révèle la passion, la satire railleuse ; quelquefois une voix indiscrète ou jalouse qui dévoile des secrets, qui crie au public ce que l'on voudrait ensevelir dans les profondeurs de la terre.

Les cantiques basques sont en général des traductions ou reproductions de cantiques français ou de proses latines.

Comment les Basques ont ils négligé de conserver la collection de leurs chants qui donneraient mieux que la tradition le tableau de leurs mœurs, des modifications de leur langue et l'histoire de leurs glorieux exploits ? Et pourtant les Basques sont fiers d'être basques ; pour eux, le nom de Français ou d'Espagnols n'est qu'accessoire. Le souvenir de ses guerriers a disparu, il se rappelle seulement le nom de ses anciens ennemis ; les Romains restent pour lui un peuple qui fut grand, redoutable et redouté, mais qu'ils n'ont jamais regardé comme ayant été leurs maîtres. Le Goth leur inspire le dégoût, le Maure la haine.

Les Basques possédèrent sans doute un grand nombre de chants guerriers ou épiques, pendant quinze siècles de combats continuels qui les ont presque anéantis, mais les derniers chants faisaient oublier les précédents.

Ce petit peuple épuisé, rassasié de tant de glorieux

combats, incapable désormais de relever son antique drapeau, vit silencieux dans ses montagnes et dans ses vallées. Il avoue sa lassitude ou plutôt l'inutilité de nouveaux efforts et goûte le repos acheté si longuement par une lutte héroïque telle qu'aucun autre peuple n'en peut présenter de semblable.

J'ai donné dans un des premiers chapitres le chant cantabre de *Lelo*, voici celui d'Altabiscar qui raconte la défaite de l'arrière-garde de Charlemagne à Roncevaux, la mort de Roland, d'Olivier et des autres pairs de France.

Altabiscarraco Cantua[1]

Basa Nafartarra

Oyhu bat aditua izan da
Escualdunen mendien artetic,
Eta Etcheko jaunac, bere athearen aiutcinean chutic,
Ideki tu beharriac, eta erran du : « Nor da hor ? Cer
[nahic dautet ?
Eta chaeurra, bere, nausiaren oinetan lo zaguena, [ditu
Alchatu da, eta karrasiz Altabiscarren inguruac bethe

---

(1) La traduction est à la suite de cette pièce.

Ibañetaren lepoan harabotz bat aghertien da,
Urbiltcenda, arrokac esker eta escun jotcen dituelaric ;
Hori da urruntic heldu den armadabaten burruma
Mendien capetetaric guriec erepuesta eman diote,
Berec tuten seinua adiarozi dute,
Eta Etcheco jaunac bere dordac zorrozten tu.

Heldu dira! heldu dira! cer lanzazco sasia!   [diren!
Nola cer nahi colorezco banderac heieu erdian aghertcen
Cer simitac atheratcen diren hein armetaric !
Cembat dira ? Hourra, condatzac onghi.
Bat, biga, hirur, laur, bortz, sei, zazpi, zortzi, bede-
    ratzi, hamar, hameca, hamabi,
Hamahirur, hamalour, homabortz, hamasein, hama-
    zazpi, hemezortzi, hemeretzi, hogoi.

Hogoi etu millaca oraino,
Hein condatcea demboraren galtcea liteke,
Urbilt ditzagun gure beso zailac, errotic athera ditzagun
    arroca horiec,
Botha ditzagun mendiaren patarra behera
Hein buruen gaineraino ;
Leher ditzagun, herioaz jo ditzagun.

Cer nahi zuten gure mendietaric Norteco ghizon horiec?
Certaco jin dira gure bakearen nahastera ?
Jaungo' coac mendiac in ditueuean nahi izan du hec
    ghizonec ez pasatcea.   [lehertcen dituzte.
Bainan arrokac biribilcolica erortcen dira, tropac
Odola churrutan bodoa, haraghi puseac dardaran daude.
Oh ! cembat hezurr carrascatuac ! Cer odolezco itsasoa!

Escapa! escapa! indar eta zaldi dituzuenac,
Escapa hadi, Carlomano erreghe, hire luma beltzekin
   eta hire capa gorriarekin ;   [dago!
Hire iloba maitea, Errolan zangarra, hantchet hila
Bere zangarrtassua beretaco ez du izan.
Eta orai, Escualdunac, utz ditzagun arroca horiec,
Jauts ghiten fite, igor ditzagun gure dardac escapatcen
   direnen contra.

Badoadi! badoadi! non da bada lantzezco sasi hura?
Non dira heien erdian agherri ciren cer nahie colorezco
   bandera hec ?   [bethetaric
Ez da ghehiago simiztaric atheratcen heien arma odolez
Cembat dira ? Hourra, condatzac onghi.
Hogoi, hemeretzi, hemezortzi, hamazazpi, hamasei,
   hamabortz, hamalour, hamahirur,
Hamabi, hameca, hamar, bederatzi, zortzi, zazpi, sei,
   bortz, laur, hirur, biga, bat

Bat! ezda bihiric aghertcen gehiago, [currarekin,
Akhabo da. Etcheko jauna, joaiten ahalzira zure cha-
Zure emaztearen eta zure haurren besarkatcera,
Zure darden garbitcera eta alchatcera zure tutekin, eta
   ghero heien gainean etzatera eta io itera
Gabaz, arranoae joanen dira haaghi pusca lehertu
   horica jatera,
Eta hezurr horiec oro churituco dira eternitatean.

Traduction:

LE CHANT D'ALTABISCAR

Dialecte de la Basse Navarre

Un cri s'est élevé
Du milieu des montagnes des Basques,
Et l'*Etcheco jauna*, debout devant sa porte,
A ouvert l'oreille, et il a dit : « Qui est là ? que me veut-[on ?
Et le chien, qui dormait aux pieds de son maitre,
S'est levé, et il a rempli les environs d'Altabiscar de ses
    aboiements.

Au col d'Ibañeta un bruit retentit ;
Il approche en frappant à droite, à gauche les rochers.
C'est le murmure sourd d'une armée qui vient.
Les nôtres y ont répondu du sommet des montagnes,
Ils ont fait entendre le signal de leurs cors,
Et l'*Etcheco jauna* aiguise ses flèches.

Ils viennent ! ils viennent ! Quelle haie de lances !
Comme les bannières de toutes couleurs flottent au
    milieu d'eux !
Quels éclairs jaillissent au milieu de leurs armes !
Combien sont-ils ? Enfant, compte-les bien.
Un, deux, trois, quatre, cinq, six, sept, huit, neuf, dix,
    onze, douze,
Treize, quatorze, quinze, seize, dix-sept, dix-huit,
    dix-neuf, vingt,

Vingt, et par milliers d'autres encore,
On perdrait son temps à les compter.   [ces rochers.
Unissons nos bras nerveux et souples, déracinons
Lançons-les du haut de la montagne en bas
Jusque sur leurs têtes,
Ecrasons-les, frappons-les de mort.

Que voulaient ils de nos montagnes, ces hommes du
Pourquoi sont-ils venus troubler notre paix ?   [Nord ?
Quand Dieu fit ces montagnes, il voulut que les hommes
  ne les franchissent pas.   [les troupes.
Mais les rochers en tournoyant tombent, ils écrasent
Le sang ruisselle, les débris de chair palpitent.
Oh ! combien d'os broyés ! quelle mer de sang !

Fuyez ! fuyez ! vous à qui il reste de la force et un cheval.
Fuis, roi Carloman, avec tes plumes noires et ta cape
  rouge ;   [mort là bas.
Ton neveu bien aimé, Roland le robuste, est étendu
Son courage ne lui a servi à rien pour lui.
Et maintenant, Basques, laissons ces rochers,
Descendons vite en lançant nos flèches à ceux qui fuient.

Ils fuient ! ils fuient ! où est donc la haie des lances !
Où sont ces bannières de toutes couleurs flottant au
  milieu d'eux ?   [de sang.
Les éclairs ne jaillissent plus de leurs armes souillées
Combien sont-ils ? Enfant, compte-les bien.

Vingt, dix-neuf, dix-huit, dix-sept, seize, quinze, quatorze, treize,
Douze, onze, dix, neuf, huit, sept, six, cinq, quatre, trois, deux, un.

Un ! il n'en paraît pas un de plus.
C'est fini. *Etcheco Jauna,* vous pouvez rentrer avec [votre chien,
Embrasser votre femme et vos enfants,
Nettoyer vos flèches, les serrer avec votre cor, et ensuite vous coucher et dormir dessus.
La nuit, les aigles viendront manger ces chairs écrasées,
Et tout ces os blanchiront dans l'éternité.

 Et quand l'écho répète ce chant dans les montagnes, sur le lieu de la scène ou plutôt du carnage, on ne peut être maître d'une émotion terrible. On pleure sur ces preux tombés jusqu'au dernier sans pouvoir se défendre. Et le Basque vainqueur avait pourtant raison, il défendait sa liberté.

 Ce morceau est resté célèbre parmi les Basques, qui en ont fait un chant national; toutefois, me semble-t-il, il est froid et décoloré et, comme dit Figaro, cela se chante mais ne s'écrit pas.

Le vicomte de Belsunce

Le nom de Belsunce est resté l'orgueil du pays basque, et Marseille, aussi, le répète avec un religieux amour. Originaire de la Navarre espagnole les Belsunce s'établirent bientôt sur le versant français de la haute montagne. Au XVe siècle le courage et l'humanité de l'un d'eux étaient en grand renom.

Chaho a raconté le combat du jeune Gaston Belsunce contre l'hydre d'Irubi avec lequel le guerrier roula dans la Nive.

Plus tard un vicomte de Belsunce, colonel du régiment d'infanterie de ce nom se distingua dans la guerre du Hanovre avec son régiment composé en grande partie de nos valeureux Basques. Son nom était devenu un épouvantail pour l'ennemi. Remis de ses nombreuses blessures, il revint vers 1764 jouir d'un repos bien mérité, dans sa terre de Méharin en Basse-Navarre.

Au retour du guerrier la foule se pressait dans la cour carrée, au pied du perron du château ; il était entouré de tous les notables de Mixe, de Soule et d'Arberone qui composait sa juridiction. Il était salué de chaleureux vivats car tous l'aimaient et le respectaient. On vit alors s'avancer un vénérable aveugle appuyé sur un bâton et conduit par un jeune enfant, il monte lentement les marches du perron, la tête haute et fière il demande à être conduit devant le vicomte, qui l'ayant fait approcher l'interroge avec bonté. Le vieux barde inspiré secoue sa blanche chevelure, étend la main vers la foule et entonne pour toute réponse, au milieu d'un religieux silence, les couplets suivants, que la foule reprenait ensuite en chœur selon l'usage :

BELZUNCE BIZCONDEA	LE VICOMTE DE BELSUNCE
Basa Nafartarra.	Dialecte bas-navarrais.
Nafartaren arraza	La race des Navarrais
Hila ala lo datza?	Est-elle morte ou endormie?
Ez dut endelgatcen.	Je n'y comprends rien.
Belzunce bizcondea,	Le vicomte de Belsunce,
Hain capitain handia,	Ce si grand capitaine,
Ez baitzant mintzatzen;	On ne m'en parle pas;
Hori zaut gaitzitzen.	Cela me peine et me blesse.
Haurretic zerbitzura,	Dès l'enfance au service;
Eta ardura sura,	Et souvent au feu,
Gogotic joaten zen;	Il allait de tout cœur;
Hanitzetan colpatu,	Bien des fois blessé,
Eta bethi sendotu,	Et toujours guéri,
Hala behar baitzen.	Parce qu'il en devait être ainsi.
Hiltceco domu zen.	Il eut été dommage qu'il mourut.
Hanovreco partetic,	Des contrées du Hanovre,
Armadaren erditic	Du milieu de l'armée,
Erreghec deitu du;	Le roi l'a appelé,
Itsassoz bertzaldeco,	De l'autre côté de la mer,
Undarren beiratzeco,	Pour conserver ce qui restait,
Hura hautatu du,	C'est lui qu'il a choisi,
Eta Anglesa icitu.	Et l'Anglais s'en est effrayé.

Heyen bolbora finac	De celui-ci la poudre fine
Eta libera esterlinac	Ni les livres sterling,
Ez ziren askiko	Ne pouvaient suffire
Belzuncen garaitceco.	Pour vaincre Belsunce.
Gutiago zalutceco ;	Moins encore pour le séduire ;
Fidel erregheren	Fidèle à son roi
Orai eta lehen.	A présent comme avant.
Hura Joanez gheroztic,	Depuis qu'il en est parti,
Ez du harat Anglesic	Par là jamais l'Anglais
Batere hurrendu,	N'a nullement approché.
Eghin dute espantu	Ils ont fait des forfanteries,
Bai eta abiatu	Oui, ils se sont mis en marche
Nahiz atacatu ;	Avec le projet d'attaquer ;
Bainan ez menturatu.	Mais ils ne s'y sont pas hasardés.
Bere eghitecoac naski	Leurs affaires probablement
Eghin dituzte hobeki	Ils les ont faites mieux
Onduan Havanan	Près de là à la Havane,
Cembait tiro tira eta	Après quelques coups de fusil tirés.
Sartu dira jauzteca	Ils sont entrés sautant
Hirian triunfan	En triomphe dans la ville,
Belzunz ez baitzen han.	Parce que Belsunce n'était pas là.
Gotingoco partian	Dans la contrée de Goettingen
Entzuten zutenean	Lorsqu'ils entendaient dire :
Belzunce heldu da!	Belsunce arrive !
Elgargana bil eta :	Se pressant les uns contre les autres :
Nun da ene Bayoneta?	Où est ma bayonnette?
Oyhuz armetara!	Puis ils criaient : aux armes !
Bainan oro ikhara.	Mais tous tremblaient.

Belzunceren icena	Le nom de Belsunce
Eta haren omena	Et sa renommée
Urrun-da hedatcen,	S'étendent au loin.
Erregheren gortetan,	A la cour du roi,
Iri eta campañetan,	A la ville et à la campagne,
Nore ez du entzuten	Qui donc n'entend pas
Belzuncez mintzatcen ?⁽¹⁾	Parler de Belsunce ? (1)
Zuhauren herritarec,	Vos propres concitoyens,
Bai eta Laphurtarrec,	Ainsi que les Labourdins,
Goraki diote :	Disent à haute voix :
Escualdunen lilia	Le fleuron des Basques
Eta ohoragailla,	Et leur orgueil,
Zu zira, Belzunce,	C'est vous, Belsunce, qui l'êtes.
Luzaz bici zite.	Vivez longuement.
Franciac ghero ere,	Plus tard aussi la France,
Hanitz dembora gabe,	Avant beaucoup de temps
Etsaïc baituzke ;	Peut avoir des ennemis ;
Zure odoleticaco	Issus de votre sang
Aintcindari onghisco	D'assez nombreux chefs
Erreghec on duke ;	Seraient nécessaires au roi ;
Othoi, ezcont zite.	Nous vous en prions, Mariez-[vous.

---

(1) Les Navarrais ont appliqué ce couplet à Zumala-Carreguy.

Muñagorri

Muñagorri était notaire de Tolosa ; pauvre et ambitieux, il crut pouvoir lever l'étendard des fueros. Il dupa le gouvernement christino qui lui confia un million. Il rallia autour de lui non les carlistes mais les jeunes réfractaires qui s'était enfuis d'Espagne. Il leur paya une solde sans les déplacer et en fit ses partisans. Quelques mois après il fallut employer la force pour leur faire passer la Bidassoa. Les dupes ordonnèrent à Muñagorri de licencier sa troupe et il rentra dans ses foyers à la faveur du traité de Vergara. Lors du soulèvement contre le régent Espartero, il voulut recommencer son rôle; mais, obligé de fuir, il fut poursuivi par Elorrio et tué sans pitié. Muñagorri valait encore mieux que son meurtrier, homme de sang et de boue. Placé dans les carabineros (douaniers) il aida la fraude, fut révoqué, se fit contrebandier, trahit ses compagnons et fut tué d'un coup de poignard par un basque qu'il avait ruiné.

On attribue à Muñagorri une longue chanson, ou plutôt une succession de chants basés sur la proclamation de ce malheureux chef de bande. Je ne trouve pas ce chant assez remarquable pour le placer ici ; mieux vaut donner quelques autres exemples de poésie.

ATHARRATCECO EZCONGAIA

Suberotarra

Atharrats jaureguian bi citroin doratu,
Ongriogaray horrec bat du galdatu.
Errepostu izan du ez direla onthu,
Ontcen direnian batno izanen du.

— Aita, saldu nauçu miga bat bezala,
Bai eta desterratu, oi ! Españara.
Ama bici izan banu, aita, zu bezala,
Ez nintzan ezconduren atharrats salara.

Ahispa, jantz ezazu erroba pherdia,
Nic ere jantziren dut satina churia,
Ingoitic hor heldu da zure jaun gheia,
Botzez guita zazu zure sor etchia.

Aita, juanen guira oro elcarrequin ;
Etcherat jinan cira changrin handirequin,
Bihotza cargatua, beguiac bustiric,
Eta zure alhaba tomban ehoitciric.

Ahizpa, zohaci orai Salaco leihora,
Ipharra alla hegua den emazu guardia,
Ipharra balin bada, goraintci Salari
Ene gorphutzaren cherca jin dadila sarri.

— Atharratceco ezquilec bere motuz joten :
Andere Santa-Clara bihar da phartitcen,
Haren peco zaldia urhez da zelatcen ;
Hango chipi handiac beltchez dira beztitcen

LA FIANCÉE DE TARDETS

Dialecte Souletin

Dans le manoir de Tardets deux citrons ont jauni,
Ongriagaray en a demandé un.
Réponse lui est faite qu'ils ne sont pas encore mûrs,
Mais que sitôt mûr l'un sera à lui.

— Mon père vous m'avez vendue comme une génisse,
Oui, et exilée, hélas ! en Espagne,
Si j'avais ma mère en vie, mon père, comme vous,
Je serais mariée à Salles de Tardets.

Sœur revêtez la robe verte (de l'espérance),
Moi aussi je revêtirai la robe de satin blanc,
Déjà voilà qu'arrive aussi votre futur époux,
Vous quittez joyeuse votre maison natale.

Père, nous partirons tous ensemble ;
Mais à la maison vous rentrerez avec de grand chagrins,
Le cœur chargé, les yeux noyés de larmes,
Et après avoir descendu votre fille dans la tombe.

Sœur, maintenant allez vers la fenêtre de Salles,
Observez quel vent souffle du Nord ou du Sud,
Si c'est le vent du Nord, mes compliments à Salles
Et que tantôt il vienne chercher mon corps inanimé.

— Les cloches de Tardets tintent d'elles-mêmes,
Mademoiselle de Sainte-Claire doit partir demain,
Le cheval qu'elle monte est sellé d'or ;
Mais grands et petits de là-bas s'habillent de noir.

ERRESIÑOULA
Saberotarra.

Tchori erresiñoula
Udan da cantari ;
Ceren ordian beitu
Campouan janhari ;
Neguian ezt'agheri
Balinban ezta eri ;
Udan jin baledi,
Counsola nainte nic.

Tchori erresiñoula
Ororen guehien
Bestec beno hobequi
Hari beitu cantatcen ;
Harec du inganatcen,
Mundia bai troumpatcen.
Bereztut ikhousten,
Bai botza entzuten.

Botz aren entzun nahiz,
Erraturic nago,
Ni ari uillant, eta
Oura urrunago.
Jarraiqui ninkirio
Bicia gal artino.;
Aspaldi andian,
Desir hori nian.

LE ROSSIGNOL
Dialecte Souletin.

L'oiseau rossignol est chanteur pendant la belle saison, parce qu'il trouve alors pâture dans les champs. L'hiver il ne parait point ; Dieu veuille qu'il ne soit pas malade ! s'il revenait à l'été, je serais consolée, moi !

Le rossignol est le premier entre tous les oiseaux, parce qu'il chante mieux que les autres. C'est lui qui séduit et enchante le monde. Je ne le vois point lui-même ; mais j'entends sa douce voix.

Pour vouloir entendre cette voix, je suis errant. Plus je crois m'en approcher, plus elle s'éloigne. Je la suivrais ainsi jusqu'à perdre la vie. Depuis bien longtemps c'est le désir que j'avais.

Tchoria zonien eiger
Cantuz oihenian!
Nihauree entzun dizut
Igaran gaian.
Eia gouacen, maitia,
Bibiac ikhoustera,
Enzuten baduzu.
Charmaturen zutu.

Amac utzi nindizun
Bedatz azkenian;
Gherosti nabilazu
Hegalez airian.
Gaiak aurthiki nindizun
Sasiñobabetara;
Han zuzun tchedera
Oi ene malhurra!

Bortiac churi dira
Elhur dienian;
Sasiac ere ulhun
Osto dienian.
Ala ni malerusa!
Ceren han sarthu nintzan!
Jouan banintz aintcina,
Escapatcen nintzan.

Tchoria, zaud'ichilic,
Ez eguin nigarric,
Cer profectu dukezu
Hol'afligituric?

Combien est joli l'oiseau qui chante dans la forêt! Moi même je l'ai entendu la nuit dernière. Allons, ma bien-aimée, allons le voir tous les deux, si vous l'entendez son chant vous ravira.

Ma mère m'avait quittée à la fin du printemps; depuis lors je plane en liberté sur mes propres ailes. La nuit m'avait jeté au sein d'un petit bosquet. Là se trouvait un piége et mon malheur.

Les montagnes sont blanches quand la neige les couvre, les buissons ont une ombre épaisse quand ils ont leur verdure. Infortunée que je suis! Pourquoi étais-je entrée sous leur feuillage? Si j'avais passé en avant, je m'échappais.

Oiseaux gardez le silence, ne versez plus de larmes. Quel profit aurez-vous de vous désoler ainsi? C'est moi qui, après avoir

Nic eramanen zutut, | détaché votre lacet, vous conduirai du haut de la même montagne par dessus tout le monde.
Tchedera lachaturic
Ohico bortutic
Ororen gagnetic.

Bidaia San Josephen gueraitara — Voyage à l'Ermitage de Saint-Joseph
Suberotarra — Dialecte Souletin

Chorittoua, nourat houa,
Bi hegalez airian?
Españalat jouaiteco,
Elhurra duc bortean ;
Algarreki jouanen gutuc
Elhurra hourtzen denian.

Où vas-tu petit oiseau,
En l'air sur tes deux ailes?
Pour aller en Espagne,
La neige couvre la montagne,
Ensemble nous irons
Quand la neige fondra.

San Josephen ermita
Desertian gora da,
Españalat jouaiteco
Han du goure pausada,
Guibelerat so'guin eta
Hasperrenac ardura.

L'Ermitage de Saint-Joseph
Est élevé dans le désert,
Pour aller en Espagne, [halte
Là se trouve le lieu de notre
Regardant en arrière,
Fréquents sont nos soupirs.

Hasperrena habiloua
Maitiaren borthala,
Bihotzian sar hakio
Houra eni bezala,
Eta guero erran izoc
Nic igorten baidala.

Soupir, va-t-en [aimée
Jusqu'à la porte de ma bien-
Pénètre dans son cœur
Comme elle est dans le mien,
Puis tu lui diras
Que moi je t'envoie vers elle.

Ezcontzaco Consultacionea
Boso Nafartarra

Ezcondiac, erradacie ezconduren nizanez,
Bazterretan ikhousten tut ezcondiac nigarrez,
Hutsic eguinen othe deit holahola egonez?

    Harteen badut ederra,
    Hura duket auherra.

    Harteen badut gorria,
    Hura duket hordia.

    Harteen badut chouria,
    Hura beraz eria.

Ezcondiac, ezconduric egon zaizte nigarrez,
Soberadut jaincoari esker nic hola egonez.

Traduction :
Consultation Matrimoniale.
Bas Navarrais

Mariés, dites-moi si je dois me marier.
De tous côtés je vois les larmes au ménage,
Commettrai-je une faute en restant comme suis?

    Si je prends une belle
    Je l'aurai paresseuse ;

    Si je prends la rouge en couleur
    Je l'aurai grand'buveuse ;

    Si je prends la pâle
    Je l'aurai maladive.

O mariés! pleurez de vous être mariés,
J'ai trop à rendre grâce à Dieu d'être
    resté tel que je suis.

Epigramme à l'adresse d'un jeune montagnard que son rival de la plaine s'est vu préférer.

PREFERENTZIA
Suberotarra

Ihizlari gaztia, bilho hollia
Gorache eguin duzu urzoteghia ;
Urzoac ohil dirade lekhu goretan,
Laketago dira gune ophaletan.

Traduction :
LA PRÉFÉRENCE
Dialecte Souletin

Jeune chasseur, à la chevelure blonde
Vous avez placé trop haut votre colombier ;
La colombe n'aime guère s'élever vers les hauteurs,
Elle aime de préférence les bocages des plaines.

Après une épigramme une satire.

OFFICIO CENBAITEN CRITICA
Suberotarra

Oi laboraria, gachoa ! hihaurec jathen arthoa,
Ogui et' ardo gueñhatcen auherren antcecoa,
Halere haiñ haie maite noula artcaiñac otsoa.

Arzaino bada beztitcen, josliac tu gomendatcen
Zaragoilen alderdi bat oihal hobez ezar decen,
Halere higaturen du aitcinia beno lehen.

Dendaria beront jiten, orratsan goicie utzulcen ;
Mundiaren jorratcen, arte hurtan abusatcen ;
Ezpeitu jaten diana hullantceco irabazten !

Orai uruliac oro idorrian nahiago;
Hanitz aguertu beharrez, hori-oro, chori-lepho,
Hallicatcen balinbada cehian laur oropilo.

Oihençainac eta gardac, contcenziazco guizonac,
Guerac bazaitce farcitzen, ibesiren tic postac,
Laguner bardin har erauren gaizo sinhescorrac.

Erregent bat hil dadila, eztu hare procesic eisten :
Hountarsunac dutu harec heiñ hounian ezarten;
Zuntzurrian countrolatu eta sabelin ipotecatcen.

Biguer batec bestiari estacuru eman nahi :
Coiñi bere copadura hobe betzaio iduri,
Aihen gabe nahi denac, houra usu beza berri.

Aberasten ilhaguinac, arimac haiñ untsa galtcen,
Phecian bai contietan cer eztie hec ebasten ?
Haiekila behorduke Jincoac aizina ukhen.

Sarjant eta notariac, oi arnes necesarriac !
Hen elhe ulhun, guezurrec, nahasten gaiza chipienac,
Ezta lagun hobiagoric bertan husteco etchiac.

Traduction :
SATIRE DES DIFFÉRENTES PROFESSIONS
Dialecte Souletin

O pauvre laboureur ! tu te nourris de méture,
Tu récoltes le froment et le vin de quoi rassasier les vauriens,
Et encore on t'aime comme les bergers les loups.

Quand le pasteur s'habille de neuf, il recommande aux couturières,
Qu'une moitié de ses culottes soit en étoffe plus forte,
Et (cette moitié) malgré ces précautions, sera plus vite usée que la partie antérieure.

La couturière se lève tard, et de bonne heure le soir se retire ;
En attendant, elle emploie son temps à sarcler le monde :
Certes qu'elle est loin de gagner la nourriture qu'elle consomme !

Désormais les fileuses préfèrent le prix fait,
Pour avoir trop hâté leur travail, tout leur fil (est) plein de gorges d'oiseau ; [faire quatre nœuds.
Ensuite pour le dévider on devra par chaque empan

Gardes forestiers et douaniers (sont) gens de conscience,
Si on leur farcit le gosier, ils désertent leurs postes,
Sauf à faire également saisir par leurs compagnons les délinquants crédules.

Qu'un instituteur meure, après lui pas de procès :
De son vivant il a soin de bien colloquer son avoir ;
Il le contrôle dans son gosier et l'hypothèque dans son ventre.

Un vigneron est toujours mécontent du travail de son
  confrère :
Chacun mettant sa manière de travailler au-dessus
  de toutes,
Que celui qui veut se voir sans vigne change souvent
  de vigneron.

Les marchands de laine s'enrichissent vite, et avec égal
  succès perdent leurs âmes.
Dans les poids et dans leurs chiffres que ne volent-ils pas?
Avec eux pour les juger, Dieu devra avoir du loisir.

Huissiers et notaires, ô outils nécessaires!
Leurs sentences obscures, mensongères, obscurcissant
  les plus simples choses,
Vous ne trouverez pas meilleurs aides pour promptement vider vos maisons.

DOTE GALDIA

Suberotarra

Aitac eman daut dotia
Neuria, neuria, neuria,
Urdeño bat bere cherriekin,
Oilo corroca bere chituekin,
Tipulo corda hayekin.

Oxuac jan daut urdia,
Neuria, neuria, neuria;
Acheriac oilo coroca,
Garratoinac tipula corda :
Adios ene dotia.

Traduction :
LA DOT PERDUE
Dialecte Souletin

Mon père m'a livré ma dot,
Oui ma dot, oui ma dot, oui ma dot,
Une truie et ses petits,
Une poule et ses poussins,
Le tout enrichi d'une tresse d'oignons.

Le loup m'a dévoré ma truie,
Oui ma truie, oui ma truie, oui ma truie,
Le renard la poule et la couvée,
Les rats ma chaîne d'oignons ;
Adieu ma dot.

BERNARD D'ÉCHEPARE

Cet auteur basque, curé d'une paroisse près de Saint-Jean Pied-de-Port a écrit sur des sujets de piété, il a fait en outre des poésies qui étonnent de la part d'un prêtre. Dans son épitre dédicatoire à Bernard Leheté il dit que les Basques sont habiles, courageux et aimables, qu'ils comptent parmi eux des hommes profondément versés dans toutes les sciences. Il s'étonne qu'aucun d'eux n'ait composé un ouvrage en l'honneur de sa langue, afin d'apprendre à l'univers entier que le basque comme les autres idiomes, se prête merveilleusement aux règles de l'art d'écrire. Il termine son livre par les deux pièces que voici :

CONTRAPAS

Heuscara
Ialguiadi canpora
Garacico herrira
Benedica dadila
Heuscarari emandioa
Beharduien thoruccia.

Heuscara,
Ialguiadi plazura
Berce gendec ustezaten
Ecin scriba zaitela
Orai dute phorogatcen
Enganatu cirela.

PAS DE DANSE

Escuara sors dans le pays de Garacy. Béni soit celui qui a donné à l'Escuara un essor convenable.

Escuara, montre-toi en public. Les autres nations pensaient qu'on ne pouvait te soumettre à l'art d'écrire. Qu'elles sachent maintenant combien grande était leur erreur.

Heuscara,
Ialguiadi mundura,
Leugoagetan omen inzan,
Estimatze gutitan ;
Orai aldiz hic beharduc
Ohoria orotan.

Heuscara,
Habil mundu gucira,
Berceac oroc izan dira
Bere goihen gradora ;
Orai hura iganen da
Berce ororen gainera.

Heuscara,
Bascoac oroc preciatzen,
Heuscara eziaquin harren,
Oroc iccasiren dute
Orai cerden heuscara.

Heuscara,
Orai dano egon bahiz
Imprimitu baguerie,
Hi engoitic ebiliren
Mundu gucietarie.

Heuscara,
Ecein ere lengoageric,
Ez francesa ez berceric,
Orai ezta erideiten
Heuscararen pareric,
   Heuscara,
Ialguiadi danzara.

Escuara parais dans le monde. Parmi les langues vivantes tu occupais un rang inférieur, aujourd'hui l'honneur doit t'appartenir sur toutes les autres.

Escuara, vas parcourir le monde entier. Toutes les langues ont atteint leur apogée : aujourd'hui tu vas planer au dessus d'elles.

Escuara, toutes les nations ont appris à respecter les Basques, quoiqu'elles ne connaissent pas leur langue; aujourd'hui elles sauront toutes ce qu'est l'Escuara.

Escuara, jusqu'ici tu n'as pas été imprimée ; eh bien ! désormais, tu vas parcourir le monde.

Escuara, il n'est point d'idiome, pas même l'idiome français, qui puisse t'égaler. Escuara entre en danse.

SAUTRELA

Heuscara da campora, eta goacen oro danzara.
O heuscara! laude ezac Garacico herria,
Ceren hautic ughen baiteu beharhuian thornuia,
Lehenago hi baitinzan lengoagetan azquena,
Orai aldiz izaneniz orotaco lehena.

Heuscaldunac mundu orotan preciatu ciraden;
Bana haien lengoagiaz berce oro burlatzen
Ceren ecein scripturan eri deiten ez paiteen.
Orai dute iccasiren nola gauza honacen.

Heuscaldun den guizon oroc alcha beza buruia,
Eci huien lengoagia izanen da floria.
Prince eta jaun handiec, oroc haren galdia
Scribatus halbatute ighasteco desira.

Desir hura complitu du Garacico naturac,
Eta haren adisquide orai Bordelen denac.
Lehen imprimizalia heuscararen hura da;
Basco oro obligatu iagoiticoz hargana.

Et'oi lelori, bac lelo, leloa, zarai, leloa,
Heuscarada campora eta goacen oro danzara.

Debile principium melior fortuna sequatur.

Traduction :
Pas balancé

L'Escuara a vu le jour, allons tous à la danse. O Escuara, rends grâce au pays de Garacy qui t'a donné un essor convenable. Jadis tu occupais le dernier rang parmi les idiomes, aujourd'hui le premier t'est réservé.

Les Escualdunac avaient l'estime du monde entier. Il n'en était pas de même de leur idiome, parce qu'il n'était pas écrit. On saura aujourd'hui combien est belle la langue des Escualdunac.

Que tout Escualdun lève la tête, car son langage est une fleur de parfum suave. Les princes et les grands seigneurs réclament qu'il soit écrit, afin qu'ils puissent l'apprendre.

Leurs désirs ont été accomplis par un originaire du pays de Garacy et par un de ses amis qui aujourd'hui habite Bordeaux. C'est cet ami qui, le premier, a fait imprimer l'Escuara. Que tout basque lui conserve une reconnaissance éternelle.

Et cela à Lelo, oui Lelo, vous êtes Lelo, Lelo l'Escuara a vu le jour, allons tous à la danse.

Que ce faible commencement ait une meilleure fortune.

Il est fier ce basque d'être l'auteur du premier ouvrage imprimé dans sa langue.

ARNAULD OIHENART

Cet historien d'un mérite incontesté, est très peu connu comme poëte et dans sa vie privée. Né à Mauléon, il se fit recevoir avocat au parlement de Navarre vers 1675. Il partagea son temps entre l'exercice de sa profession et l'étude des antiquités de son pays sur lesquelles il a publié à Paris en 1608 *Notitia utriusque Vasconiœ*, il a publié aussi un recueil de proverbes basques et de poésies légères.

PIERRE D'AXULAR

A l'exception des poésies fugitives et des pastorales, il n'existe guère en basque français que les traductions de l'Ecriture sainte, de l'Imitation de N.S. Jésus Christ et d'autres petits livres de piété. Les Basques espagnols sont plus riches, la raison en est bien simple. Les Basques français de chaque dialecte sont en si petit nombre que l'édition d'un livre de littérature ne pourrait obtenir un placement rémunérateur. Les petits livres de dévotion peuvent seuls présenter cet avantage.

Pierre d'Axular ne s'est pas laissé arrêter par cette considération et en publiant son *Gueroco guero* il a prouvé la richesse, la beauté et toutes les brillantes qualités de l'Euscara.

L'auteur était curé de Sare, en Labour; il composa son livre en 1642. Dans la préface il apprend les motifs qui l'ont engagé à écrire. Prêtre chargé d'enseigner les peuples il veut consacrer ses loisirs au bien de leurs âmes et à leur bonheur éternel. Son livre se compose de soixante chapitres. Axular attaque par tous les côtés l'indifférence religieuse, il la démasque et la poursuit. Des traits d'une douce ironie, d'une simplicité antique y raniment souvent l'attention, il y mêle de naïves et charmantes descriptions, je citerai celle de la fourmi.

CHINHAURRIA	LA FOURMI
Zoaz, naghia, chinhaurria gana, eta consideraitzatzu haren bideac eta bideseac, joan-ethorriac eta itzulinguruac, nekeac eta trabailuac; eta ikhassico duzu zuc ere nola behar duzun aitzinerat eta bethiere bizi, ibili eta gobernatu. Hare eracusleric eta guidariric gabe; berac bere buruz biltzen du udon, neguaren iragaiteco behar duen mantenua, bazco eta bihia. Eta bihi hura gordetzen du lurrean barna, berac eguinicaco gambaretan eta bihiteguietan. Eta hain da zuhur eta goithatu, ezen campoan	Allez paresseux, à la fourmi, et considérez ses chemins et ses sentiers, ses allées et ses venues, ses tours et détours, ses peines et ses travaux. Vous apprendrez comment vous devez, vous aussi, dorénavant et toujours, vivre, marcher et vous conduire. Sans maître et sans guide, la fourmi elle-même, de son propre mouvement, recueille dans l'été les vivres, la nourriture et le grain dont elle a besoin pour passer l'hiver. Et elle cache ce grain bien avant sous la terre, dans des chambres et des greniers qu'elle-même a faits. Elle est du reste, si prudente et si avisée, que, lorsque, ne trouvant rien au dehors, elle est obligée de toucher à ses provisions, elle a soin d'entamer le

deus ezin izanez, bere bilduetara bildu behar duenean, lehenic hozitu behar duen burutichasten baitzaico bihiari, zeren bihi hura bertzela sorliteque, buztanliteque, eta guero handic-harat, alfer lan guertha lequidicayo bere leheneco zuhurtzia guzia. — Areguehiago, hozidurac janez guero ere lurraren umidurac eta hezetasunac, gaineracoa ustel eztiacon, atheratzen du noizic behin camporat airatzera eta iguzhiztatzera (eta orduan denbora onaren seinalea diteke). Eta halatan eta hala iragaiten du chinhaurriac bere negua, eta eracusten dio bat bededari nola eta zer moldez behar duen mantenatu, gobernatu eta alferkeria guziac utziric, bere denboran trabailatu.

grain par le bout qui doit se moisir le premier, parce que autrement ce grain germerait, et devenu herbe et tige, rendrait inutile toute la prévoyance de la fourmi.— De plus quand l'humidité a détruit une partie de sa récolte, pour que ce qui lui reste ne se gâte point, elle le tire de temps en temps au dehors, et lui fait prendre l'air et le soleil (c'est alors signe de beau temps); et c'est ainsi que la fourmi passe son hiver et montre à chacun de nous comment nous devons nous conduire et nous gouverner, laisser de côté la paresse et travailler pendant toute notre vie.

Axular a le mérite, dit M. Francisque Michel, d'avoir fait du basque plus encore que d'Echepare une langue littéraire, en écartant de son style les locutions communes, les expressions introduites par la négligence et l'esprit d'imitation et d'emprunt.

L'auteur attendait le jugement du public sur son *Gueroco guero* pour éditer une seconde partie qu'il avait préparée. On ne sait pourquoi il n'a pas donné suite à son projet, le *Gueroco guero* ayant reçu le meilleur accueil au point de mériter à l'auteur d'être appelé « *Un homme d'un grand renom dans notre Cantabrie.* »

Le *Gueroco guero*, est encore regardé de nos jours, continue M. Francisque Michel, comme le meilleur livre de la modeste littérature du pays basque, pour le choix et la propriété des expressions, pour la vivacité des tournures et la noble simplicité du langage. L'édition de 1642, la seule qui existe, est devenue rare; elle est malheureusement aussi défectueuse et remplie de fautes. Il est à désirer qu'il en soit publié une nouvelle et qu'elle soit plus soignée; ce sera rendre service au pays basque, dont la langue peut s'altérer au contact des populations voisines. Ce sera aussi relever un monument glorieux pour cette langue elle-même, dont l'ancienneté n'est plus contestée et dont l'originalité et le mérite n'auraient jamais dû l'être.

Ici finit l'histoire des Euskariens ou Basques et de leur langue. Si elle a intéressé le lecteur, je serai satisfait d'avoir exécuté ce travail qui m'a paru réunir les conditions indispensables d'un ouvrage de ce genre. J'aurais voulu apporter à son exécution le talent d'un écrivain exercé, mais je le présente tel quel, en toute humilité chrétienne, priant le Dieu de bonté et de miséricorde de bénir les intentions qui me l'ont inspiré.

TABLE

INTRODUCTION 1

Aperçu sur la langue basque. — Antiquités et migrations des Euskariens. — Alphabet et prononciation des lettres.

CHAPITRE Ier 25

Les Pyrénées. — Légende. — Description de cette chaîne de montagnes. — Elles sont le refuge des peuples opprimés. — Ses habitants. — Leurs mœurs, leurs costumes, etc. — Les Carthaginois en Espagne. — Hamilcar et Annibal. — Sagonte. — Les Basques s'enrôlent sous Annibal. — Ils reviennent en Espagne ralliés aux Romains. — Ils rompent de nouveau avec ceux-ci. — Leurs signaux. — Les Carthaginois quittent l'Espagne. — Siége de Numance.

CHAPITRE II 41

Les Romains maitres de l'Espagne méridionale. — Résistance au nord. — Route Romaine. — Le Pertus. — Didius trompe une colonie Cantabre et la fait massacrer. — Soulèvement des Basques. — Sertorius. — Osca. — Monnaies espagnoles. — Pompée. — Perpenna. — Metellus. — Calagurris. — Les Romains l'incendient. — Pompée. — Pompéiopolis. — Lugdunum Convenarum. — Idoles. — Départ de Pompée. — Jules César. — Camps romains. Turons aquitains. — Victoire de Crassus sur les Basques. — César ruine le parti de Pompée en Espagne. — Bataille de Pharsale. — Fin héroïque d'un corps de Basques.

CHAPITRE III.......................... 55

Mort de César. — Auguste, empereur. — Il envoie Messala contre les Basques. — Auguste en Bigorre. — Il passe en Espagne. — Guerre d'extermination. — Les Cantabres résistent. — Chant de guerre. — Limite de la langue basque. — Auguste veut civiliser les Basques. — Administration Basque. — Le Christianisme. — Constantin le Grand. — Julien l'apostat.

CHAPITRE IV........................... 71

Les Bagaudes. — Les Cagots. — Le Code Visigoth. — Clotaire et Childebert franchissent les Pyrénées. — Ils sont repoussés. — Ils sont attaqués par les Basques. — L'arrière garde de leur armée est massacrée. — Les Basques s'emparent du cours de l'Adour. — Ils se rendent maîtres de la Novempopulanie.

CHAPITRE V............................ 81

Gombaud se retire à Lugdunum Convenarum. — Gontran l'y fait assiéger. — Trahi par Mummolus il est assassiné. — Destruction de Lugdunum Convenarum. — Gontran fait attaquer les Basques. — Ses troupes sont défaites et les Basques prennent possession des plaines de l'Adour. — Traité de Thierry avec les Basques. — La Novempopulanie prend le nom de Vascogne ou Gascogne.

CHAPITRE VI......................... 91

Idolâtrie des Vascons. — Mouvement catholique dans les Pyrénées occidentales. — Le duc Aman. — Haribert fonde un royaume de la Bidassoa à la Garonne. — Mort d'Aman. — Félix est élu duc d'Aquitaine. — Wamba roi des Visigoths. — Il abdique. — Le duc Loup. — Bogis et Bertrand. — Eudon.

CHAPITRE VII......................... 101

Les Arabes appelés en Espagne par le Comte Julien. — Bataille de Guadalete. — Les Arabes s'emparent de l'Espagne. — Luxe des Visigoths et des Vandales. — Pelage, Pedro, Alonzo dans les Pyrénées. — Taric franchit les Pyrénées. — Taric rentre en Espagne et s'empare de la Galice. — L'Émir Abd-al-Azis épouse la veuve de Roderic. — Il est assassiné. — Eudon fortifie l'Aquitaine. — Al Hour s'empare de plusieurs places en Septimanie. — Irruption d'Al Samat. — Victoire d'Eudon à Toulouse. — Il reprend toutes ses places, Narbonne exceptée. — Jeanne de Bahut. — Eudon attaqué par Karles Martel. — Il marie sa fille à Monouza.

— Abd-al-Rhaman assiége Monouza dans Julia Livia. — Monouza et Lampagie s'échappent.— Mort de Monouza.— Lampagie au harem du kalife de Damas. — Abd al Rhaman attaque Eudon qui a recours à Karles Martel. Leurs deux armées marchent contre les Infidèles.— Bataille de Poitiers.— Mort de Karles Martel.— Youssouf ben Abd-al-Rhaman nommé émir de l'Espagne.

CHAPITRE VIII........................ 121

Pélage, Fafila et Alphonse.— Royaume de Sobrarbe. — Garcia Ximenez.— Guerre civile des Infidèles.— Waïffre en Septimanie.— Mort de Garcia Ximenez et d'Alphonse.— Don Fruela.— Guerre de Pepin et de Waïffre.— Garcia Inigo.— Mort de Pepin.— Charlemagne en Vasconie.— Il passe en Espagne.— Il bat en retraite.— Ligue des Vasco-cantabres.— Déroute et massacre de Roncevaux. — Mort de Loup II.— Ses deux fils lui succèdent.— Adalric enlève à son frère une partie de la Vasconie.— Le Sobrarbe prend le nom basque de Navarre.

CHAPITRE IX........................... 141

Système féodal.— Biens communaux.— Donations de terres.— La féodalité se constitue.— Auréole duc de Vasconie.— Louis le Débonnaire échappe à une embuscade à Roncevaux.— Une armée aquitaine y est massacrée.— Inigo le Hardi roi de Navarre.— Les Vascons lui imposent un fuero.

CHAPITRE X......................... 149

Invasion des Normands. — Charles le Chauve fait un traité de paix avec Sancho Sanchez duc de Gascogne. — Mouza walid de Saragosse. — Sancho Garcia s'empare de Pampelune. — Les Basques du Roncal anoblis. — Nouvelles conquêtes de Sancho. — Il cède le trône à son fils Garcia III et se retire dans un monastère. — Il apprend la défaite d'Ordoño par les Arabes, quitte le monastère et reprend les armes. — Il est tué en duel.

CHAPITRE XI......................... 159

Al Mansour, ses conquêtes; sa mort. — Sancho partage son royaume entre ses quatre fils. — Ils se font la guerre. — Le Cid. — Ramiro. Il est tué dans une bataille — Sancho lui succède. — Il est assassiné. — Les rois d'Aragon et de Castille se partagent la Navarre. — Ligue des Etats chrétiens contre l'émir de Séville. — Victoire de cet Emir. — Sancho blessé meurt au siége de Huesca. — Prise de cette ville qui devient capitale de l'Aragon. — Chartes. — Conciles mixtes. — Action civilisatrice des ordres religieux. — Benoit d'Amiane.

CHAPITRE XII......................... 169

Les Croisades. — Don Pedro et le Cid s'emparent de Valence. — Croisade contre les Arabes de la Péninsule. — Alphonse d'Aragon épouse Uraca. — Ses victoires. — Prise de Saragosse. — Expédition audacieuse d'Alphonse. — Mort de Gaston IV. — Son fils Centule V lui succède. — Mort d'Alphonse d'Aragon. — Son testament n'est pas exécuté. — Le moine Ramiro lui succède.

CHAPITRE XIII........................ 179

Les Arabes chassés du Nord de l'Espagne. — Les Anglais maîtres de la Guyenne assiègent Bayonne. — Relâchement des mœurs. — Brigandage. Milice armée pour sa répression. — Ordres religieux fondés dans le même but. — Chevaliers de St-Georges d'Alsasua. — Les rois de Castille et d'Aragon attaquent la Navarre. Trêve. — Les Fueros. — La Communauté. — Etat social. —Monnaies des pays Basques. — Les Hermandad. — République d'Andorre. — Installation des rois de Navarre. — L'armée permanente en Navarre. — L'Aragon et la Castille attaquent la Navarre. — Le roi de Maroc envahit la Castille. — Sancho veut épouser la fille de Miramolin, roi de Maroc. — Refus qu'il essuie. — Il rejoint l'armée des rois chrétiens. — Bataille de las Navas de Tolosa. — Sancho s'y couvre de gloire.

CHAPITRE XIV 195

Guerre contre Simon de Montfort. — Discordes de Pampelune. — Traité entre Sancho le Fort et don Jayme d'Aragon. — Mort de Sancho le Fort. — Thibaut IV, comte de Champagne lui succède. — Il part pour la Terre Sainte. — Sa mort. — Son fils Thibaut lui succède. — Il part pour la Croisade dirigée par St-Louis, roi de France. — Sa mort. — Son frère Henri le Gros lui succède. — Philippe le Long. — Charles le Bel. — Jeanne, fille de Louis le Hutin, est proclamée reine. — Les juifs en Navarre ; il sont massacrés. — Changement dans le for de la Navarre. — Mort de la reine. — Louis le Hutin lui succède. — Valeur des Sanguessans. — L'ordre des Templiers est supprimé. — Mort de Louis le Hutin. — Philippe le Long lui succède. — Sa mort. — Son frère Charles lui succède. — Croisade contre les Maures d'Espagne. — Le roi est tué à la bataille de Xerez. — Charles II est proclamé roi. — Il est surnommé le Mauvais. — Sa cruauté. — Il aspire à la couronne de France.

CHAPITRE XV........................ .. 215

Bayonne accepte la domination anglaise. — Gaston Phébus et Jean d'Armagnac. — Charles le Mauvais ravage la Normandie. — Sa captivité à Arleu. — Il est délivré par cinq gentilshommes navarrais. — Il se met à la tête des révoltés de Paris. — Gaston résiste aux Anglais en Guyenne. — Paix de Brétigny avec l'Angleterre — Charles le Mauvais traite aussi avec la France. — Il se ligue avec Pierre le Cruel contre le roi d'Aragon. — Double assassinat arrêté entr'eux, dont l'un échoue. — Les populations basques de la Castille se rallient à la Navarre. — Les Basques découvrent Terre-Neuve. — Emigration des Basques en Amérique. — Révolte en Gascogne et en

Guyenne contre les Anglais. — Mort de Jeanne, femme de Charles le Mauvais. — Celui-ci marie sa fille aînée à Don Henri. — Il fait reconnaître son fils Charles pour héritier présomptif. — Charles le Mauvais et le roi de Castille rivalisent de fourberie. — Cruauté de Gaston envers son fils dont il cause la mort. — Complot contre sa vie, il use de clémence. — Repentir de Charles le Mauvais. — Sédition à Pampelune. — Mort de Charles le Mauvais.

CHAPITRE XVI........................ 231

Les sciences occultes. — Superstitions basques. — Don de seconde vue. — Esprits frappeurs. — Le seigneur de Coaraze. — Orton, esprit frappeur. — Il disparaît pour ne plus revenir.

CHAPITRE XVII....................... 245

Mort tragique de Jean de Barcelone. — Pèlerinage de St-Patrice. — Echec des Anglais. — Cause des conquêtes anglaises en France. — Le Béarn, le Bigorre, le Comminge ont résisté à cette invasion. — Alphonse d'Aragon accepte l'offre de la reine de Naples. — La reine Blanche de Navarre épouse Jean d'Aragon. — Les Navarrais repoussent les conditions du contrat. — Mort de Charles III de Navarre. — Jean se croit couronné. — Les Navarrais ne reconnaissent que Blanche. — Siége et prise de Bayonne sur les Anglais. — Mort de Blanche de Navarre. — Charles prince de Viana héritier. — Son père Jean d'Aragon usurpe la royauté.

— Guerre entre le père et le fils.— Captivité de Charles.— Révolte des Catalans.— Mort subite de Charles.— La Navarre déchirée par les factions Beaumont et Grammont.— Léonor et Gaston reconnus roi de Navarre.— Mort de Gaston.— Puissance de Ferdinand.— La féodalité est à son terme.— La royauté et la chevalerie.

CHAPITRE XVIII...................... 261

Derniers restes de la féodalité retranchés dans les montagnes.— Effets du luxe et de la civilisation sur les hautes montagnes.— Léonor reine de Navarre.— Sa mort.— François Phébus lui succède.— Madeleine régente.— Mort de François Phébus.— Catherine lui succède.— Son mariage avec Jean d'Albret.— Les Beaumont et les Grammont.— Catherine et Jean couronnés à Pampelune.— Les Rois de France et d'Aragon convoitent la Navarre.— Mort de Madeleine.— Le comte de Lérin sauvé par la reine.— Le roi et la reine soutiennent chacun de son côté la faction opposée.— Paix entre le roi et le comte de Lérin.— Chagrins domestiques de Jean d'Albret.— Il confie les affaires du royaume au comte de Lérin.— César Borgia.— Sa mort.— Mort du comte de Lérin.— Ferdinand attaque la Navarre et s'en rend maître.— Jean et Catherine quittent la Navarre.

CHAPITRE XIX...................... 279

Ferdinand essaye de soulever le Béarn pour s'en emparer ; il échoue.— Les Navarrais prêtent serment de fidélité à Ferdinand. — Jean d'Albret obtient un secours de Louis XII et rentre en Navarre.— Ses lenteurs le font échouer. Il perd la Navarre sans retour.— Mort de Ferdinand.—Agitation en Navarre.— Catherine en profite pour tenter de la reconquérir. — Son armée est repoussée. — Mort de Jean d'Albret.— François Ier fait un traité avec Charles V, la restitution de la Navarre y est stipulée.— Mort de Catherine de Navarre.— Henri d'Albret obtient un secours considérable de François Ier et se rend maître de la Navarre pour la perdre aussitôt.— Ignace de Loyola blessé au siège du château de Pampelune.— Défection du connétable de Bourbon.— Henri d'Albret captif avec François Ier. Il s'échappe.— La Navarre conserve ses priviléges.— Les Pyrénées asile des saines doctrines religieuses.— Ignace de Loyola renonce au monde.— Ses études.— Il va à Rome.— Il présente l'Institut de la Compagnie de Jésus au pape Paul III qui l'approuve.— Marguerite de Béarn et sa cour.— Henri d'Albret substitue l'agriculture à l'élevage des troupeaux.—Mort de François Ier. — Mort de Marguerite de Béarn.— Jeanne sa fille perd deux enfants.— Naissance de Henri IV.

CHAPITRE XX.. 299

Jeanne d'Albret reine de Béarn et Navarre.— Les Etats refusent l'annexion de ce royaume à la France.— Superstitions. — L'heptaméron. — Jeanne d'Albret fonde une université calviniste.— Le nombre des calvinistes augmente en Navarre.— Projet de mariage de

Henri de Béarn avec Marguerite de France. — Tentative d'Antoine et de Jeanne sur la Navarre espagnole. — Elle échoue. — Mort d'Henri II de France. — François II lui succède. — Antoine d'Albret supplanté à la cour par les Guise. — Le règne de François II est court. — Charles II monte sur le trône. — Guerre civile en France — Edit de Blois. — Les huguenots de Foix persécutent les catholiques. — Mort d'Antoine de Béarn. — Edit de tolérance de Catherine de Médicis. — Voyage de Charles IX en France. — Les cours de France et d'Espagne se réunissent à Bayonne. — Fêtes à Bayonne. — Mort du comte Louis de Lérin. — Jeanne propage le calvinisme. — Révolte dans la Basse Navarre. — Henri de Béarn fiancé à Marguerite sœur de Charles IX. — Mort de Jeanne d'Albret. — Henri de Béarn épouse Marguerite. — Massacre de la Saint-Barthélemy. — Belle réponse du commandant de Bayonne. — Les catholiques du Béarn se réfugient dans les Pyrénées espagnoles. — Henri retenu à la cour de France comme ôtage. — Il est arrêté avec le duc d'Alençon. — Mort de Charles IX. — Catherine régente. — Le duc d'Anjou revient de Pologne et succède à Charles IX. — Assassinat des Guise. — Opposition entre les populations des deux versants pyrénéens. — Paris au pouvoir des Ligueurs est assiégé par le roi. — Le roi est assassiné. — Henri IV lui succède. — Il abjure le calvinisme.

CHAPITRE XXI...................... 315

Philippe II cherche à s'emparer de Bayonne. — Catherine de Béarn est appelée à Paris. — Les comtés d'Albret, d'Armagnac, de Rodez et de Limoges rentrent dans les domaines de la Couronne.— Henri IV est assassiné. — Louis XIII succède sous la régence de Marie de Médicis. — Les Morisques chassés d'Espagne. — Les Gitanos. — Guerre entre la France et l'Espagne. — Le Donezan, l'Andorre, la Navarre et le Béarn rentrent dans les domaines de la Couronne. —Combat naval entre la France et l'Espagne.— La flotte espagnole est détruite.— Discorde dans l'armée de Condé, sa déroute.— Louis XIV succède à Louis XIII. — Son mariage avec l'infante d'Espagne. — Fêtes de Bayonne.— Un tremblement de terre effraye la cour. — Louis XV succède à Louis XIV.— Guerre entre la France et l'Espagne. — La paix est rétablie.— Louis XVI.— Sa mort.— L'Espagne se soulève contre la France régicide.— Succès de Ricardos.— Chant de l'arbre de Quetaria.— La paix est signée.— Bonaparte détrône Charles IV et donne le trône d'Espagne à son frère Joseph.— Soulèvement de l'Espagne.— La madone de Montserrat.— Légende de Jean Gari.— Description de Montserrat.

CHAPITRE XXII 337

Les Bénédictins de Montserrat appellent les Espagnols à la guerre de l'indépendance.— Campillo, Arostegui, Longa, Pastor et Jaureguy, Mina.— Les Espagnols battus dans le bas pays ; partout victorieux dans les montagnes.— Guerre de Don Carlos 1833-1837.— Trahison de Maroto.— Don Carlos quitte l'Espagne.—

Assassinat de Vicente Moreno. — Les Basques vaincus perdent leurs priviléges. — Bataille de Somorostro. — Les républicains vaincus se retirent à Santander. — Serrano et Concha viennent de nouveau attaquer les Carlistes à la tête de quarante-six mille hommes et quatre-vingt-cinq bouches à feu Trois compagnies de volontaires royaux sont anéanties en défendant Muñecas. — Les Carlistes sur le point d'être cernés se retirent en bon ordre abandonnant Abanto. — Mendiri et les Navarrais écrasent la colonne de Campos et la mettent en déroute. — Mendiri par une habile manœuvre au milieu du feu de la bataille tombe sur la division Blanco qui allait le prendre en flanc, la culbute et la met en déroute. — Dorregarray envoie d'Estella la division cantabrienne contre la colonne d'Echague. — Charge de cavalerie de Concha repoussée. — Mort de Concha. — Les républicains sont mis en déroute.

CHAPITRE XXIII...................... 351

Les Basques sont réduits à faire la contrebande. — La princesse de Beira. — Le contrebandier Ganis.

CHAPITRE XXIV...................... 359

Caractère physique et moral des Basques. — Mœurs, usages, costumes — Mariages — Navarre, Alava, Biscaye, Guypuscoa. — Quelques remarques. — Culture. — Habitations — Jeux — La veillée — Hospitalité — Le Mutchiko. — Opinion sur les filles qui aiment la danse. — Tout le monde danse à Pampelune.

CHAPITRE XXV 383

Le jeu de paume. — Courses de taureaux. — Représentations dramatiques. — Geneviève dans l'oratoire. — Proverbes. — Sentences. — Littérature. — Poésie.

FIN DE LA TABLE

CANNES. — Typ. et Lith. Figère et Guiglion, rue de la Gare, 3.

www.ingramcontent.com/pod-product-compliance
Lightning Source LLC
Chambersburg PA
CBHW051819230426
43671CB00008B/764